职教高考数学
总复习指导

谢桂真　主编

中国海洋大学出版社
· 青岛 ·

图书在版编目(CIP)数据

职教高考数学总复习指导 / 谢桂真主编．-- 青岛：中国海洋大学出版社，2024.6

ISBN 978-7-5670-3774-8

Ⅰ.①职… Ⅱ.①谢… Ⅲ.①数学课－中等专业学校－升学参考资料 Ⅳ.①G634.603

中国国家版本馆 CIP 数据核字(2024)第 029564 号

职教高考数学总复习指导

ZHIJIAO GAOKAO SHUXUE ZONGFUXI ZHIDAO

出版发行	中国海洋大学出版社		
社　　址	青岛市香港东路 23 号	**邮政编码**	266071
出 版 人	刘文菁		
网　　址	http://pub.ouc.edu.cn		
订购电话	0532－82032573(传真)		
责任编辑	邹伟真	**电　　话**	0532－85902533
印　　制	日照报业印刷有限公司		
版　　次	2024 年 6 月第 1 版		
印　　次	2024 年 6 月第 1 次印刷		
成品尺寸	185 mm ×260 mm		
印　　张	19.75		
字　　数	399 千		
印　　数	1—1 200		
定　　价	80.00 元		

发现印装质量问题，请致电 0633－8221365，由印刷厂负责调换。

编委会

主　编　谢桂真

副主编　刘晓慧　梁　顺　张阿妮

参　编　王佳勋　祝洪海　张桂春　任　伟

李良修　朱瑞景　牛小龙　孙　然

台静静　崔荣超　张　斌　肖德宇

李韶真　万莎莎

主　审　倪延涛　孙雷生

目录
CONTENTS

情景 1
集合与逻辑用语

习近平总书记在二十大报告中强调，坚持科技是第一生产力、人才是第一资源、创新是第一动力.

数学是一门演绎的学问，从一组公设，经过逻辑的推理，获得结论.

——陈省身

考纲展示

1. 集合的概念，集合元素的特性，集合的表示方法，集合之间的关系，集合的基本运算，充分、必要条件.

要求

(1) 理解集合的概念，掌握集合的表示方法，掌握集合之间的关系，掌握集合的交、并、补运算.

(2) 能正确地区分充分、必要、充要条件.

(3) 理解各符号的含义.

2. 命题、量词、逻辑联结词.

要求

(1) 了解命题的有关概念，能判断一个命题的真假.

(2) 理解全称量词和存在量词，理解全称命题和存在命题.

(3) 理解逻辑联结词“且”“或”“非”的含义，能判断复合命题的真值.

(4) 理解各符号的含义.

情景目标

1. 理解集合的概念，掌握集合的表示法，理解集合元素的确定性和互异性，掌握集合之间的关系（子集、真子集、相等），掌握集合的交、并、补运算.

2. 了解命题的有关概念，能判断一个命题的真假；了解量词的有关概念，理解全称量词和存在量词，并会相应的符号表示，理解逻辑联结词“且”“或”“非”的意义，掌握复合命题的真值表.

3. 理解符号 $\subseteq$、$\supseteq$、$\subsetneqq$、$\cap$、$\cup$、$\complement_U A$、$\in$、$\notin$、$\wedge$、$\vee$、$\neg$、$\exists$、$\forall$、$\Rightarrow$、$\Leftrightarrow$ 的含义，并能用这些符号表示集合与集合、元素与集合、命题与命题之间的关系.

4. 能正确地区分充分、必要、充要条件.

任务 1　集合及其关系

任务目标

1. 理解集合与元素的概念，能正确判断元素与集合的关系.

2. 理解子集、真子集、集合相等的概念，并能正确判断两个集合间的关系.

3. 理解两组符号“$\in$、$\notin$”与“$\subseteq$、$\subsetneqq$、$=$”的含义，并能正确区别使用.

抓主干
考点解密

一、集合的有关概念

1. 集合定义：一般地，我们把________叫作集合，也简称集. 构成集合的________叫作这个集合的元素.

2. 集合中的元素具有三个特征：

(1)______；(2)______；(3)无序性.

3. 元素与集合的关系用符号______、______表示.

4. 几种常用数集及表示符号：

(1) **N** 表示______；(2) **N**+ (**N***)表示______；(3) **Z** 表示______；(4) **Q** 表示______；(5) **R** 表示______.

5. 集合的表示方法：

(1)______；(2)______；(3)文氏图法.

注：特别地，当一个集合中不含任何元素时，我们把它称为空集，通常用符号 $\varnothing$ 表示.

二、集合与集合之间的关系

1. 子集：对于两个集合 A 与 B，如果______，那么集合 A 叫作集合 B 的子集，记作：______或______，读作______或______.

2. 真子集：如果______且______，则集合 A 叫作集合 B 的真子集，记作______或______，读作______或______.

对于集合 A，B，C，如果 $A\subseteq B$，$B\subseteq C$，则______.

3. 相等：如果______，那么这两个集合相等，记作______. 如果 $A\subseteq B$，$B\subseteq A$，则______；反之，如果______，则______，______.

注：空集是任何集合的子集，是任何非空集合的真子集.

基础训练

1. 判断下列语句是否构成一个集合，并说明理由.

（1）立方等于本身的实数.

（2）不等式 $2x-8<13$ 的正整数解.

（3）中华人民共和国国旗的图案颜色.

（4）充分小的负数的全体.

（5）大于 3 且小于 0 的所有实数.

2. 用适当的符号（$\in$、$\notin$、$\subsetneqq$、$=$）填空.

（1）0____$\mathbf{N}$，$\sqrt{3}$____$\mathbf{Q}$，π____$\mathbf{Q}$，$\frac{1}{2}$____$\mathbf{Z}$，a____$\{a, b, c\}$，0____$\{x \mid x^2=1\}$.

（2）$\{a\}$____$\{a, b, c\}$，$\varnothing$____$\{1,2,3\}$，$\{-1,1\}$____$\{x \mid x^2=1\}$.

3. 写出集合 $\{a, b, c\}$ 的所有子集.

研考向
要点探究

支线任务一 集合概念的应用

例 1 已知集合 $M=\{a, b, c\}$ 中的三个元素分别是三角形的三条边长，则此三角形一定不是（　　）.

(A) 直角三角形　(B) 锐角三角形　(C) 钝角三角形　(D) 等腰三角形

任务拓展

满足不等式 $x-1>7$ 的整数解构成的集合为(　　).

(A) $\{x\in\mathbf{Q}\mid x>8\}$　(B) $\{x\in\mathbf{Z}\mid x-1>8\}$

(C) $\{x\in\mathbf{N}\mid x-1>7\}$　(D) $\{x\in\mathbf{R}\mid x-1>7\}$

支线任务二　求子集、真子集

例 2　已知集合 $\{a, b, c\}$，该集合的真子集的个数是(　　).

(A) 4　(B) 6　(C) 7　(D) 8

任务拓展

已知集合 $A=\{x\mid 1\leqslant x\leqslant 4\}$，$B=\{x\mid x-a>0\}$，若 $A\subseteq B$，则实数 a 取值范围为(　　).

(A) $(1,+\infty)$　(B) $(-\infty,1)$　(C) $[1,+\infty)$　(D) $(-\infty,1]$

支线任务三　元素与集合的关系、集合与集合的关系判定

例 3　(1) 已知集合 $A=\{x\mid x^2-x+3=0\}$，$a=3$，则下列关系正确的是(　　).

(A) $a\subseteq A$　(B) $a\notin A$　(C) $a\in A$　(D) $\{a\}\subseteq A$

(2) 下列关系式正确的是(　　).

(A) $\varnothing\subsetneqq\{0\}$　(B) $0\notin\varnothing$　(C) $\mathbf{Z}\subsetneqq\varnothing$　(D) $\sqrt{2}\notin\mathbf{R}$

任务拓展

1. 设集合 $A=\{x\mid x\geqslant\pi\}$，$a=2$，则下列关系正确的是(　　).

(A) $a\subseteq A$　(B) $a\notin A$　(C) $a\in A$　(D) $\{a\}\subseteq A$

2. 已知数集 $M=\{x\mid x+3=0\}$，$N=\{x\mid x^2=9\}$，则 M 与 N 的关系是(　　).

(A) $M\in N$　(B) $M=N$　(C) $M\subseteq N$　(D) $N\in M$

悟习题
能力提升

尝试练习

1. 下列说法正确的是(　　).

　(A) 集合 $\{a, b, c\}$ 与集合 $\{b, c, a\}$ 表示不同的集合

　(B) 公园里好看的花的全体构成一个集合

　(C) 由四位数 2024 中所用阿拉伯数字的全体构成的集合中有 4 个元素

　(D) 正偶数的全体构成一个集合

2. 下列命题：① **book** 中字母构成的集合有 4 个元素；② 若 $a\in\mathbf{N}$，则 $-a$ 不属于 $\mathbf{N}$；

③ 若 $a\in\mathbf{N}$, $b\in\mathbf{N}$, 则 $a+b$ 的最小值是 0. 其中所有正确的命题的个数是(　　).

(A) 0　　(B) 1　　(C) 2　　(D) 3

3. 如果集合 $A=\{x\mid ax^2+2x+1=0\}$ 中只有一个元素, 则 a 的值为(　　).

(A) 0　　(B) 0 或 1　　(C) 1　　(D) 不确定

4. 已知集合 $A=\{1, 2, 3, 4\}$, 则 A 的子集的个数是(　　).

(A) 4　　(B) 16　　(C) 17　　(D) 8

5. 集合 $\{(x, y)\mid y=3x+1\}$ 表示(　　).

(A) 方程 $y=3x+1$　　(B) 点 (x, y)

(C) 平面坐标系中所有点组成的集合

(D) 函数 $y=3x+1$ 图像上所有点组成的集合

6. 设 $M=\{x\mid x\geqslant 0\}$, 则下列关系中正确的是(　　).

(A) $\{0\}\notin M$　　(B) $0\notin M$　　(C) $\{0\}\in M$　　(D) $0\in M$

7. 下列关系中正确的是(　　).

(A) $0\in\varnothing$　　(B) $0\notin\varnothing$　　(C) $\{0\}=\varnothing$　　(D) $0\subseteq\varnothing$

8. 若集合 $A=\{x\mid x^2=x\}$, 用列举法表示为(　　).

(A) $\{0\}$　　(B) $\{1\}$　　(C) $\{0, 1\}$　　(D) $\{(0, 1)\}$

能力提升

如果集合 $A=\{x\mid x^2-x-6<0\}$, $B=\{x\mid x-a\geqslant 0\}$, 若 $A\subseteq B$, 则实数 a 取值范围为________.

真题再现

已知集合 $A=\{x\in\mathbf{Z}\mid -1\leqslant x\leqslant 1\}$, 则 A 的非空真子集的个数是(　　).

(A) 4　　(B) 6　　(C) 7　　(D) 8

任务 2　集合的运算

任务目标

1. 熟练集合的交集、并集、补集运算.
2. 能熟练运用数轴和文氏图等进行集合的运算.

抓主干
考点解密

一、交集

1. 交集的定义：由______所有元素组成的集合，叫作集合 A 与 B 的交集，记作______，即 $A\cap B=$______.

2. 交集的性质：

① $A\cap A=$________；② $A\cap\varnothing=$________；③ $A\cap B=$________；④ 如果 $A\cap B$，则 $A\subseteq B=$________.

二、并集

1. 并集的定义：由______所有元素组成的集合，叫作集合 A 与 B 的并集，记作______，即 $A\cup B=$______.

2. 并集的性质：

① $A\cup A=$________；② $A\cup\varnothing=$________；③ $A\cup B=$________；④ 如果 $A\leqslant B$，则 $A\cap B=$______.

三、补集

1. 全集的定义：在研究集合与集合之间的关系时，如果每一个集合______，那么称这个给定集合为这些集合的全集，通常用 U 表示.

2. 补集的定义：如果 A 是全集 U 的一个子集，由全集 U 中所有______构成的集合，叫作 A 在 U 中的补集，记作$\complement_U A$，即$\complement_U A=$______.

3. 补集的性质：

① $A\cap\complement_U A=$______；② $A\cup\complement_U A=$______；③ $\complement_U(\complement_U A)=$______.

基础训练

1. 设全集 $U=\{0,1,2,3,4,5\}$，$A=\{1,2,0\}$，$B=\{2,3,4,5\}$，则(1) $A\cap B=$______；(2) $A\cup B=$______；(3) $\complement_U A=$______；(4) $\complement_U(A\cap B)=$______.

2. 已知集合 $A=\{x|x$ 是矩形$\}$，$B=\{x|x$ 是平行四边形$\}$，则(1) $A\cap B=$______；(2) $A\cup B=$______.

3. 已知全集 $U=\mathbf{R}$，$A=\{x|x\geqslant 3\}$，则$\complement_U A=$______.

研考向
要点探究

支线任务一　求集合的交集、并集、补集

例 1　设集合 $M=\{x|x<1\}$，$N=\{x|x<2\}$，则集合 $M\cap N$ 等于（　　）.

（A）$\{x|x\geqslant1\}$　（B）$\{x|x<1\}$　（C）$\{x|x\geqslant2\}$　（D）$\{x|x<2\}$

任务拓展

已知集合 $A=\{(x,y)|x+y=0\}$，$B=\{(x,y)|x-y=4\}$，则 $A\cap B=$（　　）.

（A）$\{(1,2)\}$　（B）$\{2,2\}$　（C）$\{(2,-2)\}$　（D）$\{1,2\}$

支线任务二　由交、并、补确定未知量

例 2　设集合 $M=\{a,-1\}$，$N=\{0,1\}$，且 $M\cap N=\{1\}$，则 $M\cup N=$（　　）.

（A）$\{a,1,0,-1\}$（B）$\{1,1,0,-1\}$（C）$\{1,0,-1\}$（D）不确定

任务拓展

已知集合 $A=\{3,4,m^2-3m-1\}$，$B=\{2m,-3\}$，且 $A\cap B=\{-3\}$，则 m 的值为______.

悟习题
能力提升

尝试练习

1. 设全集 $U=\{0,1,2\}$，集合 $M=\{1,2\}$，$N=\{0\}$，则 $\complement_UM\cap N$ 等于（　　）.

（A）$\varnothing$　（B）M　（C）N　（D）U

2. 设全集 $U=\{1,2,a\}$，集合 $A=\{3,b\}$，且 $\complement_UA=\{1\}$，则 a，b 的值等于（　　）.

（A）2，3　（B）3，2　（C）1，2　（D）3，1

3. 设集合 $A=\{(x,y)|x+2y+1=0\}$，$B=\{(x,y)|3x-y-4=0\}$，则 $A\cap B=$（　　）.

（A）$\{-1,1\}$　（B）$\{1,-1\}$　（C）$\{(1,-1)\}$　（D）$\{(-1,1)\}$

4. 设全集 $U=\mathbf{R}$，$M=\{x|-1<x\leqslant2\}$，则 $\complement_UM=$（　　）.

（A）$\{x|x<-1$ 或 $x\geqslant2\}$　（B）$\{x|x\leqslant-1\}$

（C）$\{x|x\leqslant1$ 或 $x>2\}$　（D）$\{x|x\geqslant2\}$

5. 若 $A=\{x|x+1>0\}$，$B=\{x|x-3<0\}$，则 $A\cap B=$（　　）.

（A）$(-1,+\infty)$　（B）$(-\infty,3)$

（C）$(-1,3)$　（D）$(1,3)$

6. 设全集 $U=\{1,2,3,4,5,6\}$，$A=\{1,2,4\}$，$B=\{2,3,4,5\}$，则 $\complement_UA\cap\complement_UB$ 等于（　　）.

(A) $\{1,2,3,4,5\}$　　(B) $\{6\}$

(C) $\{3,5\}$　　(D) $\{2,4,6\}$

7. 设集合 $A=\{1,2\}$，$B=\{2,3,4\}$，$C=\{1,3,4\}$，则 $(A\cup B)\cap C$ 等于(　　).

(A) $\{1,2\}$　　(B) $\{2,3,4\}$　　(C) $\{3,4\}$　　(D) $\{1,3,4\}$

8. 已知 $A=\{1,2,3\}$，$B=\{2,m,4\}$，$A\cap B=\{2,3\}$，则 $m=$______.

能力提升

1. 设集合 $A=\{(x,y)\mid y=x^2\}$，$B=\{(x,y)\mid y=x+2\}$，则 $A\cap B=$______.

2. 设集合 $A=\{x\mid x^2-2px+q=0\}$，$B=\{x\mid 2x^2-px+q=0\}$，且 $A\cap B=\{-1\}$，则 $A\cup B=$______.

真题再现

设集合 $A=\{x\in\mathbf{N}\mid -3\leqslant x\leqslant 3\}$，$B=\{x\in\mathbf{Z}\mid -2\leqslant x\leqslant 2\}$，则 $A\cap B=$(　　).

(A) $\{-1,0,1,2,3\}$　　(B) $\{0,1,2\}$

(C) $\{-1,0,1,2\}$　　(D) $\{1,2\}$

任务3　命题与逻辑联结词

任务目标

1. 会判断所给定的语句是否为命题.
2. 熟练掌握真值表并能准确判断有关命题的真假.
3. 能写出一些简单命题的非.

抓主干
考点解密

一、命题

1. 命题：______叫命题.

2. 真命题与假命题：

(1) 真命题：______时，称该命题为真命题；

(2) 假命题：______时，称该命题为假命题.

注：感叹句、疑问句、祈使句不是命题.

二、常用的两个量词

1. 全称量词.

(1) 全称量词是指:在陈述中所述事物的全体. 常用的全称量词有“所有”“一切”“每一个”“任何”“任意”等,用符号______表示.

(2) 全称命题:______叫作全称命题.

2. 存在量词.

(1) 存在量词是指:在陈述中所述事物的个体或一部分. 常用的存在量词有“存在”“有些”“有一个”“至少有一个”等,用符号______表示.

(2) 存在命题:______叫作存在命题.

三、逻辑联结词与真值表

1. 简单命题.

不含有逻辑联结词的命题叫作简单命题.

2. 复合命题.

一些命题可用联结词“且”“或”“非”把它们联结起来构成一个新命题,则这个新的命题就叫作复合命题. 一般地,设 p、q 是两个命题,则

(1)“p 且 q”构成一个新命题,记作______;

(2)“p 或 q”构成一个新命题,记作______;

(3) 命题 p 的非(或否定)构成一个新命题,记作______.

3. 复合命题的真值表.

$p \wedge q$ 的真值表可归纳______为真,______为假;

$p \vee q$ 的真值表可归纳______为真,______为假;

$\neg p$ 的真值表可归纳为 p 与 $\neg q$ 不能同______,其中一个为真,______.

基础训练

1. 判断下列语句是否为命题,若是,判断其真假.

(1) $x^2=1$.

(2) 若 $x=3$,则 $2x+1<0$.

(3) 祝你幸福快乐!

(4) 对角线相等的平行四边形是矩形.

(5) 30 是 6 的倍数.

(6) 空集是任何集合的子集.

2. 设命题 p:$\varnothing=0$,q:$2\geqslant 3$,下列结论正确的是(　　).

(A) $p \vee q$ 为真　　(B) $p \wedge q$ 为真　　(C) p 为假　　(D) $\neg p$ 为假

研考向 要点探究

支线任务一 判断命题及命题的真假

例 1 判断下列语句是否是命题,并说明理由.

(1) 平行四边形的对边平行且相等.

(2) $2\notin \mathbf{N}$.

(3) 函数 $y=x^2$ 是偶函数吗?

(4) 请你到办公室去!

任务拓展

判断下列命题是全称命题还是存在命题,并判断其真假.

(1) $\exists$ 一个实数 $x\in\mathbf{R}$,使 $x^2+1=0$.

(2) 所有的集合都可用列举法表示.

(3) $\forall x\in\mathbf{R}$, $2x+7>2$.

(4) 有理数可以用数轴上的点表示.

支线任务二 判断复合命题的真假

例 2 下列五个命题:

(1) $2\geqslant 5$;

(2) 平行四边形的对角线相等且互相平分;

(3) 菱形的对角线互相垂直平分;

(4) $x=3$ 或 $x=-3$ 是方程 $x^2=9$ 的解;

(5) $(x+1)(x-3)\neq 0$ 的解是 $x\neq -1$ 或 $x\neq 3$.

其中,真命题的个数为( ).

(A) 2　　(B) 3　　(C) 4　　(D) 5

任务拓展

设命题“$p\vee q$”与命题“$\neg p$”都是真命题,则必有( ).

(A) p 真 q 假　　(B) p 假 q 真　　(C) p 真 q 真　　(D) p 假 q 假

支线任务三 写出命题的非

例 3 写出下列命题的非,并判断它们的真假.

(1) p: $\exists$ 一个实数 x,使 $2x^2+1\geqslant 0$;

(2) q: 对 $\forall$ 实数 x,都有 $x^2-4=0$.

任务拓展

命题“$\forall$ 实数 x，有 $x^2+1\geqslant 0$”的否定是____________.

悟习题
能力提升

尝试练习

1. 下列语句不是命题的是(　　).

(A) 姚明很高　　(B) 2 不是质数

(C) 20 是 6 的倍数　　(D) 若 $x=3$，则 $x+1>4$

2. 如果命题 p 是假命题，命题 q 是真命题，则下列命题为真命题的是(　　).

(A) $\neg q$　　(B) $p\wedge q$　　(C) $p\vee q$　　(D) $\neg p\wedge\neg q$

3. 若命题“$\neg p\vee\neg q$”是假命题，则① $p\wedge q$ 为真命题；② $p\wedge q$ 为假命题；③ $p\vee q$ 为真命题；④ $p\vee q$ 为假命题，其中说法正确的是(　　).

(A) ①③　　(B) ②④　　(C) ②③　　(D) ①④

4. 设 p，q 是两个命题，并且 $\neg p\wedge q$ 是真命题，则下列命题为真命题的是(　　).

(A) $p\wedge q$　　(B) $\neg p\wedge\neg q$　　(C) $\neg(p\vee q)$　　(D) $\neg p\vee\neg q$

5. 设命题 p：至少有一个实数 x，使得 $x^2+2x+5\geqslant 0$，则 $\neg p$ 是(　　).

(A) $\exists x\in\mathbf{R}$，使得 $x^2+2x+5<0$　　(B) $\exists x\in\mathbf{R}$，使得 $x^2+2x+5\geqslant 0$

(C) $\forall x\in\mathbf{R}$，使得 $x^2+2x+5<0$　　(D) $\forall x\in\mathbf{R}$，使得 $x^2+2x+5\geqslant 0$

6. “$3\leqslant x<5$”的非是(　　).

(A)“$x<3$ 且 $x\geqslant 5$”　　(B)“$x<3$ 或 $x\geqslant 5$”

(C)“$x\leqslant 3$ 且 $x>5$”　　(D)“$x\leqslant 3$ 或 $x>5$”

7. “$xy=0$”的含义是(　　).

(A) $x=0$ 或 $y=0$　　(B) $x=0$ 且 $y=0$

(C) $x\neq 0$ 且 $y\neq 0$　　(D) $x\neq 0$ 或 $y\neq 0$

8. “对任意实数 x，都有 $x^2+2x+7>0$”的非是________.

能力提升

1. 已知命题 p：$\exists x\in\mathbf{R}$，使 $x-1=0$；q：$\forall x\in\mathbf{R}$，都有 $x^2>0$，下列命题中真命题是(　　).

(A) $p\wedge q$　　(B) $p\vee q$　　(C) $\neg p\wedge q$　　(D) $\neg p\vee q$

2. 命题“$\exists x\in\mathbf{R}$，$x^2>0$”的非为(　　).

(A) $\exists x\in\mathbf{R}$，$x^2\leqslant 0$　　(B) $\exists x\in\mathbf{R}$，$x^2<0$

(C) $\forall x\in\mathbf{R}$，$x^2\leqslant 0$　　(D) $\forall x\in\mathbf{R}$，$x^2<0$

真题再现

1. 由“p: $8+7=16$, q: $\pi>3$”构成的复合命题，下列判断正确的是(　　).

(A) $p\vee q$ 为真，$p\wedge q$ 为假，$\neg p$ 为真

(B) $p\vee q$ 为假，$p\wedge q$ 为真，$\neg p$ 为真

(C) $p\vee q$ 为真，$p\wedge q$ 为假，$\neg p$ 为假

(D) $p\vee q$ 为假，$p\wedge q$ 为真，$\neg p$ 为假

2. 下列命题中是真命题的是(　　).

(A) 20 能被 5 整除且能被 3 整除

(B) 20 能被 5 整除或能被 3 整除

(C) 20 不能被 5 整除且不能被 3 整除

(D) 20 不能被 5 整除或能被 3 整除

任务 4　充分条件与必要条件

任务目标

1. 理解充分条件、必要条件、充要条件的概念，区别并会使用符号“$\Rightarrow$”“$\Leftrightarrow$”等.

2. 能正确地区分充分条件、必要条件、充要条件.

抓主干
考点解密

一、充分条件、必要条件

一般地，如果 $p\Leftrightarrow q$，则 p 是 q 的______，或 q 是 p 的______.

注：(1)“$p\Leftrightarrow q$”；(2)“p 是 q 的充分条件”；(3)“q 是 p 的必要条件”. 这三个命题是等价的，即这三句话的含义是相同的.

二、充要条件

一般地，如果 $p\Rightarrow q$ 且 $q\Rightarrow p$，则 p 是 q 的______条件，记作______，读作 p 与 q 等价.

注：“$p\Leftrightarrow q$”与“p 与 q 互为充要条件”这两个命题是等价的，即这两句话的含义是相同的.

基础训练

1. “$x<1$”是“$x<2$”的(　　).

(A) 充分而不必要条件　　(B) 必要而不充分条件

(C) 充分必要条件　　(D) 既不充分也不必要条件

2. “$ab>0$”是“$a>0$, $b>0$”的(　　).

(A) 充分而不必要条件　　(B) 必要而不充分条件

(C) 充分必要条件　　(D) 既不充分也不必要条件

研考向
要点探究

支线任务一　充要条件的判定

例1　$x^2-4=0$ 是 $x=2$ 的(　　).

(A) 充分而不必要条件　　(B) 必要而不充分条件

(C) 充分必要条件　　(D) 既不充分也不必要条件

任务拓展

下列命题中是真命题的个数是(　　).

①“x 是有理数”是“x 是整数”的充分条件;

②“$x>6$”是“$x>8$”的必要条件;

③“$a=b$”是“$a^3=b^3$”的充要条件;

④“$a>b$”是“$ac>bc$”的充要条件;

⑤“$x=1$”是“$x^2=1$”的必要条件.

(A) 0　　(B) 1　　(C) 2　　(D) 3

支线任务二　“⇒”与“⇔”的应用

例2　已知 p 是 q 的必要条件, s 是 r 的充分条件, p 是 s 的充要条件, 则 q 是 r 的(　　).

(A) 充分而不必要条件　　(B) 必要而不充分条件

(C) 充分必要条件　　(D) 既不充分也不必要条件

任务拓展

如果 m 是 n 的必要不充分条件, n 是 q 的充要条件, p 是 q 的充分不必要条件, 那么 m 是 p 的(　　).

(A) 必要而不充分条件　　(B) 充分而不必要条件

(C) 充分必要条件　　(D) 既不充分也不必要条件

悟习题
能力提升

尝试练习

1. “$|x|=|y|$”是“$y=x$”的(　　).

(A) 充分而不必要条件　　(B) 必要而不充分条件

(C) 充分必要条件　　(D) 既不充分也不必要条件

2. “$x+1=0$”是“$x^2-2x-3=0$”的(　　).

(A) 充分而不必要条件　　(B) 必要而不充分条件

(C) 充分必要条件　　(D) 既不充分也不必要条件

3. “$a=0$ 且 $b=0$”是“$a^2+b^2=0$”的(　　).

(A) 充分而不必要条件　　(B) 必要而不充分条件

(C) 充分必要条件　　(D) 既不充分也不必要条件

4. “$ab=0$”的充要条件是(　　).

(A) $a=0$　　(B) $b=0$

(C) $a=0$ 且 $b=0$　　(D) $a=0$ 或 $b=0$

5. 设 a, b 是实数，则 $a^2+b^2\neq 0$ 的充要条件是(　　).

(A) $a\neq 0$　　(B) $b\neq 0$

(C) $a\neq 0$ 且 $b\neq 0$　　(D) $a\neq 0$ 或 $b\neq 0$

6. 已知集合 A 与集合 B，则 $A=\varnothing$ 是 $A\cup B=B$ 的(　　).

(A) 充分而不必要条件　　(B) 必要而不充分条件

(C) 充分必要条件　　(D) 既不充分也不必要条件

7. “$a=b$”是 $\lg a=\lg b$ 的(　　).

(A) 充分条件　　(B) 必要条件

(C) 充要条件　　(D) 既不充分也不必要条件

能力提升

1. 下列命题是真命题的是(　　).

(A)“$x^2-9=0$”是“$x=3$”的充分条件

(B)“$x>0$”是“$x>5$”的必要条件

(C)“$a-b=0$”是“$a^2-b^2=0$”的充要条件

(D)“$a>b$”是“$ac^2>bc^2$”的充要条件

2. 设 a, b 是实数，则 $a^2+b^2>0$ 的充要条件是(　　).

（A）$a\neq0$　　　　（B）$b\neq0$

（C）$a\neq0$ 且 $b\neq0$　　　　（D）$a\neq0$ 或 $b\neq0$

真题再现

设 a,b 为实数，则 $a^2=b^2$ 的充要条件是（　　）.

（A）$a=b$　　（B）$a=-b$　　（C）$a^3=b^3$　　（D）$|a|=|b|$

情景 1 综合训练

一、知识网络

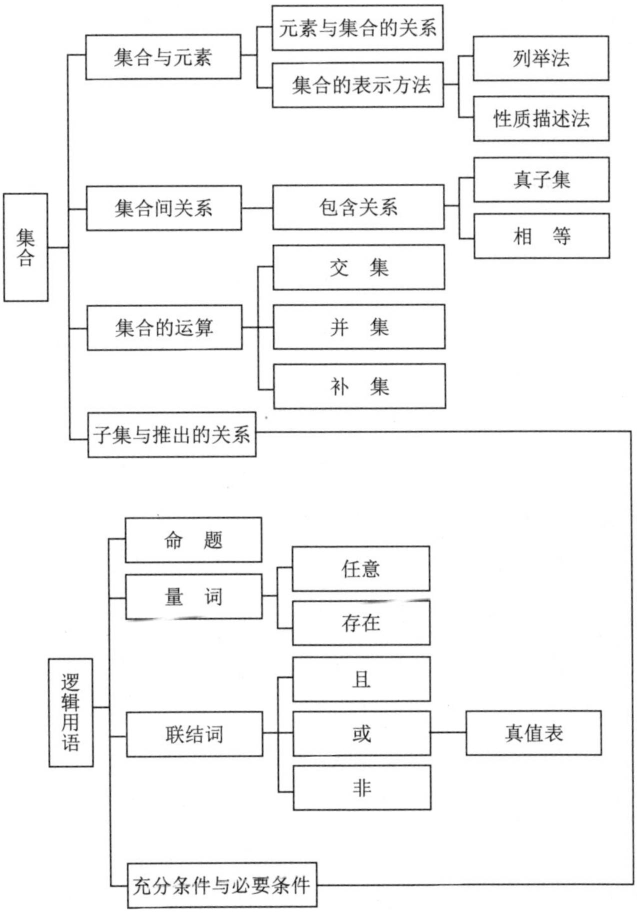

图 1-1　知识网络

二、考点剖析

集合与逻辑用语是中学数学最基本的知识，也是历年高考的必考内容，题型以选择题为主，数量上基本是两个小题，题目简单，变化不大，其考试热点有二. 一是集合，主要考查以下两个方面：(1) 两组符号 $\in$、$\notin$、$\subseteq$、$\subsetneqq$、$=$ 的综合应用；(2) 集合的运算，即求给定集合的交集、并集、补集. 通常二者取其中一点进行考查，以集合的运算为主. 二是逻辑用语，主要考查两个方面：(1) 用逻辑联结词联结而成的复合命题的真假判断；(2) 通常取充分条件的判定和必要条件的判定其中一点进行考察，且大多数考查充要条件的判定. 下面结合历年高考题将本章考试热点归纳如下.

（一）集合

1. 两组符号的综合应用.

(1) 设 M, N 表示集合，x 表示元素，下列命题错误的是（　　）.

(A) 若 $x\in M\cap N$，则 $x\in M$ 且 $x\in N$

(B) 若 $x\in M\cup N$，则 $x\in M$ 且 $x\in N$

(C) 若 $M\subseteq N$，则 $M\cap N=M$ 且 $M\cup N=N$

(D) 若 $M\cap N=\varnothing$，则 $M=\varnothing$ 或 $N=\varnothing$

(2) 若集合 $M=\{0\}$，则下列关系中正确的是（　　）.

(A) $M=\varnothing$　(B) $0\in M$　(C) $0\notin M$　(D) $0\in\varnothing$

(3) 若集合 $M=\{1,2,3,4\}$，$N=\{1,2,3\}$，则下列关系中正确的是（　　）.

(A) $M\cap N=M$　(B) $M\cup N=N$

(C) $N\subsetneqq M$　(D) $M\subsetneqq N$

2. 集合的交、并、补运算.

(1) 已知集合 $M=\{a, b\}$，$N=\{b, c\}$，则 $M\cap N$ 等于（　　）.

(A) $\varnothing$　(B) $\{b\}$　(C) $\{a, c\}$　(D) $\{a, b, c\}$

(2) 已知集合 $M=\{0,1\}$，$N=\{1,2\}$，则 $M\cup N$ 等于（　　）.

(A) $\{1\}$　(B) $\{0,2\}$　(C) $\{0,1,2\}$　(D) $\varnothing$

(3) 已知集合 $A=\{1,3\}$，$B=\{2,3\}$，则 $A\cup B$ 等于（　　）.

(A) $\varnothing$　(B) $\{1,2,3\}$　(C) $\{1,2\}$　(D) $\{3\}$

(4) 已知全集 $U=\{1,2\}$，集合 $M=\{1\}$，则 $\complement_U M$ 等于（　　）.

(A) $\varnothing$　(B) $\{1\}$　(C) $\{2\}$　(D) $\{1,2\}$

(5) 已知全集 $U=\{1,2,3\}$，集合 $M=\{1,2\}$，则 $\complement_U M$ 等于（　　）.

(A) $\{1\}$　(B) $\{3\}$　(C) $\{1,2\}$　(D) $\{1,2,3\}$

(6) 已知全集 $U=\{a, b, c\}$，集合 $M=\{a, b\}$，集合 $N=\{b, c\}$，则 $(M\cap N)\cup\complement_U M$ 等于（　　）.

(A) $\{a, b\}$　(B) $\{a, c\}$　(C) $\{b, c\}$　(D) $\{a, b, c\}$

(二)逻辑用语

1. 命题真假的判定.

(1) 设集合 $M=\{-2,0,2,4\}$，则下列命题为真命题的是(　　).

(A) $\forall a\in M$, a 是正数　　(B) $\forall a\in M$, b 是自然数

(C) $\exists c\in M$, c 是奇数　　(D) $\exists d\in M$, b 是有理数

(2) 设命题 p: $5\geqslant 3$，命题 q: $\{1\}\subseteq\{0,1,2\}$，则下列命题中为真命题的是(　　).

(A) $p\wedge q$　　(B) $\neg p\wedge q$　　(C) $p\wedge\neg q$　　(D) $\neg p\vee\neg q$

(3) 如果 $\neg p$ 是真命题，$p\vee q$ 也是真命题，那么下列说法正确的是(　　).

(A) p, q 都是真命题　　(B) p 是真命题，q 是假命题

(C) p, q 都是假命题　　(D) p 是假命题，q 是真命题

(4) 若 p 是假命题，q 是真命题，则下列命题为真命题的是(　　).

(A) $\neg q$　　(B) $\neg p\wedge q$　　(C) $\neg(p\vee q)$　　(D) $p\wedge q$

(5) 对于命题 p, q，若 $p\wedge q$ 是假命题，$p\vee q$ 是真命题，则(　　).

(A) p, q 都是真命题　　(B) p, q 都是假命题

(C) p, q 一个是真命题，一个是假命题　　(D) 无法判断

2. 充分、必要、充要条件的判断.

(1) “$a>0$”，是“$a^2>0$”的(　　).

(A) 充分而不必要条件　　(B) 必要而不充分条件

(C) 充分必要条件　　(D) 既不充分也不必要条件

(2) “圆心到直线的距离等于圆的半径”是“直线与圆相切”的(　　).

(A) 充分而不必要条件　　(B) 必要而不充分条件

(C) 充分必要条件　　(D) 既不充分也不必要条件

(3) 对于任意角 α, β，“$\alpha=\beta$”是“$\sin\alpha=\sin\beta$”的(　　).

(A) 充分而不必要条件　　(B) 必要而不充分条件

(C) 充分必要条件　　(D) 既不充分也不必要条件

(4) 对于命题 p, q，“$p\vee q$ 是真命题”是“p 是真命题”的(　　).

(A) 充分而不必要条件　　(B) 必要而不充分条件

(C) 充分必要条件　　(D) 既不充分也不必要条件

(5) “$a+c=2b$”是“a, b, c 成等差数列”的(　　).

(A) 充分而不必要条件　　(B) 必要而不充分条件

(C) 充分必要条件　　(D) 既不充分也不必要条件

三、考点练兵

1. 若集合 $A=\{x\mid x^2\leqslant 1\}$，$B=\{x\mid |x|\leqslant 1\}$，则 A 与 B 的关系是(　　).

(A) $A\not\subseteq B$　(B) $A\subsetneqq B$　(C) $A=B$　(D) $B\subsetneqq A$

2. 命题“$\forall x\in\mathbf{R}, x^2\neq x$”的否定是(　　).

(A) $\forall x\in\mathbf{R}, x^2\neq x$　(B) $\forall x\in\mathbf{R}, x^2=x$

(C) $\exists x\in\mathbf{R}, x^2\neq x$　(D) $\exists x\in\mathbf{R}, x^2=x$

3. 已知集合 $M=\{x|x^2-2x=0\}$, $N=\{x|x-2=0\}$ 则 $M\cup N$ 等于(　　).

(A) $\{1\}$　(B) $\{0\}$　(C) $\{2,0\}$　(D) $\{-2,0\}$

4. 设全集 $U=\mathbf{R}$, $A=\{x|x>0\}$, $B=\{x|x>1\}$, 则 $A\cap\complement_U B=$(　　).

(A) $\{x|0\leqslant x<1\}$　(B) $\{x|0<x\leqslant 1\}$

(C) $\{x|x<0\}$　(D) $\{x|x>1\}$

5. 设集合 $M=\{m\in\mathbf{Z}|-3<m<2\}$, $N=\{n\in\mathbf{Z}|-1\leqslant n\leqslant 3\}$, 则 $M\cap N=$(　　).

(A) $\{0,1\}$　(B) $\{-1,0,1\}$　(C) $\{0,1,2\}$　(D) $\{-1,0,1,2\}$

6. 设集合 $M=\{1\}$, 集合 $N=\{1,2\}$, 集合 $P=\{1,2,3\}$, 则$(M\cup N)\cap P$ 是(　　).

(A) $\{1,2,3\}$　(B) $\{1,2\}$　(C) $\{1\}$　(D) $\{3\}$

7. 设集合 $M=\{2,3,5,a\}$, $N=\{1,3,4,b\}$, 若 $M\cap N=\{1,2,3\}$, 则 a 与 b 的值为(　　).

(A) $a=1, b=1$　(B) $a=2, b=1$

(C) $a=1, b=2$　(D) $a=1, b=5$

8. 已知集合 $M=\{1,3\}$, $N=\{x|x-2=0\}$, 若 $P=M\cup N$, 则集合 P 的真子集的个数为(　　).

(A) 5　(B) 6　(C) 7　(D) 8

9. 已知集合 $U=\{1,2,3,4,5,6\}$, $A=\{1,3,5\}$, $B=\{3,4,5\}$, 则$\complement_U(A\cup B)=$(　　).

(A) $\{2,6\}$　(B) $\{3,6\}$　(C) $\{1,3,4,5\}$　(D) $\{1,2,4,6\}$

10. 下列命题是真命题的是(　　).

(A) $a>b$ 是 $a^2>b^2$ 的充分条件

(B) $x>3$ 是 $x>5$ 的充分条件

(C) x 是实数是 x 是有理数的充分条件

(D) $a>b$ 是 $a+c>b+c$ 的充要条件

11. 对任意实数 a, b, c,“$ac^2>bc^2$”是“$a>b$”的(　　).

(A) 充分条件　(B) 必要条件

(C) 充要条件　(D) 既不充分也不必要条件

12. “$a=b$”是“$|a|=|b|$”的(　　).

(A) 充要条件　(B) 必要条件

(C) 充分条件　(D) 既不充分也不必要条件

13. 命题 p: $3>2$, 命题 q: $\sqrt{2}$是有理数, 则下列命题是真命题的是(　　).

(A) $p\wedge q$　(B) $p\vee q$　(C) $\neg p\wedge q$　(D) $\neg p\wedge\neg q$

14. 设 p 与 q 是两个命题，并且 $\neg p\vee q$ 是假命题，则下列命题是真命题的是(　　).

(A) $p\wedge q$　(B) $\neg p\wedge q$　(C) $\neg p\vee\neg q$　(D) $\neg(p\vee q)$

15. 设 p 与 q 是两个命题，并且 $p\wedge q$ 是真命题，则下列命题是假命题的是(　　).

(A) $p\vee q$　(B) $p\vee\neg q$　(C) $\neg p\vee q$　(D) $\neg(p\wedge q)$

16. 设 p 与 q 是两个命题，若"p 或 q"的非是真命题则必有(　　).

(A) p 真 q 真　(B) p 假 q 真

(C) p 真 q 假　(D) p 假 q 假

17. 已知集合 $A=\{1,3,m\}$，$B=\{3,4\}$，若 $A\cup B=\{1,2,3,4\}$，则 $m=$______.

18. 命题"$\forall x\in\mathbf{R}$，$x^2+1>0$"的非是______.

19. 设全集 $U=\mathbf{R}$，集合 $A=\{x\mid 0\leqslant x\leqslant 3\}$，$B=\{x\mid 1<x<4\}$，求 $\complement_U A$，$A\cap\complement_U B$，$\complement_U(A\cap B)$.

20. 已知全集 $U=\{-1,2,3\}$，$A=\{3,a^2-a+2\}$，$\complement_U A=\{-1\}$，求 a 的值.

21. 已知 $A=\{x\mid x^2-px+15=0\}$，$B=\{x\mid x^2+qx+r=0\}$，且 $A\cap B=\{3\}$，$A\cup B=\{2,3,5\}$，求常数 p，q，r 的值.

情景 2

方程与不等式

习近平总书记在二十大报告中强调，以中国式现代化全面推进中华民族伟大复兴．

新的数学方法和概念，常常比解决数学问题本身更重要．——华罗庚

考纲展示

方程与不等式

一元二次方程的解法，实数的大小，不等式的性质、区间，含有绝对值的不等式的解法，一元二次不等式的解法．

要求

（1）会解一元二次方程，会用根与系数的关系解决有关问题．

（2）理解不等式的性质，会用作差比较法证明简单不等式．

（3）会解一元一次不等式（组）．

（4）会解形如 $|ax+b|\geq c$ 或 $|ax+b|<c$ 的含有绝对值的不等式．

（5）会解一元二次不等式，会用区间表示不等式的解集．

（6）能利用不等式的知识解决有关的实际问题．

情景目标

1. 掌握配方法，会用配方法解决有关问题．
2. 会解一元二次方程，会用根与系数的关系解决有关问题．

3. 理解不等式的性质，会用作差比较法证明简单不等式.

4. 会解一元一次不等式(组).

5. 会解形如 $|ax+b|\geqslant c$ 或 $|ax+b|<c$ 的含有绝对值的不等式.

6. 会解一元二次不等式，会用区间表示不等式的解集.

7. 能利用不等式的知识解决有关的实际问题.

任务 1　配方法与一元二次方程

任务目标

1. 掌握配方法，能将简单的二次三项式化为 $a(x+m)^2+n$ 的形式.

2. 会解一元二次方程.

3. 灵活运用配方法及根与系数的关系解决有关问题.

抓主干
考点解密

一、配方法

配方法的一般步骤

对 ax^2+bx+c 配方，其一般步骤为：

(1) 提取系数 a 变形为______；

(2) 配方为______；

(3) 整理为______.

二、一元二次方程

1. 形如____________叫作一元二次方程.

2. 用配方法解一元二次方程的步骤：

(1) 将系数化为 1 变成__________；(2) 配方化为__________；(3) 讨论判别式 $\Delta=b^2-4ac$ 的符号，确定方程的解：① $\Delta>0$ 时，方程有两实数解，解为__________；② $\Delta=0$ 时，方程有一实数解，解为__________；③ $\Delta<0$ 时，方程没有实数解.

3. 根与系数的关系：

若一元二次方程 $ax^2+bx+c=0\ (a\neq 0)$ 的两根为 x_1, x_2, 则有 $x_1+x_2=$__________，$x_1x_2=$__________.

基础训练

1. 将下列二次三项式化为 $a(x+m)^2+n$ 的形式.

(1) $x^2+12x+4=$__________;

(2) $-x^2+6x+10=$__________;

(3) $2x^2+4x+3=$__________.

2. 用配方法解下列一元二次方程.

(1) $x^2+6x+7=0$;

(2) $2x^2+3=7x$.

研考向
要点探究

支线任务一　将二次三项式化为 $a(x+m)^2+n$ 的形式

例 1　把二次三项式 $2x^2-2xy+y^2$ 化为 $a(x+m)^2+n$ 的形式为__________.

任务拓展

1. 把二次三项式 $-5x^2-10x+3$ 化为 $a(x+m)^2+n$ 的形式为__________.

2. 已知实数 a, b 满足 $a^2+b^2-4a+6b+13=0$，则实数 $a=$________, $b=$________.

支线任务二　解一元二次方程

例 2　解方程.

(1) $3x^2=9$;　　　　(2) $x^2+2x=0$.

例 3　已知 x_1, x_2 是方程 $x^2-4x-3=0$ 的两个根，求(1) $x_1^2+x_2^2$;(2) $\dfrac{1}{x_1}+\dfrac{1}{x_2}$.

任务拓展

已知 x_1, x_2 是方程 $x^2-4x+3=0$ 的两个根，则 $x_1+x_2=$________，$x_1x_2=$________，$\frac{1}{x_1}+\frac{1}{x_2}=$________.

悟习题
能力提升

尝试练习

1. $4x^2-4x+1$ 化为完全平方式为(　　).

(A) $(x+\frac{1}{2})^2$　(B) $(x-\frac{1}{2})^2$　(C) $(2x+1)^2$　(D) $(2x-1)^2$

2. 已知 $2x^2-4x+m=0$ 可化为 $2(x-1)^2$，则实数 m 的值为(　　).

(A) 1　(B) 2　(C) -1　(D) -2

3. 方程 $5x-x^2=6$ 的解集为(　　).

(A) $\{3,5\}$　(B) $\{3\}$　(C) $\{2\}$　(D) $\{2,3\}$

4. 已知实数 a, b 满足 $a^2+b^2-2a+4b+5=0$，则 a, b 的值分别为(　　).

(A) 1, 2　(B) 1, -2　(C) -1, 3　(D) 3, -2

5. 方程 $x^2-2x-4=0$ 的解是(　　).

(A) $1+\sqrt{5}$　(B) $1-\sqrt{5}$　(C) $1\pm\sqrt{5}$　(D) $\pm\sqrt{5}$

6. 方程 $x^2-x-6=0$ 的解为(　　).

(A) 6　(B) -1　(C) 2, -3　(D) -2, 3

7. 方程 $3x^2+6x-4=0$ 的根的个数为(　　).

(A) 0　(B) 1　(C) 2　(D) 3

8. 关于 x 的方程 $x^2-ax+a=0$ 有两个相等的实数根，则 a 的值等于(　　).

(A) 0　(B) 4　(C) 0 或 4　(D) 2 或 -2

能力提升

1. 方程 $2x^2+5x+1=0$ 的两个根的平方和为(　　).

(A) $\frac{21}{4}$　(B) $\frac{25}{4}$　(C) $\frac{29}{4}$　(D) $\frac{33}{4}$

2. 方程 $(x-3)(x+7)=0$ 的解为(　　).

(A) 3　(B) 7 或 3　(C) -7 或 3　(D) -7

真题再现

1. 已知实数 a, b 满足 $a^2+b^2-2(2a-b)+5=0$，则 $a=$________，$b=$________.

2. 已知 $4x^2+4x+3=4(x+a)^2+b$，则 a, b 的值分别为(　　).

(A) 1, 4　　(B) $\frac{1}{2}$, 4　　(C) $\frac{1}{2}$, 2　　(D) $-\frac{1}{2}$, 2

任务 2　不等式性质

任务目标

1. 掌握实数大小的基本性质，会用作差比较法证明简单的不等式.

2. 掌握不等式的基本性质及相关推论，并能熟练进行不等式的等价变形及判断相关的命题的真假.

3. 掌握重要不等式的结论并能熟练运用.

抓主干
考点解密

一、实数大小的基本性质

(1) $a-b>0\Leftrightarrow$__________；(2) $a-b=0\Leftrightarrow$__________；(3) $a-b<0\Leftrightarrow$__________.

二、不等式的基本性质

1. 传递性：如果 $a>b$, $b>c$，那么__________.

2. 加法法则：如果 $a>b$，那么__________.

3. 乘法法则：如果 $a>b$, $c>0$，那么__________；如果 $a>b$, $c<0$，那么__________.

三、不等式性质的相关推论

1. 移项法则：$a+b>c\Rightarrow$____________________.

2. 不等式相加法则：$a>b$, $c>d\Rightarrow$____________________.

3. 不等式相乘法则：$a>b>0$, $c>d>0\Rightarrow$____________________.

4. 乘方法则：$a>b>0\Rightarrow$____________________. ($n\geq 2$, $n\in \mathbf{N}_+$)

四、几个常用重要不等式

1. a^2________0. ($a\in \mathbf{R}$)

2. $(a-b)^2$________0，有且仅当________时等号成立.

3. a^2+b^2________$2ab$，有且仅当________时等号成立．

基础训练

1. 用不等号“>”“<”填空：

(1) 若 $a>b$，则 $a-3$______$b-3$；

(2) 若 $a>b$，则 $-5a$______$-5b$；

(3) $3-a$______$4-a$；

(4) 如果 $a<b<0$，则$\frac{1}{a}$______$\frac{1}{b}$；

(5) 若 $a>-1$，则 a^2-a+2______a^2-3a.

2. 用比较法比较代数式的大小：

(1) a^2+b^2 和 $2ab$；

(2) $(x^2+1)^2$ 和 x^4+x^2-2x.

研考向
要点探究

支线任务一　利用不等式的基本性质判断有关命题的真假

例 1　(1) 如果 $a>b$，那么下列结论不正确的是(　　).

(A) $a+c>b+c$　(B) $a-c>b-c$　(C) $ac^2>bc^2$　(D) $b<a$

(2) 设 $1<a<5$，$-1\leqslant b\leqslant 2$ 则 $a-b$ 取值范围是(　　).

(A) $[2,3]$　(B) $[-1,6]$　(C) $[0,7]$　(D) $[-6,1]$

任务拓展

已知下列命题：①若 $a>b$，则 $a^2>b^2$；② 若 $a>b>0$，$c<0$，则$\frac{c}{a}<\frac{c}{b}$；③若 $a>b$，$ab\neq 0$，则$\frac{1}{a}<\frac{1}{b}$；④若 $a>b$，则 $ac^2>bc^2$；⑤ 若 $ac^2>bc^2$，则 $a>b$.

其中真命题的个数为(　　).

(A) 0　(B) 1　(C) 2　(D) 3

支线任务二　用作差比较法比较代数式的大小

例 2　比较 a^2+b^2 和 $2(a-b-1)$.

任务拓展

已知 a，$b\in\mathbf{R}$ 求证：$a^2+b^2+5\geqslant 2(2a-b)$.

悟习题
能力提升

尝试练习

1. 已知：$a, b, c, d\in\mathbf{R}$ 且 $a>b$, $c>d$，则下列命题是真命题的是（　　）.

(A) $ac>bd$　　(B) $|a+c|>|b+d|$

(C) $\frac{a}{c}>\frac{b}{d}$　　(D) $a+c>b+d$

2. 已知 $x<1$，下列不等式成立的是（　　）.

(A) $x^2<1$　　(B) $\frac{1}{x}>1$　　(C) $x^3<1$　　(D) $|x|<1$

3. 设 $a>-b$，则下列不等式必成立的是（　　）.

(A) $a(a+b)^2<-b(a+b)^2$　　(B) $a(a+b)^2>-b(a+b)^2$

(C) $a(a+b)^2\geqslant -b(a+b)^2$　　(D) $a(a+b)^2\leqslant -b(a+b)^2$

4. 若$\frac{1}{a}<\frac{1}{b}<0$，下列不等式① $a+b<ab$；② $|a|<|b|$；③ $\frac{b}{a}>1$ 中，正确的有（　　）.

(A) 0 个　　(B) 1 个　　(C) 2 个　　(D) 3 个

5. $ab>0$ 且 $a>b$，则下列各式成立的是（　　）.

(A) $\frac{1}{a}>\frac{1}{b}$　　(B) $\frac{1}{a}<\frac{1}{b}$　　(C) $a^2>b^2$　　(D) $a^2<b^2$

6. 已知 $a>b$，且 a, b 均不为零，则下列正确的是（　　）.

(A) $\frac{1}{a}>\frac{1}{b}$　　(B) $\frac{1}{a}<\frac{1}{b}$　　(C) $\frac{1}{a}=\frac{1}{b}$　　(D) $\frac{1}{a}$和$\frac{1}{b}$ 的大小不确定

7. 若 $x>0$，则下列不等式必成立的是（　　）.

(A) $x^2>x$　　(B) $(x+1)^2>0$　　(C) $x<\frac{1}{x}$　　(D) $x>\frac{1}{x}$

能力提升

1. 对任意实数 a, b，下列关系正确的是（　　）.

(A) 若 $a>b$ 则 $a^2>b^2$　　(B) 若 $|a|>b$ 则 $a^2>b^2$

(C) 若 $a>|b|$ 则 $a^2>b^2$　　(D) 若 $a\neq|b|$ 则 $a^2\neq b^2$

真题再现

1. 设 $t=a+2b$, $s=a+b^2+1$，则 t 与 s 的大小关系正确的是（　　）.

(A) $t>s$　　(B) $t\geqslant s$　　(C) $t<s$　　(D) $t\leqslant s$

2. 已知 $a>b$, $c\in\mathbf{R}$，则不等式成立的是（　　）.

(A) $a+c>b-c$　　(B) $ac>bc$

(C) $ac^2>bc^2$　　(D) $a+c>b+c$

任务3　一元一次不等式(组)与含绝对值不等式

任务目标

1. 理解区间的表示方法,会用区间表示不等式的解集.
2. 掌握一元一次不等式和一元一次不等式组的解法.
3. 熟练掌握含绝对值不等式的解法.

抓主干
考点解密

一、区间的概念

1. 满足 $a\leqslant x\leqslant b$ 的全体实数用区间表示为____________.
2. 满足 $a<x<b$ 的全体实数用区间表示为____________.
3. 满足 $a\leqslant x<b$ 的全体实数用区间表示为____________.
4. 满足 $a<x\leqslant b$ 的全体实数用区间表示为____________.
5. 满足 $x\geqslant a$ 的全体实数用区间表示为____________.
6. 满足 $x>a$ 的全体实数用区间表示为____________.
7. 满足 $x\leqslant a$ 的全体实数用区间表示为____________.
8. 满足 $x<a$ 的全体实数用区间表示为____________.

二、一元一次不等式(组)

1. 一元一次不等式:____________叫作一元一次不等式.
2. 一元一次不等式的解集:对一元一次不等式 $ax>b$ $(a\neq 0)$,
当 $a>0$ 时,其解集为____________;
当 $a<0$ 时,其解集为____________.
3. 一元一次不等式组的解集:其解集是每个不等式解集的____________.

三、含绝对值的不等式

1. 设 $m>0$, $|x|\leqslant m\Leftrightarrow$____________; $|x|\geqslant m\Leftrightarrow$____________.
注:小于取中间,大于取两边。
2. 当 $c>0$ 时,绝对值不等式 $|ax+b|<c\Leftrightarrow$____________.
3. 当 $c>0$ 时,绝对值不等式 $|ax+b|>c\Leftrightarrow$____________.
注:当 $c<0$ 时,绝对值不等式 $|ax+b|<c\Leftrightarrow$ 的解集是 ϕ;当 $c<0$ 时,绝对值不等式

$|ax+b|>c\Leftrightarrow$ 的解集是 $\mathbf{R}$。

基础训练

1. 不等式 $3(1-x)>2(x-5)$ 的解集用区间表示为________.

2. 不等式组 $\begin{cases}3x-2<0\\2x+7>0\end{cases}$ 的解集是________.

3. $|x-2|>7$ 的解集是________.

研考向
要点探究

支线任务一　解一元一次不等式(组)

例 1　不等式组 $\begin{cases}10x+2x\leqslant 11+3x\\7+2x>6+3x\end{cases}$ 的解集是(　　).

(A) $[-1,1]$　　(B) $(-1,1)$　　(C) $[-1,1)$　　(D) $[-2,-1]\cup[1,+\infty]$

任务拓展

不等式组 $\begin{cases}4x-4>3x+1\\3x+1>2x-1\end{cases}$ 的解集是(　　).

(A) $[5,+\infty)$　　(B) $(5,+\infty)$　　(C) $(2,5)$　　(D) $(-\infty,-2)$

支线任务二　解含绝对值的不等式

例 2　(1) $|3x-5|<1$ 的解集是________.

(2) $|3-5x|>-1$ 的解集是________.

任务拓展

(1) $|2x-1|<0$ 的解集是________.

(2) $|6-2x|>4$ 的解集是________.

悟习题
能力提升

尝试练习

1. 不等式组 $\begin{cases}x-5\leqslant 2x-4\\3x+1<9-x\end{cases}$ 的解集为(　　).

(A) $[-1,2]$　(B) $[-2,1]$　　(C) $[-1,2)$　　(D) $(-\infty,-1)\cup(2,+\infty)$

2. 不等式 $|2x+1|\geqslant 7$ 的解集为(　　).

(A) $[-3,4]$　　(B) $(-\infty,-3]\cup[4,+\infty)$

(C) $(-\infty,-4]\cup[3,+\infty)$　　(D) $[-4,3]$

3. 函数 $y=\sqrt{|x-1|-2}$ 的定义域为(　　).

(A) $\{x|x\geqslant 3\}$　　(B) $\{x|x\geqslant 3$ 或 $x\leqslant -1\}$

(C) $\{x|x\leqslant -1\}$　　(D) $\mathbf{R}$

4. 已知 $|x-2|<a\ (a>0)$的解集是 $\{x|-1<x<c\}$，则 $a+c$ 的值等于(　　).

(A) 0　　(B) 4　　(C) 7　　(D) 8

5. 集合 $A=\{x|0<x\leqslant 2$ 且 $x\neq 1\}$ 用区间可表示为(　　).

(A) $(0,1)\cup(1,2)$　　(B) $[0,1)\cup[1,2]$

(C) $(0,1]\cup(1,2]$　　(D) $(0,1)\cup(1,2]$

6. 不等式 $|3-2x|\leqslant 1$ 的解集是(　　).

(A) $\{x|x\leqslant 1$ 或 $x\geqslant 2\}$　　(B) $\{x|1\leqslant x\leqslant 2\}$

(C) $\{x|x\leqslant -2$ 或 $x\geqslant -1\}$　　(D) $\{x|-2\leqslant x\leqslant -1\}$

7. 已知 $|x-a|<b$ 的解集是 $\{x|-3<x<9\}$，则 a, b 的值是(　　).

(A) 6, 3　　(B) $-6,-3$　　(C) 3, 6　　(D) $-3,-6$

8. 不等式 $|2x+1|>0$ 的解集为(　　).

(A) $\mathbf{R}$　　(B) $\{x|x\neq -\frac{1}{2}\}$　　(C) ϕ　　(D) $\{x|x>-\frac{1}{2}\}$

能力提升

1. 不等式 $2|x|-5>3$ 的解集为____________.

2. 不等式 $|4-5x|<11\ (x\in\mathbf{Z})$的解集是____________.

真题再现

1. 已知集合 $A=(-4,2]$，$B=(-1,3)$，则 $A\cap B$ 等于(　　).

(A) $(-1,2)$　　(B) $[-1,2]$　　(C) $(-1,2]$　　(D) $[-1,2)$

2. 已知 $A=\{x||2x-1<3\}$，$B=\{x||x+1>2\}$，则 $A\cap B$ 等于__________.

3. 已知点 $P(3x-1,4-2x)$在第二象限，则实数 x 的取值范围是__________.

任务4　一元二次不等式

任务目标

1. 理解一元二次不等式的概念及一般形式.
2. 了解用配方法解一元二次不等式.

3. 熟练掌握图像法解一元二次不等式.

抓主干
考点解密

一、一元二次不等式的概念

1. 一元二次不等式：只含一个未知数，并且____________的整式不等式叫作一元二次不等式.

2. 一元二次不等式形式：____________或____________.

二、一元二次不等式 $ax^2+bx+c>0$ 或 $ax^2+bx+c<0$ 的解法

若二次项系数小于零，通常在已知不等式的两端同时乘以 -1，使二次项系数大于零，再求解.

1. 配方法.

将 $ax^2+bx+c>0$ 或 $ax^2+bx+c<0$ $(a>0)$配方化为$(x-n)^2>m$ 或$(x-n)^2<m$ 的形式.

① $m>0$ 时，开方得 $|x-n|>\sqrt{m}$ 或 $|x-n|<\sqrt{m}$，然后根据含绝对值不等式的解法求解；② $m<0$ 或 $m=0$ 时，根据$(x-n)^2>0$ 得出解集.

2. 图像法.

(1) 根据二次函数的图像及二次方程的根，写出相应不等式的解集，如表 2-1 所示.

表 2-1　图像法解一元二次不等式

<table>
<tr><td colspan="2">$\Delta=b^2-4ac$</td><td>$\Delta>0$</td><td>$\Delta=0$</td><td>$\Delta<0$</td></tr>
<tr><td colspan="2">一元二次方程
$ax^2+bx+c=0$ 的根</td><td>$x_1, x_2(x_1<x_2)$</td><td>$x_1=x_2=-\frac{b}{2a}$</td><td>没有实根</td></tr>
<tr><td colspan="2">二次函数
$y=ax^2+bx+c\ (a>0)$
的图像</td><td>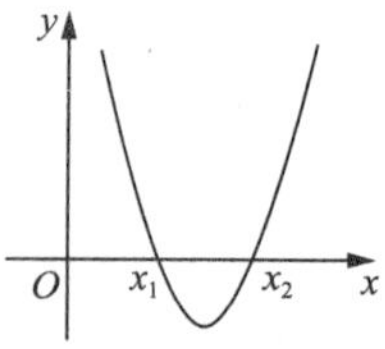</td><td>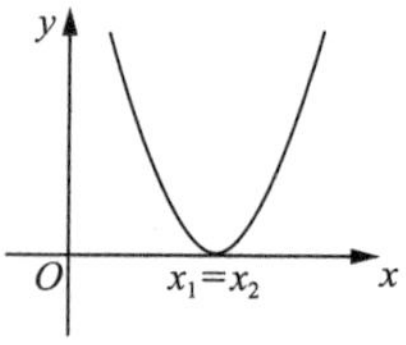</td><td>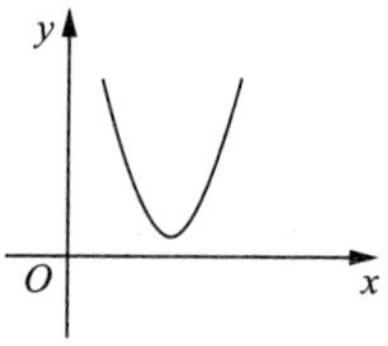</td></tr>
<tr><td rowspan="4">解集</td><td>$ax^2+bx+c>0$</td><td>$(-\infty, x_1)\cup(x_2, +\infty)$</td><td>$(-\infty, -\frac{b}{2a})\cup(-\frac{b}{2a}, +\infty)$</td><td>$\mathbf{R}$</td></tr>
<tr><td>$ax^2+bx+c\geqslant0$</td><td>$(-\infty, x_1]\cup[x_2, +\infty)$</td><td>$\mathbf{R}$</td><td>$\mathbf{R}$</td></tr>
<tr><td>$ax^2+bx+c<0$</td><td>(x_1, x_2)</td><td>ϕ</td><td>ϕ</td></tr>
<tr><td>$ax^2+bx+c\leqslant0$</td><td>$[x_1, x_2]$</td><td>$\{-\frac{b}{2a}\}$</td><td>ϕ</td></tr>
</table>

(2)用图像法解一元二次不等式的一般步骤:解方程,画草图,看图说话(写出解集).

基础训练

1. 解不等式.

(1) $x^2+2x-8<0$;

(2) $x+2-x^2<0$.

2. 用图像法解不等式 $x^2-5x+4>0$.

研考向
要点探究

支线任务一　解一元二次不等式

例1　(1) 不等式 $-x^2+x+12<0$ 的解集是(　　).

(A) $\{x|-3<x<4\}$　　(B) $\{x|-4<x<3\}$

(C) $\{x|x>3$ 或 $x<-4\}$　　(D) $\{x|x>4$ 或 $x<-3\}$

(2) 不等式 $(x+1)(x-2)<0$ 的解集为(　　).

(A) $\{x|-1\leqslant x\leqslant 2\}$　　(B) $\{x|-1<x<2\}$

(C) $\{x|x>2\}$　　(D) $\{x|x>2$ 或 $x<-1\}$

任务拓展

1. 不等式 $x^2-2x+1\geqslant 0$ 的解集为____________________.

2. 函数 $y=\sqrt{x^2-2x-15}$ 定义域为____________________.

3. 不等式 $(x-2)(x+3)>0$ 的解集为____________________.

支线任务二　一元二次不等式解集与一元二次方程的判别式△、一元二次函数之间的关系

例2　当 a 为何值时,一元二次不等式 $(a-4)x^2+10x+a<4$ 的解集为 **R**.

任务拓展

1. 若不等式 $ax^2+bx+1>0$ 的解集是 $\{x|-\frac{1}{2}<x<\frac{1}{3}\}$,则 $a+b$ 的值为(　　).

(A) 14　　(B) -14　　(C) 7　　(D) -7

2. 若不等式 $ax^2+x+a<0$ $(a\neq 0)$ 无解,则实数 a 的取值范围是(　　).

(A) $\{a|a\geqslant\frac{1}{2}$ 或 $a\leqslant-\frac{1}{2}\}$　　(B) $\{a|-\frac{1}{2}\leqslant a\leqslant\frac{1}{2}\}$

(C) $\{a|a<\frac{1}{2}\}$　　(D) $\{a|a\geqslant\frac{1}{2}\}$

悟习题
能力提升

尝试练习

1. 不等式 $-x^2+3x+10<0$ 的解集为(　　).

(A) $\mathbf{R}$　(B) ϕ　(C) $(-2,5)$　(D) $(-\infty,-2)\cup(5,+\infty)$

2. 不等式 $ax^2+bx+24<0$ 的解集为 $\{x|x>2$ 或 $x<-4\}$，则(　　).

(A) $a=-3,b=-6$　(B) $a=3,b=-6$

(C) $a=-3,b=6$　(D) $a=3,b=6$

3. 若不等式 $x^2+bx+\frac{1}{4}<0$ 的解集为ϕ，则实数 b 的取值范围是(　　).

(A) $b>-1$ 或 $b<1$　(B) $-1<b<1$

(C) $b>1$ 或 $b<-1$　(D) $-1\leqslant b\leqslant 1$

4. 不等式 $x^2-16<0$ 的解集为(　　).

(A) $(-4,4)$　(B) $(-\infty,-4)$　(C) $(4,+\infty)$　(D) $(-\infty,-4)\cup(4,+\infty)$

5. 二次函数 $y=(2-a)x^2-2(a-2)x+4$ 的图像恒在轴的上方，则 a 的取值范围为(　　).

(A) $(-2,2)$　(B) $(-2,2]$　(C) $(-\infty,-1)$　(D) $(2,+\infty)$

6. 不等式 $x^2+4x-21\leqslant 0$ 的解集为(　　).

(A) $(-\infty,-7]\cup[3,+\infty)$　(B) $[-7,3]$

(C) $(-\infty,-3]\cup[7,+\infty)$　(D) $[-3,7]$

7. 方程 $ax^2+bx+c=0\ (a>0)$有两实根 x_1,x_2，且 $x_1<x_2$，则不等式 $ax^2+bx+c>0$ 的解集是(　　).

(A) $\mathbf{R}$　(B) (x_1,x_2)

(C) $(-\infty,x_1)\cup(x_2,+\infty)$　(D) ϕ

能力提升

1. 函数 $y=\sqrt{x^2+2x-15}$ 的定义域为(　　).

(A) $(-5,3)$　(B) $(-\infty,-3]\cup[5,+\infty)$

(C) $[-5,3]$　(D) $(-\infty,-5]\cup[3,+\infty)$

2. 不等式 $-x^2+x-2<0$ 的解集是(　　).

(A) $(-1,2)$　(B) $(-\infty,-1)\cup(2,+\infty)$

(C) $\mathbf{R}$　(D) ϕ

真题再现

1. $\Delta=b^2-4ac<0$ 是一元二次不等式 $ax^2+bx+c>0$ 解集为 $\mathbf{R}$ 的(　　).

(A)充分不必要条件　　(B)必要不充分条件

(C)充要条件　　(D)既不充分也不必要条件

2. 一元二次方程 $x^2-mx+4=0$ 有实数解的条件是 $m\in$(　　).

(A)$(-4,4)$　　(B)$[-4,4]$

(C)$(-\infty,-4)\cup(4,+\infty)$　　(D)$(-\infty,-4]\cup[4,+\infty)$

情景2综合训练

一、知识网络

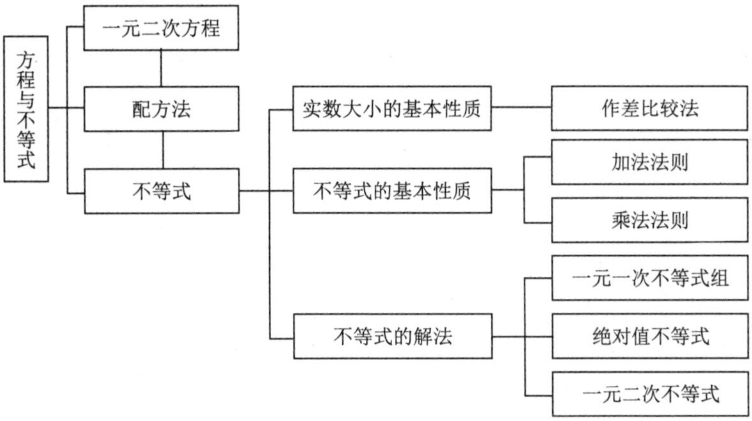

图2-1　知识网络

二、考点剖析

不等式是数学较为基本的内容,它常常作为一种重要的数学工具结合其他知识进行考查,故高考中本章的题目基本上是一个小题(选择题),主要考查绝对值不等式和一元二次不等式的解法.

(一)区间的概念

集合 $\{x\mid -2\leqslant x\leqslant 3\}$ 用区间表示为(　　).

(A)$(-2,3)$　　(B)$[-2,3]$　　(C)$[-2,3)$　　(D)$(-2,3]$

(二)不等式的性质

1. 若 $a>b>0$, $c\in\mathbf{R}$ 则下列不等式不一定成立的是(　　).

(A)$a^2>b^2$　　(B)$\lg a>\lg b$　　(C)$2^a>2^b$　　(D)$ac^2>bc^2$

2. 若实数 a, b 满足 $ab>0$, $a+b>0$,则下列选项正确的是(　　).

(A) $a>0, b>0$　　(B) $a>0, b<0$

(C) $a<0, b>0$　　(D) $a<0, b<0$

3. 若 a, b, c 均为实数,且 $a<b<0$,则下列不等式成立的是(　　).

(A) $a+c<b+c$　　(B) $ac<bc$

(C) $a^2<b^2$　　(D) $\sqrt{-a}<\sqrt{-b}$

(三)解不等式

1. 函数 $y=\sqrt{-x^2+bx+c}$ 的定义域是 $[2,3]$,则 b 和 c 的值分别为(　　).

(A) $b=5, c=6$　　(B) $b=5, c=-6$

(C) $b=-5, c=6$　　(D) $b=-5, c=-6$

2. 已知点 $P(9-m, m+2)$ 在第一象限,则 m 的取值范围是(　　).

(A) $(-2,9)$　　(B) $(-9,2)$

(C) $(-2,+\infty)$　　(D) $(-\infty,9)$

3. 不等式 $|x+2|>3$ 的解集是(　　).

(A) $(-\infty,-5)\cup(1,+\infty)$　　(B) $(-5,1)$

(C) $(-\infty,-1)\cup(5,+\infty)$　　(D) $(-1,5)$

4. 不等式 $|x-1|<5$ 的解集是(　　).

(A) $(-6,4)$　　(B) $(-4,6)$

(C) $(-\infty,-6)\cup(4,+\infty)$　　(D) $(-\infty,-4)\cup(6,+\infty)$

5. 不等式 $x^2+2x-3>0$ 的解集是(　　).

(A) $\{x|x>1$ 或 $x<-3\}$　　(B) $\{x|-3<x<1\}$

(C) $\{x|x>3$ 或 $x<-1\}$　　(D) $\{x|-1<x<3\}$

三、考点练兵

1. 下列命题为真命题的是(　　).

(A) 若 $x<0$,则 $x^2>x$　　(B) 若 $x^2>x$,则 $x<0$

(C) 若 $x^2>0$,则 $x>0$　　(D) 若 $x<1$,则 $x^2<x$

2. 方程 $mx^2+(2m+1)x+m=0$ 有两个不相等的实数根时,实数 m 的取值范围是(　　).

(A) $m>-\frac{1}{4}$　　(B) $m>\frac{1}{4}$ 且 $m\neq0$

(C) $m\geq\frac{1}{4}$　　(D) $m\leq-\frac{1}{4}$

3. 二次不等式 $ax^2+bx+c>0$ 的解集是全体实数的充要条件是(　　).

(A) $a>0, \Delta>0$　　(B) $a>0, \Delta<0$

（C）$a<0$, $\Delta>0$　　　（D）$a<0$, $\Delta<0$

4. 不等式 $|2x-1|<3$ 的解集是（　　）.

（A）$(-2,1)$　（B）$(-\infty,2)$　（C）$(-1,2)$　（D）$(2,+\infty)$

5. 设 a, b, c, $d\in\mathbf{R}$ 且 $a>b$, $c>d$，则下列选项中正确的是（　　）.

（A）$a+c>b+d$　　　（B）$a-c>b-d$

（C）$ac>bd$　　　（D）$\dfrac{a}{d}>\dfrac{b}{c}$

6. 下列命题正确的是（　　）.

（A）若 $a>b$，则 $a^2>b^2$　　　（B）若 $|a|>b$，则 $a^2>b^2$

（C）若 $a>|b|$，则 $a^2>b^2$　　　（D）若 $a\neq|b|$，则 $a^2\neq b^2$

7. 已知集合 $M=\{x|-4<x<2\}$，$N=\{x|x^2-x-6<0\}$，则 $M\cap N$ 为（　　）.

（A）$(-4,3)$　（B）$(-4,-2)$　（C）$(-2,2)$　（D）$(2,3)$

8. 若 $ax^2+5x+c>0$ 解集为 $\{x|\dfrac{1}{3}<x<\dfrac{1}{2}\}$，则 a 和 c 的值为（　　）.

（A）$a=6$, $c=1$　　　（B）$a=6$, $c=-1$

（C）$a=-6$, $c=1$　　　（D）$a=-6$, $c=-1$

9. 已知二次方程 $x^2+bx+c=0$ 的两个根是 $-2,3$ 那么 $x^2+bx+c>0$ 的解集是______.

10. 已知不等式 $ax^2-x+b<0$ 的解集是 $\{x|-2<x<3\}$，则 $a=$______，$b=$______.

11. 实数 m 取何值时，关于 x 的二次方程 $x^2+2mx+m+2=0$ 有两个不相等的负根？

12. 解关于 x 的不等式：$ax+1>-2$.

13. 已知 x_1, x_2 是 $x^2-3x+1=0$ 的两根，求下列各式的值：

（1）$(x_1+1)(x_2+1)$；（2）$\dfrac{1}{x_1}+\dfrac{1}{x_2}$；（3）${x_1}^2+{x_2}^2$；（4）$(x_1-x_2)^2$；（5）$|x_1-x_2|$.

情景3

函 数

习近平总书记在二十大报告中强调，加快构建新发展格局，着力推动高质量发展.

数缺形时少直观，形缺数时难入微. ——华罗庚

考纲展示

1. 函数的概念，函数的表示方法，函数的单调性、奇偶性.
2. 一次函数、二次函数的图像和性质.
3. 函数的实际应用.

要求

(1) 理解函数的有关概念及其表示方法，会求一些常见函数的定义域.

(2) 会由$f(x)$的表达式求出$f(ax+b)$的表达式.

(3) 理解分段函数的概念.

(4) 理解函数的单调性、奇偶性的定义，掌握增函数、减函数及奇函数、偶函数的图像特征，会判断函数的单调性、奇偶性.

(5) 理解二次函数的概念，会求二次函数的解析式，掌握二次函数的图像和性质.

(6) 能运用函数知识解决简单的实际问题.

情景目标

1. 理解函数的概念及其表示方法，会求一些常见函数的定义域.
2. 会由$f(x)$的表达式求出$f(ax+b)$的表达式.

3. 理解函数的单调性、奇偶性的定义，掌握增函数、减函数及奇函数、偶函数的图像特征.

4. 理解分段函数的概念.

5. 理解二次函数的概念，掌握二次函数的图像和性质.

6. 会求二次函数的解析式，会求二次函数的最值.

7. 能运用函数的知识解决简单的实际问题.

任务1 函数的概念及其表示方法

任务目标

1. 理解函数的概念及其表示方法.

2. 掌握函数的两要素，并会判断两个函数是否是同一函数.

3. 理解分段函数，会求函数值.

抓主干
考点解密

一、函数的概念

1. 函数.

设集合 A 是一个______集，按照某种确定的对应法则 f，对 A 中______的实数 x，都有______确定的实数值 y 与它对应，则称这种______为集合 A 上的一个函数，记作______. 其中，x 为自变量，y 为因变量，自变量 x 的取值集合叫作函数的______，对应的因变量 y 的取值集合叫作函数的______.

2. 函数的二要素.

函数的______和______称为函数的两要素，函数的两要素是判断两个函数是否是同一函数的依据.

二、函数的表示方法

函数通常的表示方法有______、______、______. 其中，______和______是学习的重点.

三、分段函数

在函数的定义域内，对于自变量 x 的不同取值，有______的对应法则，这样的函数通常叫作分段函数.

基础训练

1. 已知函数 $f(x)=3x+1$，则 $f(1)=$______，$f(-1)=$______，$f(x+1)=$______.
2. 已知函数 $f(2x)=x^2+1$，则 $f(3)=$______.

研考向
要点探究

支线任务一　判断两个函数是否是同一函数

例 1　下列函数中，与函数 $f(x)=x+1$ 为同一个函数的是(　　).

(A) $f(x)=\dfrac{x^2-1}{x-1}$　　(B) $f(x)=\dfrac{2x+2}{2}$

(C) $f(x)=(\sqrt{x+1})^2$　　(D) $f(x)=\sqrt{(x+1)^2}$

任务拓展

下列四组函数中，表示同一个函数的是(　　).

(A) $f(x)=x$ 与 $g(x)=(\sqrt{x})^2$

(B) $f(x)=\dfrac{x^2-1}{x+1}$ 与 $g(x)=x-1$

(C) $f(x)=|x|$ 与 $g(x)=\begin{cases}x, x\in(0,+\infty)\\-x, x\in(-\infty,0)\end{cases}$

(D) $f(x)=x$ 与 $g(x)=\sqrt[3]{x^3}$

支线任务二　求函数的函数值

例 2　已知 $f(x)=\begin{cases}2x+1, x\geqslant 0\\x^2-2, x<0\end{cases}$，则 $f(5)=$________.

任务拓展

1. 已知 $f(x)=\begin{cases}2x+1, x\geqslant 0\\x^2-2, x<0\end{cases}$，则 $f(-1)=$________.

2. 已知 $f(x)=2x^2+x-3$，则 $f[f(2)]=$________.

支线任务三　有关函数的图像问题

例 3　如图所示，可作为函数 $y=f(x)$ 图像的是(　　).

(A) 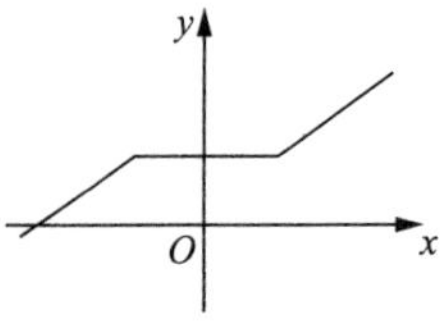

(B) 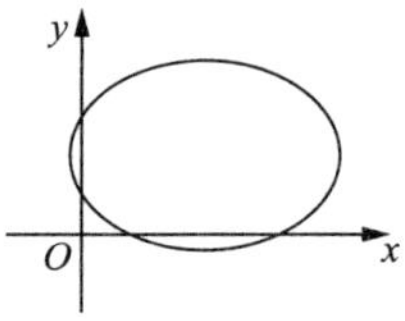

(C) 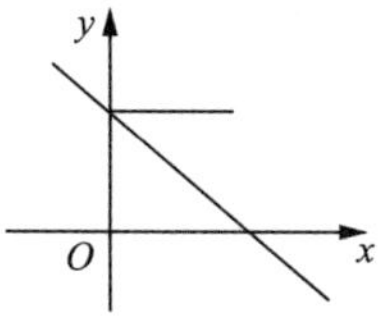

(D) 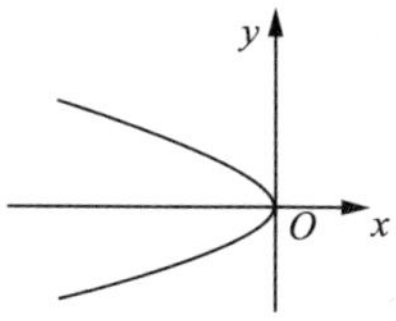

悟习题
能力提升

尝试练习

1. 已知$f(x)=\frac{x^2+2}{|x-1|}$，则$f(0)$，$f(-1)$的值分别是(　　).

(A) 2，0　　(B) −2，0　　(C) 2，$-\frac{3}{2}$　　(D) −2，$-\frac{3}{2}$

2. 下列函数中，表示同一函数的是(　　).

(A) $f(x)=x$，$g(x)=(\sqrt{x})^2$　　(B) $f(x)=1$，$g(x)=\frac{x}{x}$

(C) $f(x)=x$，$g(x)=x$，$x\in[-1,2]$　　(D) $f(x)=|x|$，$g(x)=\sqrt{x^2}$

3. 设$f(x)=x^2+x$，则$f(-x)=$(　　).

(A) $-x^2-x$　　(B) $-x^2+x$　　(C) x^2-x　　(D) x^2+x

4. 已知$f(x)=\begin{cases}-x, x>0\\ x, x<0\end{cases}$，则$f[f(3)]=$(　　).

(A) −3　　(B) 3　　(C) −9　　(D) 9

5. 若一次函数$y=kx+b$经过坐标原点，则b的值为________.

6. 已知$f(2x)=x^2-2x$，则$f(2)=$________.

7. 已知$f(x)=\begin{cases}x^2+2x, x\leqslant -1\\ x-1, x>-1\end{cases}$，则$f[f(-3)]=$________.

8. 已知函数$f(x)=2x+1$，$g(x)=x-1$，求$f[g(x)]$.

能力提升

1. 已知$f(2x)=\frac{m}{x}-1$，$(x\neq 0)$，且$f(1)+f(\frac{1}{2})=4$，则m的值等于(　　).

(A) 5　　(B) 3　　(C) 4　　(D) 1

2. 已知$f(x)=x^2-1$，则$f[f(2)]=$________.

真题再现

1. 下列各组函数中，为同一函数的是(　　).

(A) $y=\lg x^2$，$y=2\lg x$　　(B) $y=x$，$y=\sqrt{x}$

(C) $y=\sin x$, $y=-\sin(-x)$　　(D) $y=\cos x$, $y=-\cos(-x)$

2. 已知 $f(2x)=x^2+x+1$，则 $f(-2)=$（　　）.

(A) 0　　(B) 1　　(C) 3　　(D) 2

3. 已知 $f(x)=\begin{cases}3x+2, & x<1\\ x^2+ax, & x\geq 1\end{cases}$，若 $f[f(0)]=4a$，则实数 $a=$________.

任务 2　函数的定义域

任务目标

会求常见函数的定义域.

抓主干
考点解密

一、函数的定义域的求法通常根据以下两种情况

1. 对于实际问题，自变量的取值范围要保证有实际意义.

2. 对于数学解析式，自变量的取值要保证式子有意义，一般地，解析式的自变量要受下列条件制约：

(1) 整式函数 $y=f(x)$ 定义域为________；

(2) 分式函数 $y=\dfrac{f(x)}{g(x)}$ 定义域为________；

(3) 函数 $y=[f(x)]^0$ 要求________；

(4) 函数 $y=\sqrt[2n]{f(x)}$，$(n\in\mathbf{N}_+)$ 定义域为________；

(5) 函数 $y=\sqrt[2n+1]{f(x)}$，$(n\in\mathbf{N}_+)$ 定义域为________；

(6) 指数函数 $y=a^x$ ($a>0$ 且 $a\neq 1$) 定义域为________；

(7) 对数函数 $y=\log_a x$ ($a>0$ 且 $a\neq 1$) 定义域为________；

基础训练

求下列函数的定义域.

1. 函数 $y=(x+2)^0$ 的定义域为________.

2. 函数 $y=\lg(5x)$ 的定义域为________.

3. 函数 $y=\sqrt{18+3x}$ 的定义域为________.

4. 函数 $y=\dfrac{3}{x-2}$ 的定义域为________.

研考向
要点探究

支线任务一 求简单函数的定义域

例1 求下列函数的定义域.

(1) 函数 $y=\frac{7x}{x^2-4x+3}$ 的定义域为________;

(2) 函数 $y=3^x+5$ 的定义域为________;

(3) 函数 $y=\lg(x^2-5x)$的定义域为________.

任务拓展

1. 函数 $f(x)=\frac{3}{x-2}+\sqrt{x+1}$ 的定义域为(　　).

(A) $[-1,+\infty)$　　(B) $(-\infty,2)\cup(2,+\infty)$

(C) $[-1,2)\cup(2,+\infty)$　　(D) $(-1,1]$

2. 函数 $f(x)=\frac{\sqrt{5-x}}{|x|-3}$ 的定义域为________.

支线任务二 求复合函数的定义域

例2 求函数 $y=\log_{(x+1)}(8-2x)$的定义域.

任务拓展

1. 函数 $y=\sqrt{18+3x-x^2}$ 的定义域为________.

2. 函数 $y=\sqrt{\log_2(3x+2)}$ 的定义域为________.

悟习题
能力提升

尝试练习

1. 函数 $y=\frac{1}{1-\sqrt{1-x}}$ 的定义域是(　　).

(A) $(0,1)$　　(B) $(-\infty,0)\cup(0,+\infty)$

(C) $(-\infty,0)$　　(D) $(-\infty,0)\cup(0,1]$

2. 函数 $y=\sqrt{1-|x-1|}$ 的定义域是(　　).

(A) $(0,2)$　　(B) $(-\infty,0)\cup(2,+\infty)$

(C) $[0,2]$　　(D) $(-\infty,0)\cup[2,+\infty)$

3. 下列函数的定义域不是 **R** 的是(　　).

(A) $y=3x-1$ (B) $y=5x^2-3x+1$ (C) $y=\frac{1}{x}$ (D) $y=|x|$

4. 函数 $y=\sqrt{3^x-27}$ 的定义域是(　　).

(A) $\{x|x>3\}$ (B) $\{x|x\geqslant 3\}$ (C) $\{x|x\leqslant 3\}$ (D) $\{x|x<3\}$

5. 函数 $f(x)=\lg(x-3)$ 的定义域是________.

6. 矩形周长 a,面积 y 关于其中一条边长 x 的函数关系式为________________,其定义域为________.

能力提升

1. 函数 $f(x)=\log_2(|x|-1)$ 的定义域是(　　).

(A) $(-1,1)$ (B) $(-2,2)$

(C) $(-\infty,-1)\cup(1,+\infty)$ (D) $(-\infty,-2)\cup(2,+\infty)$

2. 函数 $y=\lg(1-x)+\frac{1}{x+2}$ 的定义域是(　　).

(A) $[-2,2]$ (B) $(-\infty,-2]\cup[2,+\infty)$

(C) $(-2,2)$ (D) $(-\infty,-2)\cup(-2,1)$

真题再现

1. 函数 $f(x)=\sqrt{1-x}+\sqrt{x+3}-1$ 的定义域是(　　).

(A) $[-3,1]$ (B) $(-3,1)$ (C) $\mathbf{R}$ (D) ϕ

2. 函数 $f(x)=\frac{1}{\sqrt{\log_2 x-1}}$ 的定义域是(　　).

(A) $(0,2)$ (B) $(0,2]$ (C) $(2,+\infty)$ (D) $[2,+\infty)$

3. 函数 $y=\sqrt{x^2-1}+\sqrt{1-x^2}$ 的定义域为________.

任务3　函数的性质

任务目标

1. 理解函数的单调性的概念.
2. 掌握增函数、减函数的图像特征,并会判断一些简单函数的单调性.
3. 理解函数奇偶性的概念.
4. 掌握奇函数、偶函数的图像特征,并会判断一些简单函数的奇偶性.

抓主干
考点解密

一、函数的单调性

1. 增函数.

(1) 增函数：对于某区间上的任意两个不相等的变量 x_1, x_2，记 $\Delta x=x_2-x_1$，$\Delta y=y_2-y_1$，当 $\frac{\Delta y}{\Delta x}$ ________时，$y=f(x)$在这个区间上叫增函数.

(2) 增函数的图像特征：y随x的增大而________. 如图(1)自左到右图像逐渐上升.

2. 减函数.

(1) 减函数：对于某区间上的任意两个不相等的变量 x_1, x_2，记 $\Delta x=x_2-x_1$，$\Delta y=y_2-y_1$，当 $\frac{\Delta y}{\Delta x}$ ________时，$y=f(x)$在这个区间上叫减函数.

(2) 减函数的图像特征：y随x的增大而________. 如图(2)自左到右图像逐渐下降.

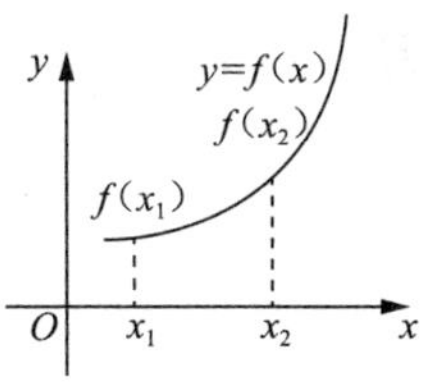

(1)

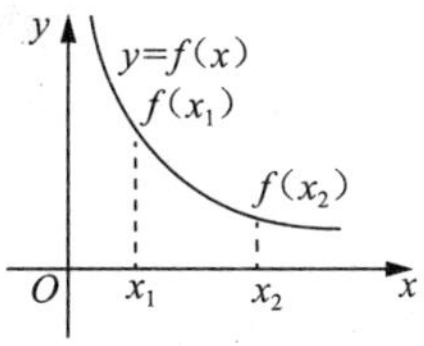

(2)

3. 判断增函数、减函数的方法.

(1) 定义法;(2) 图像法.

二、函数的奇偶性

1. 奇函数.

(1) 奇函数：若函数$y=f(x)$的定义域关于________对称，对于定义域内的任一个x，都有________，则这个函数叫作奇函数.

(2) 奇函数的图像特征：一个函数是奇函数的充要条件是，它的图像关于______成中心对称.

2. 偶函数.

(1) 偶函数：若函数$y=f(x)$的定义域关于________对称，对于定义域内的任一个x，都有________，则这个函数叫作偶函数.

(2) 偶函数的图像特征：一个函数是偶函数的充要条件是，它的图像关于______轴对称.

3. 判断奇函数、偶函数的方法.

（1）定义法；（2）图像法．

基础训练

1. 下列几个命题中，正确命题的个数为（　　）．

① 对于函数 $f(x)$，若 $f(-2)=f(2)$，则 $f(x)$ 一定是偶函数；② 若函数 $f(x)$ 在 $[a,b]$ 上是增函数，则它在 (a,b) 上也一定是增函数；③ 若函数 $f(x)$ 在 $\mathbf{R}$ 上是奇函数，则它在 $[a,b]$ 上也一定是奇函数；④ 若函数 $f(x)$ 在 $\mathbf{R}$ 上是奇函数，则它的图像一定过原点；⑤ 已知函数 $f(x)$ 是偶函数且在 $(0,+\infty)$ 上是增函数，则 $f(x)$ 在 $(-\infty,0)$ 上是减函数．

（A）1　　（B）2　　（C）3　　（D）4

2. 下列几个命题，正确命题的个数为（　　）．

① 奇函数的图像一定过原点；② 偶函数的图像关于 y 轴对称；③ 偶函数的图像一定与 y 轴相交；④ 函数 $f(x)$ 在区间 $(2,2]$ 上不可能是偶函数．

（A）1　　（B）2　　（C）3　　（D）4

研考向
要点探究

支线任务一　判断函数的单调性

例 1　已知函数 $f(x)$ 在 $\mathbf{R}$ 上是减函数，且 $f(2x-3)>f(x+5)$，则 x 的取值范围是________．

任务拓展

1. 已知函数 $f(x)=|x|$，$g(x)=-x^2+1$，那么在 $(0,+\infty)$ 上，下列说法正确的是（　　）．

（A）$f(x)$ 是减函数，$g(x)$ 是增函数

（B）$f(x)$ 是增函数，$g(x)$ 是减函数

（C）$f(x)$，$g(x)$ 都是增函数

（D）$f(x)$，$g(x)$ 都是减函数

2. 在 $(0,+\infty)$ 上，下列函数是增函数的是（　　）．

（A）$y=1-x^2$　　（B）$y=\dfrac{1}{x}$　　（C）$y=x^2$　　（D）$y=3-x$

支线任务二　判断函数的奇偶性

例 2　若函数 $g(x)=|x|\cdot f(x)$ 是奇函数，且 $f(x)\neq 0$，则 $f(x)$ 是（　　）．

（A）奇函数　　（B）偶函数

（C）既是奇函数又是偶函数　　（D）既不是奇函数又不是偶函数

2. 已知函数$f(x)$是奇函数，且$x\geq 0$时，$f(x)=2x-x^2$，则当$x<0$时，$f(x)$的解析式是________.

任务拓展

1. 下列函数是偶函数的是(　　).

(A) $y=\frac{1}{x}$　(B) $y=5-x^2$　(C) $y=\sin x$　(D) $y=2x$

2. 下列函数是偶函数的是(　　).

(A) $y=x\sin x$　(B) $y=x^2+4x+4$　(C) $y=2^x$　(D) $y=\log_2 x$

支线任务三　函数的单调性与奇偶性的综合判断

例3

1. 已知奇函数$f(x)(x\in\mathbf{R}$且$x\neq 0)$在区间$(0,+\infty)$上是增函数，且$f(2)=0$，则不等式$f(x)<0$的解集是________________.

2. 设函数$f(x)$在$\mathbf{R}$上是偶函数，且在$[0,+\infty)$上是减函数，则$f(x)$在$(-\infty,0,)$上是(　　).

(A) 增函数　(B) 减函数　(C) 奇函数　(D) 偶函数

任务拓展

1. 若奇函数$f(x)$在区间$[3,7]$上是增函数，且最小值为5，那么$f(x)$在区间$[-7,-3]$上是(　　).

(A) 增函数，且最小值为-5　(B) 增函数，且最大值为-5

(C) 减函数，且最小值为-5　(D) 减函数，且最大值为-5

2. 已知函数$f(x)=x|x|(x\in\mathbf{R})$，则$f(x)$是(　　).

(A) 增函数且是奇函数　(B) 增函数且是偶函数

(C) 减函数且是奇函数　(D) 减函数且是偶函数

悟习题
能力提升

尝试练习

1. 已知函数$f(x)$是奇函数，当$x>0$时，$f(x)=x^2+2$，则$f(-1)$的值是(　　).

(A) -3　(B) -1　(C) 1　(D) 3

2. 已知$f(x)$是奇函数，当$x\geq 0$时，$f(x)=x+x^2$，则下列各点一定在$f(x)$图像上的是(　　).

(A) $(2,-6)$　(B) $(-2,2)$　(C) $(-2,-2)$　(D) $(-2,-6)$

3. 函数 $f(x)=a-\dfrac{2}{2^x+1}$ 是奇函数，则 a 的值等于（　　）.

(A) -1　　(B) 1　　(C) 2　　(D) -2

4. 在 $(-\infty,0)$ 上是减函数的是（　　）.

(A) $y=-\dfrac{1}{x}$　　(B) $y=1+x$　　(C) $y=2x+3$　　(D) $y=x^2+2$

5. 在 $(0,+\infty)$ 内，下列函数是增函数的是（　　）.

(A) $y=1-x^2$　　(B) $y=\dfrac{1}{x}$　　(C) $y=\log_{\frac{1}{2}}x$　　(D) $y=2x-1$

6. 下列函数是偶函数的是（　　）.

(A) $f(x)=3x^3-x$　　(B) $f(x)=x^4+1,x\in[-3,2]$

(C) $f(x)=3x^2+2x+1$　　(D) $f(x)=|x|+\cos x$

能力提升

1. 已知函数 $f(x)$ 是奇函数，则 $F(x)=x^2f(x)$ 的奇偶性为________.

2. 设函数 $f(x)$ 在 $\mathbf{R}$ 上是减函数，则满足条件 $f(2a)>f(3-a^2)$ 的实数 a 的取值范围是（　　）.

(A) $-3<a<1$　　(B) $a>1$ 或 $a<-3$

(C) $a>3$ 或 $a<-1$　　(D) $-1<a<3$

真题再现

1. 已知 $f(x)$ 是奇函数，$g(x)$ 是偶函数，且 $f(-1)+g(1)=2$，$f(1)+g(-1)=4$，则 $g(1)=$（　　）.

(A) 4　　(B) 3　　(C) 2　　(D) 1

2. 已知函数 $f(x)$ 是奇函数，且当 $x>0$ 时，$f(x)=x^2+\dfrac{1}{x}$，则 $f(-1)=$（　　）.

(A) 2　　(B) 1　　(C) 0　　(D) -2

3. 若函数 $f(x)=\begin{cases}2x, x\in(0,+\infty)\\ kx, x\in(-\infty,0)\end{cases}$ 是偶函数，则 $k=$________.

任务4　二次函数的图像与性质

任务目标

1. 了解二次函数的概念，掌握二次函数的图像和性质.
2. 会用配方法或公式法求二次函数的最大值与最小值.
3. 灵活运用二次函数的性质与图像解决有关问题.

抓主干
考点解密

一、二次函数

形如______________叫作二次函数，它的定义域是________，它的图像是一条________. 其中，a 是______项系数，决定着图像的开口方向；b 是______项系数；c 是______，表示图像在 y 轴上的截距(表 3-1).

表 3-1 二次函数性质

$y=ax^2+bx+c$	$a>0$	$a<0$
图像	开口朝上	开口朝下
定义域	$x\in\mathbf{R}$	$x\in\mathbf{R}$
值域	$[\frac{4ac-b^2}{4a},+\infty]$	$(-\infty,\frac{4ac-b^2}{4a}]$
单调性	增区间 $[-\frac{b}{2a},+\infty)$ 减区间 $(-\infty,-\frac{b}{2a}]$	增区间 $(-\infty,-\frac{b}{2a}]$ 减区间 $[-\frac{b}{2a},+\infty)$
对称性	图像关于直线 $x=-\frac{b}{2a}$ 对称	
最值	当 $x=-\frac{b}{2a}$ 时，$y_{\min}=\frac{4ac-b^2}{4a}$	当 $x=-\frac{b}{2a}$ 时，$y_{\max}=\frac{4ac-b^2}{4a}$

基础训练

1. 抛物线 $y=x^2+4x+3$ 的开口方向是______，顶点坐标为______，对称轴方程是______. 当 $x\in$______时，y 随 x 的增大而增大. 当 $x=$______时，函数有最______值，其值为______. 当 x 的取值范围是____________时，$y\geqslant 0$.

2. 抛物线 $y=-2x^2+4x+3$ 的开口方向是______，顶点坐标为______，对称轴方程是______. 当 $x\in$______时，y 随 x 的增大而增大. 当 $x=$______时，函数有最______值，其值为 $x=$______. 当 x 的取值范围是______时，$y\geqslant 0$.

研考向
要点探究

支线任务一 有关最值问题

例 1

1. 如果抛物线 $y=x^2+6x+c$ 的顶点在 x 轴上，则 c 的值为（ ）.

(A) 0　(B) 3　(C) 9　(D) -9

2. 若函数 $y=x^2-4x+2a+6$ 的值域是 $[0,+\infty]$，则 a 的值为（ ）.

(A) 0　(B) 1　(C) -1 或 1　(D) -1

任务拓展

1. 若函数 $y=2x^2-bx+24$ 的最小值是 -8，则 b 的值为（ ）.

(A) 16　(B) -16　(C) ±16　(D) 以上答案都不对

2. 若函数 $y=-x^2+6x+m$ 的最大值是 $5m-3$，则 m 的值为（ ）.

(A) 4　(B) 3　(C) 2　(D) 1

支线任务二 有关对称轴问题

例 2　1. 函数 $y=x^2+2(a-2)x+5$ 在 $(4,+\infty)$ 上是增函数，则实数 a 的取值范围是________.

2. 若函数 $f(x)=3x^2+bx+c$ 对任意的 t 都有 $f(2+t)=f(2-t)$，则（ ）.

(A) $f(2)<f(1)<f(4)$　(B) $f(1)<f(2)<f(4)$

(C) $f(2)<f(4)<f(1)$　(D) $f(4)<f(2)<f(1)$

任务拓展

1. 若函数 $f(x)=3x^2-mx+6$ 在区间 $(-\infty,-1]$ 上是减函数，在区间 $[-1,+\infty)$ 上是增函数，则 m 的值为（ ）.

(A) -6　(B) 6　(C) 2　(D) -2

2. 已知点 $P(0,1)$ 在函数 $y=x^2+ax+a$ 的图像上，则该函数的对称轴是（ ）.

(A) $x=-1$　(B) $x=1$　(C) $x=-\frac{1}{2}$　(D) $x=\frac{1}{2}$

3. 已知函数 $f(x)=ax^2+bx+c\ (a\neq0)$ 是偶函数，那么 $g(x)=ax^3+bx^2+cx$ 是（ ）.

(A) 奇函数　(B) 偶函数

(C) 既是奇函数又是偶函数　(D) 既不是奇函数又不是偶函数

支线任务三 图像问题

例 3　如图所示，在同一坐标系中，$y=ax-\frac{1}{a}$ 与 $y=ax^2$ 的图像可能是（ ）.

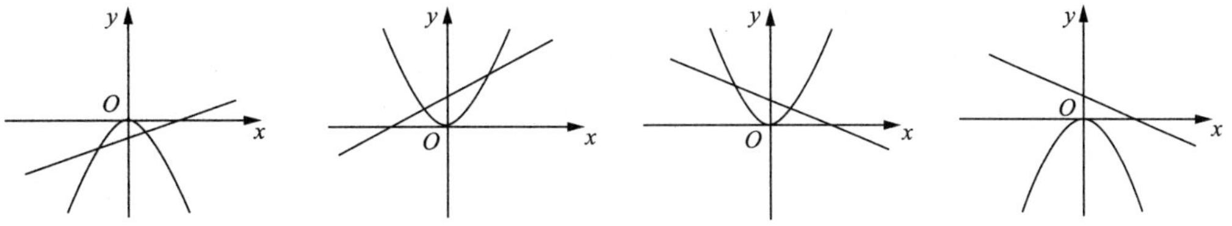

（A）　　（B）　　（C）　　（D）

任务拓展

1. 抛物线 $y=ax^2+bx+c$ 的图像如右图所示，那么 a、b、c 的符号是（　　）.

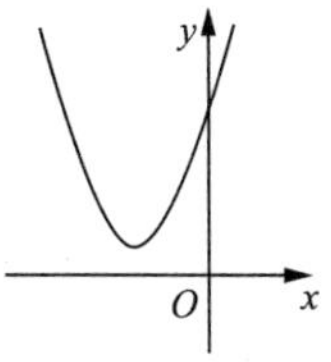

（A）$a>0$, $b>0$, $c>0$

（B）$a>0$, $b>0$, $c<0$

（C）$a<0$, $b<0$, $c<0$

（D）$a>0$, $b<0$, $c>0$

2. 二次函数 $y=x^2+px+q$ 的顶点在第二象限，则 p 和 q 的符号是（　　）.

（A）$p>0$, $q>0$　　（B）$p>0$, $q<0$

（C）$p<0$, $q<0$　　（D）$p<0$, $q>0$

悟习题
能力提升

尝试练习

1. 函数 $f(x)=ax^2+bx+c$（$a<0$）的对称轴方程为 $x=2$，下列四个选项中正确的是（　　）.

（A）$f(1)=f(4)$　　（B）$f(3)<f(5)$

（C）$f(4)<f(1)$　　（D）$f(1)<f(3)$

2. 已知二次函数 $y=ax^2+bx+c$（$a<0$）的图像如右图所示，则下列结论正确的是（　　）.

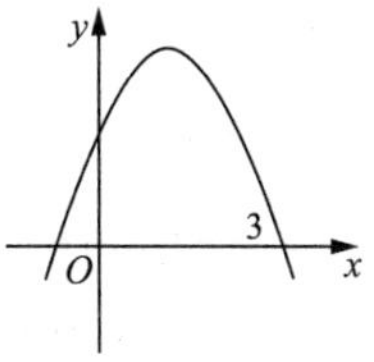

（A）$a>0$

（B）$c<0$

（C）$b^2-4ac<0$

（D）$a+b+c>0$

3. 若抛物线 $y=3x^2-2x+k$ 与 x 轴没有公共点，则 k 的取值范围是（　　）.

（A）$k>3$　　（B）$k>\frac{1}{3}$　　（C）$k<\frac{1}{3}$　　（D）不能确定

4. 二次函数 $y=f(x)$ 满足 $f(4+x)=f(4-x)$，且 $f(x)=0$ 的两根为 x_1, x_2，则 x_1+x_2

等于(　　).

(A) 0　　(B) 4　　(C) 8　　(D) 不能确定

5. 二次函数 $f(x)=x^2+bx+c$ 的图像的对称轴为 $x=-2$，若 $f(-4)=3$，则 $f(0)$ 等于(　　).

(A) 0　　(B) 3　　(C) -3　　(D) 6

6. 长度为 24 的材料围一个矩形场地，中间有两道隔墙，要使矩形的面积最大，则隔墙的长度为(　　).

(A) 3　　(B) 4　　(C) 6　　(D) 12

7. 向上发射一枚炮弹，经 x 秒后的高度为 y 米，且时间与高度关系为 $y=ax^2+bx$. 若此炮弹在第 7 秒与第 14 秒的高度相等，则在下列哪一个时间的高度是最高的(　　).

(A) 第 8 秒　　(B) 第 10 秒　　(C) 第 12 秒　　(D) 第 15 秒

能力提升

1. 二次函数 $y=ax^2-4x+a-3$ 的函数值恒为负值，则实数 a 的取值范围是(　　).

(A) $(-1,0)\cup(0,4)$　　(B) $(-\infty,-1)$

(C) $(-\infty,-1)\cup(4,+\infty)$　　(D) $(4,+\infty)$

2. 设二次函数 $f(x)=ax^2+bx+c\ (a\neq 0)$，如果 $f(x_1)=f(x_2)$，则 $f\left(\frac{x_1+x_2}{2}\right)$ 等于(　　).

(A) $-\frac{b}{2a}$　　(B) $-\frac{b}{a}$　　(C) $\frac{c}{a}$　　(D) $\frac{4ac-b^2}{4a}$

真题再现

1. 求函数 $y=x^2-10x-26$ 在区间 $[0,5]$ 上的最大值和最小值.

2. 已知二次函数 $y=x^2+2(m+3)x+2m+4$.

(1) 求证：该函数的图像与 x 轴恒有两个交点；

(2) 求上问中两点间的最小距离.

3. 某种商品原来销售单价为20元，每天可销售300件．适当的涨价，可以使每天的销售收入增加，若单价每上涨2元，则日销售量减小10件．求销售单价为多少元时，每天的的销售收入最大？

情景3综合训练

一、知识网络

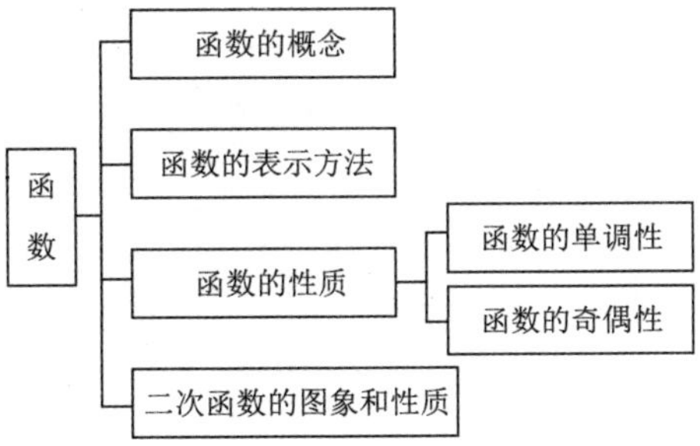

图3-1　知识网络

二、考点剖析

（一）求函数的有关概念及图像问题

1. 函数 $y=\dfrac{1}{\sqrt{|x|-2}}$ 的定义域是（　　）．

（A）$(1,5)$　　（B）$(-\infty,1)\cup(5,+\infty)$

（C）$\mathbf{R}$　　（D）$(-\infty,2)\cup(2,+\infty)$

2. 函数 $f(x)=\sqrt{x+1}+\dfrac{x}{x-1}$ 的定义域是（　　）．

（A）$(-1,+\infty)$　　（B）$(-1,1)\cup(1,+\infty)$

（C）$[-1,+\infty)$　　（D）$[-1,1)\cup(1,+\infty)$

3. 下列平面直角坐标系中给出的四个图形，可作为函数 $y=f(x)$ 图像的图形共有（　　）．

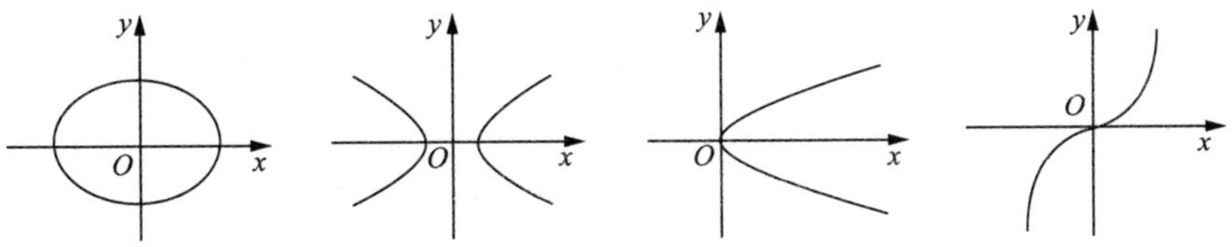

（A）1个　　（B）2个　　（C）3个　　（D）4个

4. 函数 $y=f(x)$的图像与直线 $x=k$（k 是常数）的交点的个数是（　　）.

（A）有且只有一个　　（B）至少有一个

（C）至多有一个　　（D）有一个或两个

5. 下列四对函数中，表示同一函数的是（　　）.

（A）$y=x$ 与 $y=\sqrt{x^2}$　　（B）$y=\frac{x^2-1}{x-1}$ 与 $y=x+1$

（C）$y=\lg x^2$ 与 $y=2\lg x$　　（D）$y=x$ 与 $y=\sqrt[3]{x^3}$

6. 下列函数中，与函数 $f(x)=\frac{1}{\sqrt{x}}$ 有相同定义域的是（　　）.

（A）$f(x)=\sqrt{-x}$　　（B）$f(x)=2^{\frac{1}{x}}$

（C）$f(x)=2\lg x$　　（D）$f(x)=\lg x^2$

7. 函数 $y=\sqrt{x^2+4x-5}$ 的定义域为（　　）.

（A）$[-1,5]$　　（B）$[-5,1]$

（C）$(-\infty,-1]\cup[5,+\infty)$　　（D）$(-\infty,-5]\cup[1,+\infty)$

8. 函数 $y=\sqrt{x+1}+\frac{1}{x}$ 的定义域是（　　）.

（A）$\{x|x\geqslant-1$ 且 $x\neq0\}$　　（B）$\{x|x\geqslant-1\}$

（C）$\{x|x>-1$ 且 $x\neq0\}$　　（D）$\{x|x>-1\}$

9. 已知函数 $f(x)=\begin{cases}x^2+1, & x>0\\ -5, & x\leqslant0\end{cases}$，$f[f(0)]$ 的值等于________.

10. 已知函数，$f(x)=x^2$，则 $f(t-1)=$________.

（二）函数的性质

1. 已知函数 $f(x)$（$x\in\mathbf{R}$）是偶函数，且在区间 $[0,+\infty]$ 上是增函数，则下列关系正确的是（　　）.

（A）$f(-1)>f(2)>f(-3)$　　（B）$f(2)>f(-1)>f(-3)$

（C）$f(-3)>f(2)>f(-1)$　　（D）$f(-3)>f(-1)>f(2)$

2. 下列函数中，在区间$(-\infty,0)$上为增函数的是（　　）.

（A）$y=x$　　（B）$y=1$　　（C）$y=\frac{1}{x}$　　（D）$y=|x|$

3. 已知 $y=f(x)$是 $\mathbf{R}$ 上的减函数，若 $f(|a|+1)<f(2)$，则实数 a 的取值方位是（　　）.

（A）$(-\infty,1)$　　（B）$(-\infty,1)\cup(1,+\infty)$

（C）$(-1,1)$　　（D）$(-\infty,-1)\cup(1,+\infty)$

4. 在下列函数图像中，表示奇函数且在$(0,+\infty)$上为增函数的是（　　）.

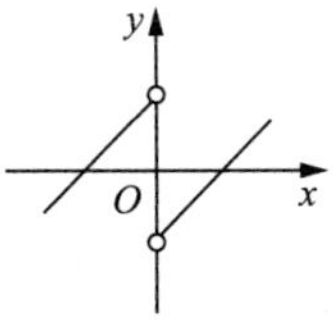

（A）

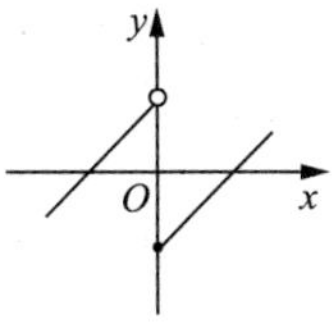

（B）

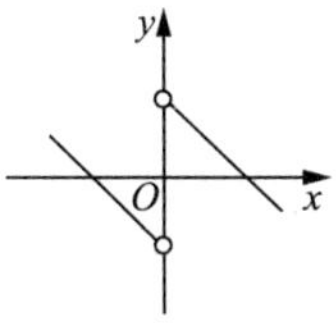

（C）

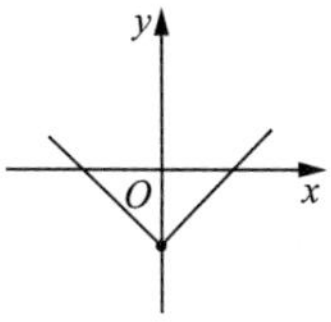

（D）

5. 奇函数 $y=f(x)$ 的局部图像如右图所示，则（　　）.

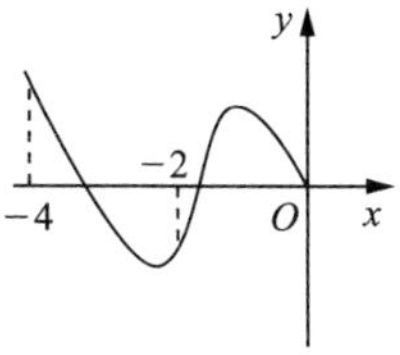

（A）$f(2)>0>f(4)$　　（B）$f(2)<0<f(4)$

（C）$f(2)>f(4)>0$　　（D）$f(2)<f(4)<0$

6. 已知函数 $y=f(x)$ 是奇函数，当 $x>0$ 时，$f(x)=x^2+2$，则 $f(-1)$ 的值是（　　）.

（A）-3　　（B）-1　　（C）1　　（D）3

7. 已知函数 $f(x)=x^3+x$，若 $f(a)=2$，则 $f(-a)$ 的值是（　　）.

（A）-2　　（B）2　　（C）-10　　（D）10

8. 已知 $y=f(x)$ 是奇函数，在区间 $(-\infty,-1]$ 上是减函数且有最小值3，则 $y=f(x)$ 在区间 $[1,+\infty)$ 上（　　）.

（A）是增函数且有最小值3　　（B）是增函数且有最小值 -3

（C）是减函数且有最大值3　　（D）是减函数且有最大值 -3

9. 函数 $f(x)$ 是奇函数且在 **R** 上是增函数，则不等式 $(x-1)f(x)\geqslant 0$ 的解集是（　　）.

（A）$[0,1]$　　（B）$[0,+\infty]$

（C）$(-\infty,0)$　　（D）$(-\infty,0]\cup[1,+\infty]$

10. 若奇函数 $y=f(x)$ 在 $(0,+\infty)$ 上的图像如右图所示，则该函数在 $(-\infty,0)$ 上的图像可能是（　　）.

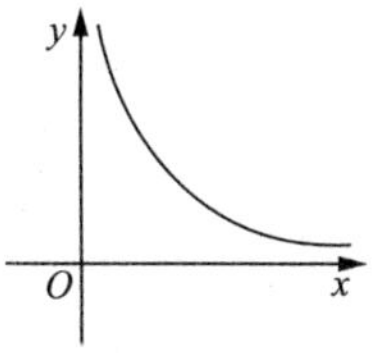

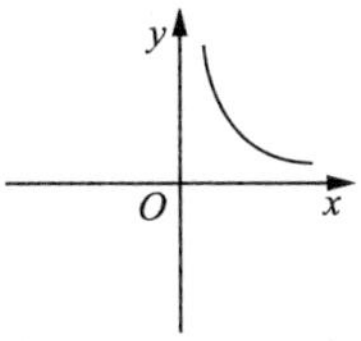

（A）

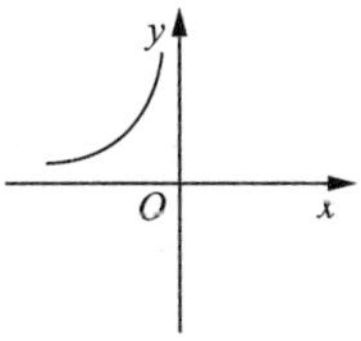

（B）

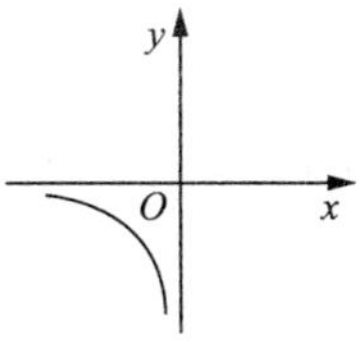

（C）

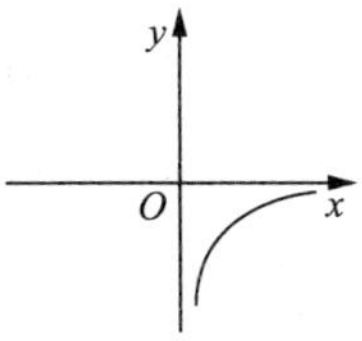

（D）

（三）**二次函数**

1. 已知二次函数 $f(x)$ 的图像经过两点 $(0,3)$，$(2,3)$，且最大值是5，则该函数的解析式是(　　).

(A) $f(x)=2x^2-8x+11$　　(B) $f(x)=-2x^2+8x-1$

(C) $f(x)=2x^2-4x+3$　　(D) $f(x)=-2x^2+4x+3$

2. 如果三个实数 a, b, c 成等比数列，那么函数 $y=ax^2+bx+c$ 与 $y=ax+b$ 在同一坐标系中的图像可能是(　　).

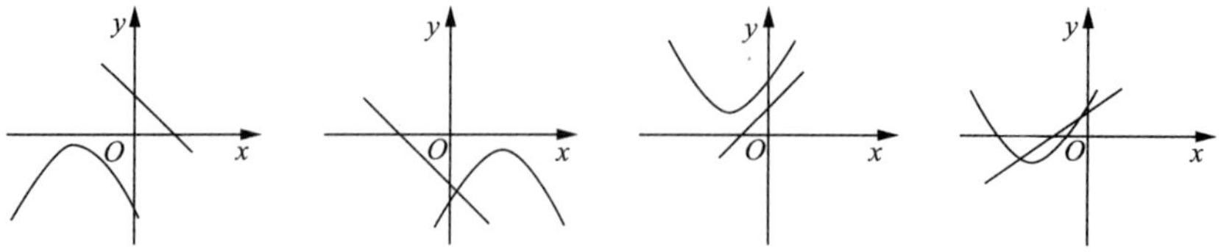

(A)　　(B)　　(C)　　(D)

3. 已知二次函数 $f(x)=x^2+(m+1)x+m-1$ 的图像经过原点，则使 $f(x)<0$ 的 x 的取值集合是(　　).

(A) $(0,2)$　　(B) $(-2,0)$

(C) $(-\infty,0)\cup(2,+\infty)$　　(D) $(-\infty,-2)\cup(0,+\infty)$

4. 在 $Rt\Delta ABC$ 中，$\angle ABC=90°$，$AB=3$，$BC=4$，M 是线段 AC 上的动点，设点 M 到 BC 的距离是 x，ΔMBC 的面积为 y，而 y 关于 x 的函数是(　　).

(A) $y=4x$, $x\in(0,4]$　　(B) $y=2x$, $x\in(0,3]$

(C) $y=4x$, $x\in(0,+\infty)$　　(D) $y=2x$, $x\in(0,+\infty)$

5. 二次函数 $y=x^2-4x+3$ 的图像顶点是 A，对称轴是直线 l，对数函数 $y=\log_2 x$ 的图像与 x 轴相交于点 B，与直线 l 相交于点 C，则 ΔABC 的面积是(　　).

(A) 1　　(B) 2　　(C) 3　　(D) 4

6. 若二次函数的图像最高点是$(-1,4)$且图像与 x 轴的一个交点的横坐标为 -3，则该函数的解析式为(　　).

(A) $f(x)=-x^2-2x+3$　　(B) $f(x)=-x^2+2x+15$

(C) $f(x)=-x^2+2x+7$　　(D) $f(x)=2x^2+4x-6$

7. 若二次函数 $f(x)=x^2+2mx+m+2$ 的图像与 x 轴有两个交点，则 m 的取值范围是(　　).

(A) $(-\infty,-1)$　　(B) $(-1,2)$

(C) $(2,+\infty)$　　(D) $(-\infty,-1)\cup(2,+\infty)$

8. 关于函数 $y=-x^2+2x$，下列叙述错误的是(　　).

(A) 函数的最大值是 1　　(B) 函数图像的对称轴是直线 $x=1$

(C) 函数的单调递减区间是$(-1,+\infty)$　　(D) 函数的图像经过点$(2,0)$

9. 已知二次函数$f(x)$图像的顶点在直线$y=2x-12$上，且$f(1)=-1$，$f(3)=-1$，求该函数的解析式．

10. 已知函数$f(x)=x^2+(m-1)x+4$，其中m为常数．

（1）若函数$f(x)$在区间$(-\infty,0)$上单调递减，求实数m的取值范围；

（2）若$\forall x\in\mathbf{R}$，都有$f(x)>0$，求实数m的取值范围．

（四）应用题

1. 有一块边长为6m的等边三角形钢板，要从中截取一块矩形材料，如下图所示，求所截得的矩形的最大面积．

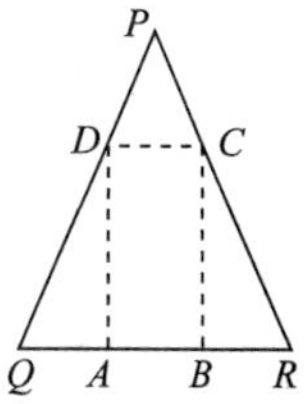

2. 某商品第一天的售价是每件21元，并在前10大内每天提价1元销售，第10天售价达到最高；然后从第11天起，每天降价0.5元售出，并且在开始销售的20天内，每天的销售量与天数的关系是$g(x)=300-10x$（其中x表示天数）．

（1）求20天内商品销售价格与天数的函数关系；

（2）求该商品在20天内日销售金额的最大值．

三、考点练兵

(一)选择题

1. 已知函数 $f(x)=x^2-2x+3$ 在区间 $[0,m]$ 上有最大值 3，最小值 2，则 m 的取值范围是(　　).

(A) $[1,+\infty]$　(B) $[0,2)$　(C) $[1,2]$　(D) $(-\infty,2]$

2. 已知 $f(2x+1)=8x^2+7$，则 $f(1)$ 等于(　　).

(A) 15　(B) 7　(C) 79　(D) 1

3. 设函数 $f(x)=\begin{cases}1-x^2, x\leqslant 1\\ x^2+x-2, x>1\end{cases}$，则 $f(\frac{1}{f(2)})$ 的值为(　　).

(A) $\frac{15}{16}$　(B) $-\frac{15}{16}$　(C) $\frac{8}{9}$　(D) 18

4. 函数 $y=x^2-3x+4$ 与 y 轴交点的纵坐标为(　　).

(A) 1　(B) -3　(C) 4　(D) 0

5. 二次函数 $y=f(x)$ 满足 $f(3+x)=f(3-x)$ 且 $f(x)=0$ 有两个实根 x_1、x_2，则 x_1+x_2 等于(　　).

(A) 0　(B) 3　(C) 6　(D) 9

6. 若函数 $f(x)(f(x)\neq 0)$ 为奇函数，则必有(　　).

(A) $f(x)\cdot f(-x)>0$　(B) $f(x)\cdot f(-x)<0$

(C) $f(x)<f(-x)$　(D) $f(x)>f(-x)$

7. 已知函数 $y_1=x^2$ 与函数 $y_2=-\frac{1}{2}x+3$ 的图像大致如图所示．若 $y_1<y_2$，则 x 的取值范围为(　　).

(A) $-\frac{3}{2}<x<2$　(B) $x>2$ 或 $x<-\frac{3}{2}$

(C) $-2<x<\frac{3}{2}$　(D) $x>\frac{3}{2}$ 或 $x<-2$

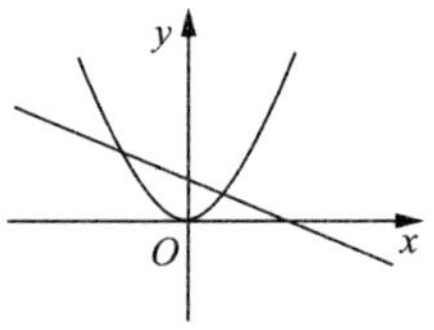

8. 函数 $y=x^2-6x+10$ 在 $x\in(2,4)$ 上是(　　).

(A) 递增　(B) 递减　(C) 先增后减　(D) 先减后增

9. 函数 $y=|x+1|$ 的增区间为(　　).

(A) $[0,+\infty]$　(B) $[-1,+\infty)$　(C) R　(D) $(-\infty,-1]$

10. 二次函数 $y=ax^2-bx+c$ 的图像的一部分如右图所示，其对称轴为直线 $x=1$，若其与 x 轴一交点为 $A(3,0)$，则由图像可知，不等式 $ax^2-bx+c<0$ 的解集为(　　).

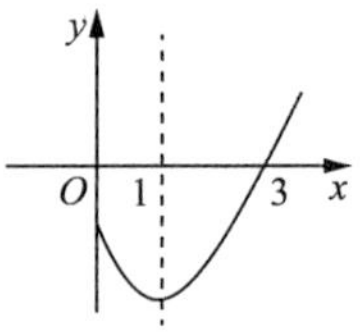

(A) $(0,3)$　(B) $(3,+\infty)$

(C) $(-1,3)$　(D) $(-\infty,-1]$

11. 一件工艺品进价为 100 元，标价 135 元售出，每天可售出 100 件，根据销售统计情况，一件工艺品每降价 1 元则可多卖出 4 件．要使每天获得的利润最大，每件需降价(　　)元．

(A) 5　　(B) 10　　(C) 0　　(D) 20

12. 利用一面旧墙围一个花园，已知现有篱笆材料 120 米，则能围成的花园最大面积是(　　)．

(A) 900 平方米　　(B) 1800 平方米

(C) 1000 平方米　　(D) 200 平方米

（二）**填空题**

13. 已知抛物线 $y=ax^2+bx+c$ 经过点(1,2)与(−1,4)，则 $a+c$ 的值是________．

14. 已知函数 $f(x)=x^2+(a-1)x+5$ 在区间$(\frac{1}{2},1)$上为增函数，那么 $f(2)$ 的取值范围是________．

15. 二次函数 $y=ax^2+bx+c$，若 $ac<0$，则其图像与 x 轴的交点个数为________．

（三）**解答题**

16. 已知二次函数 $f(x)=ax^2+bx+c$ 经过点(1,0)和(0,−3)若 $f(x+2)=f(2-x)$，求：

(1) $f(x)$的解析式；

(2) 当 x 取何值时，$f(x+1)>0$.

17. 若二次函数 $f(x)=ax^2+bx+c$ ($a, b, c\in\mathbf{R}$)满足 $f(x+1)-f(x)=4x+1$，且 $f(0)=3$.

(1) 求 $f(x)$的解析式；

(2) 若区间 $[-1,1]$ 上，不等式 $f(x)>6x+m$ 恒成立，求实数 m 的取值范围．

18. 某市为鼓励居民节约用电，采用阶梯电价的收费方式，居民当月用电量不超过 100 度的部分，按基础电价收费；超过 100 度不超过 150 度的部分，按 0.8 元/度收费；超过 150 度的部分按 1.2 元/度收费．该市居民当月用电量 x 度与应付电费 y 元的函数关系图

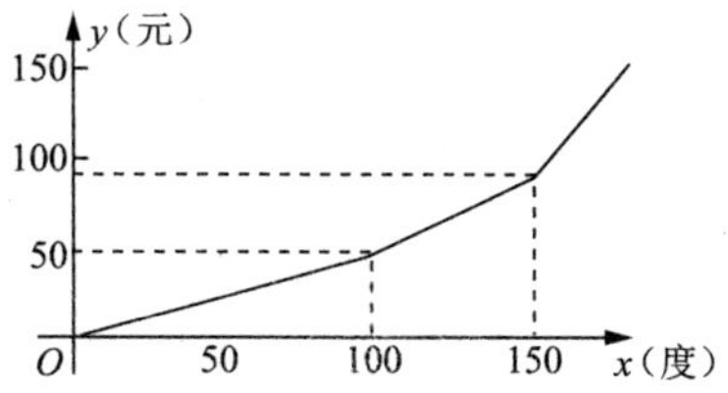

像如图所示.

（1）求该市居民用电的基础电价是多少元/度？

（2）某居民 8 月份的用电量为 210 度，求应付电费多少元？

（3）当 $x\in(100,150]$ 时，求 x 与 y 的函数关系式.

情景 4

指数函数与对数函数

习近平总书记在二十大报告中强调,发展全过程人民民主,保障人民当家作主.

天才在于勤奋,聪明在于学习. ——华罗庚

考纲展示

1. 指数函数与对数函数.
2. 指数的概念,实数指数幂的运算法则.
3. 指数函数的概念,指数函数的图像和性质.
4. 对数的概念,对数的性质与运算法则.
5. 对数函数的概念,对数函数的图像和性质.

要求

(1) 掌握实数指数幂的运算法则,能利用计算器求实数指数幂的值.

(2) 理解对数的概念,理解对数的性质和运算法则,能利用计算器求对数值.

(3) 理解指数函数、对数函数的概念,掌握其图像和性质.

(4) 能运用指数函数、对数函数的知识解决有关问题.

情景目标

1. 掌握实数指数幂的运算法则.
2. 了解对数的概念,理解对数的性质和运算法则.
3. 理解指数函数、对数函数的概念,掌握其图像和性质.
4. 能运用指数函数、对数函数的知识解决有关问题.

任务1　实数指数

任务目标

1. 理解零指数、负数指数、分数指数、有理指数幂的概念.
2. 掌握指数幂的运算法则,能准确进行指数幂的有关计算.

抓主干
考点解密

一、指数幂的概念

1. 若 $a^b=N$, N 叫 a 的 b 次幂,其中 a 叫______, b 叫______.

2. 零指数: $a^0=1$,其中 a 的要求是______.

3. 负指数: $a^{-\frac{1}{n}}=\frac{1}{a^n}$, ($a\neq0$, $a\in\mathbf{N}_+$).

4. 分数指数: $a^{\frac{m}{n}}=$______($a>0$, m, $n\in\mathbf{N}_+$,且 $n>1$); $a^{-\frac{m}{n}}=$______($a>0$, m, $n\in\mathbf{N}_+$,且 $n>1$).

二、指数幂的运算

$a^{\alpha}a^{\beta}=$______($a>0$); $(a^{\alpha})^{\beta}=$______($a>0$); $(ab)^{\alpha}=$______($a>0$, $b>0$).

基础训练

1. 计算下列各式的值.

(1) $(27)^{\frac{2}{3}}$　　(2) $(\frac{25}{4})^{\frac{3}{2}}$　　(3) $(\frac{16}{81})^{-\frac{3}{4}}$

2. 将下列各根式写成分数指数点的形式.

(1) $\sqrt[3]{x^2}$　　(2) $\frac{1}{\sqrt[4]{5^3}}$　　(3) $\sqrt[3]{(a-b)^{-2}}(a>b)$

研考向
要点探究

支线任务一　指数幂的有关运算

例1　化简计算:

(1) $(\sqrt{2}-1)^{10}(\sqrt{2}+1)^{10}=$______;

(2) $(-\frac{2}{3}x^3)^2=$______;

(3) $(-125)^{\frac{2}{3}}+(\sqrt{2}+1)^0+(\frac{1}{3})^4\times5^4\times6^4$______.

任务拓展

1. 已知 $x^{\frac{3}{8}}=3^{\frac{3}{4}}$，则 x 的值等于(　　).

(A) 9　　(B) $3^{\frac{9}{8}}$　　(C) $3^{\frac{9}{4}}$　　(D) $\sqrt{3}$

2. 设 $a+a^{-1}=3$，则 a^2+a^{-2} 等于(　　).

(A) 9　　(B) 7　　(C) 5　　(D) 3

支线任务二　求函数的定义域

例2　求下列函数的定义域.

(1) $y=\sqrt{x-2}+(x-4)^0$ 的定义域是______.

(2) $f(x)=(x-3)^{-\frac{3}{4}}$ 的定义域是______.

任务拓展

$y=\frac{(x+\frac{1}{2})^0}{|x|-x}$ 的定义域是__________.

悟习题
能力提升

尝试练习

1. 式子 $3\sqrt{3}\times\sqrt[3]{3^3}\times\sqrt[6]{3^3}=$(　　).

(A) 3　　(B) 6　　(C) 9　　(D) 12

2. 已知 $5^a=3, 5^b=2$，则 $5^{a-2b}=$(　　).

(A) $\frac{1}{4}$　　(B) $\frac{2}{3}$　　(C) $\frac{3}{4}$　　(D) $\frac{1}{3}$

3. 函数 $f(x)=(x+3)^{-\frac{3}{2}}$ 的定义域是(　　).

(A) $(3,+\infty)$　(B) $(-3,+\infty)$　(C) $[-3,+\infty)$　(D) $\{x|x\neq3\}$

4. 设 $a>0$，则下列等式恒成立的是(　　).

(A) $a^m+a^n=a^{m+n}$　　(B) $a^m\cdot a^n=a^{m-n}$

(C) $(a^m)^n=a^{m+n}$　　(D) $a^m\cdot a^n=a^{m+n}$

5. 如果下列等式中的字母都是正数，则下列等式中错误的是(　　).

(A) $x^4\cdot x^3=x^7$　　(B) $(3x)^2\cdot(-2x)^3=-72x^5$

(C) $\frac{1}{\sqrt{a}}=a^{-\frac{1}{2}}$　　(D) $\frac{\sqrt{a}}{\sqrt[3]{b^2}}=a^{\frac{1}{2}}b^{\frac{2}{3}}$

6. 函数 $y=|x-1|^0$ 的定义域为(　　).

(A) $(1,+\infty)$　(B) $(-1,+\infty)$　(C) $\mathbf{R}$　(D) $\{x|x\neq 1\}$

能力提升

1. 已知 $2a=3$,则 4^{-a} 的值等于(　　).

(A) 9　(B) $\frac{1}{9}$　(C) $\frac{1}{3}$　(D) 3

2. 化简 $a+\sqrt{(1-a)^2}$ 等于(　　).

(A) 1　(B) $2a-1$　(C) 1 或 $2a-1$　(D) 0

真题再现

1. 设 $x^{\frac{3}{4}}=3^{\frac{3}{2}}$,则 $x=$ (　　).

(A) 3　(B) 9　(C) $3^{\frac{9}{8}}$　(D) $3^{\frac{9}{4}}$

2. 化简:$(a^{\frac{2}{3}}b^{\frac{1}{2}})(-3a^{\frac{1}{2}}b^{\frac{1}{3}})\div(\frac{1}{3}a^{\frac{1}{6}}b^{\frac{5}{6}})=$________.

任务 2　指数函数

任务目标

1. 了解指数函数的概念.
2. 掌握指数函数的图像和性质.
3. 能熟练运用指数函数的性质解决有关问题.

抓主干
考点解密

一、指数函数

形如:________($a>0$ 且 $a\neq 1$)的函数叫指数函数.

二、指数函数的图像与性质

指数函数的图像与性质见表 4-1.

表 4-1　指数函数的图像与性质

	$a>1$	$0<a<1$
图像	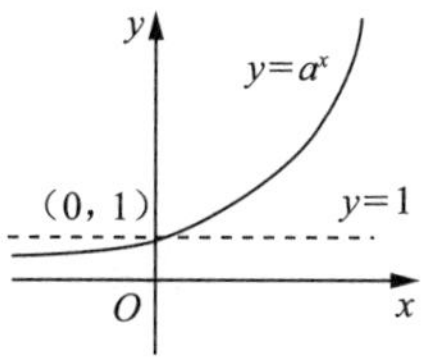	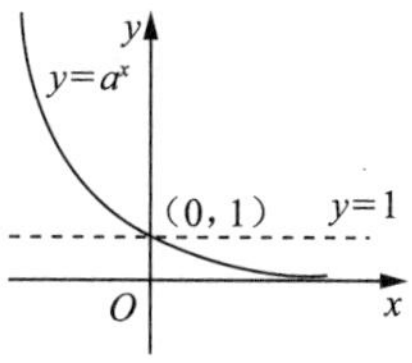
性质	定义域：**R**	
	值域：$(0,+\infty)$	
	过定点 $(0,1)$，即 $x=0$ 时，$y=1$	
	在 $(-\infty,+\infty)$ 上是增函数	在 $(-\infty,+\infty)$ 上是减函数

基础训练

用“>”“<”填空．

(1) 若 $m>n$，则 2^m______2^n；

(2) 若 $m>n$，则 $(\frac{1}{2})^m$______$(\frac{1}{2})^n$；

(3) 若 $(\frac{4}{5})^m>(\frac{4}{5})^n$，则 m______n；

(4) 若 $4^m>4^n$，则 m______n；

(5) 若 $a>1$，则 $a^{-\frac{3}{4}}$______$a^{-\frac{1}{4}}$；

(6) 若 $a^{\frac{3}{4}}>1$，则 a______1.

研考向
要点探究

支线任务一　利用指数函数的单调性求函数的定义域

例 1　(1) 函数 $y=\dfrac{1}{\sqrt{(\frac{1}{2})^x-1}}$ 的定义域为____________.

(2) 函数 $y=\dfrac{3}{2^x-1}$ 的定义域为____________.

任务拓展

1. 函数 $y=\sqrt{3^x-27}$ 的定义域为(　　).

(A) $\{x|x>3\}$　(B) $\{x|x\geqslant3\}$　(C) $\{x|x\leqslant3\}$　(D) $\{x|x<3\}$

2. 函数 $y=\sqrt{(\frac{1}{2})^x-1}$ 的定义域为____________.

支线任务二 利用指数函数的单调性比较变量的大小或求变量的取值范围

例 2 （1）下列各组不等式正确的是（　　）.

（A）$0.7^{-2.5}>0.7^{-2.9}$　　（B）$1.9^{0.3}>1.9^{0.6}$

（C）$2.3^{0.7}>0.8^{3.1}$　　（D）$2.7^{0.9}<2.7^{0.3}$

（2）如果$\left(\frac{2}{3}\right)^m>\left(\frac{2}{3}\right)^n$，则 m, n 的大小关系是____________.

（3）若$(2a-1)^{\frac{1}{3}}>(2a-1)^{\frac{1}{2}}$，则 a 的取值范围是____________.

任务拓展

1. 已知 $0<a<1$，化简$\sqrt{a^{\frac{4}{3}}-2a+a^{\frac{2}{3}}}=$____________.

2. 解不等式：$3^{2x^2+1}>3^{x^2+2}$.

支线任务三 有关函数图像问题

例 3 若函数 $y=a^x+b$（$a>0$ 且 $a\neq1$）的图像经过二、三、四象限，则一定有（　　）.

（A）$0<a<1, b>-1$　　（B）$0<a<1, b<-1$

（C）$a>1, b>-1$　　（D）$a>1, b<-1$

任务拓展

（1）函数 $y=3^x$ 与 $y=3^{-x}$ 的图像关于（　　）对称.

（A）x 轴　　（B）y 轴　　（C）原点　　（D）直线 $y=x$

（2）函数 $y=2^{|x|}$ 的增区间是（　　）.

（A）$(-\infty,+\infty)$　　（B）$(0,+\infty)$

（C）$(-\infty,0)$　　（D）$(1,+\infty)$

悟习题
能力提升

尝试练习

1. 函数 $y=\sqrt{2^x}$ 的定义域为（　　）.

（A）$[1,+\infty)$　（B）$[0,+\infty)$　　（C）$\varnothing$　　（D）R

2. 函数 $f(x)=(a^2-1)^x$ 在 $x\in\mathbf{R}$ 上是减函数，则 a 的取值范围是（　　）.

（A）$|a|>1$　（B）$|a|<\sqrt{2}$　　（C）$|a|>\sqrt{2}$　　（D）$1<|a|<\sqrt{2}$

3. 函数 $f(x)=(a^2-2a+3)^x$ 在$(-\infty,+\infty)$上是（　　）.

（A）增函数　　（B）减函数

（C）先增后减函数　　（D）先减后增函数

4. 已知指数函数的图像经过(2,9)点，当自变量 $x=-1$ 时，函数值等于(　　).

(A) 3　　(B) $\frac{1}{3}$　　(C) 2　　(D) $\frac{1}{2}$

5. 若函数 $y=(a^2-3a+3)a^x$ 是指数函数，则 $a=$______.

6. 若 $\frac{1}{3}<3^x<27$，则 x 的取值范围是______.

7. 指数函数 $y=a^x-1$ $(a>0$ 且 $a\neq1)$ 在 $[0,1]$ 上的最大值与最小值的和为3，则 a 的值等于______.

能力提升

1. 函数 $f(x)=(a-1)^x$ 在 $x\in\mathbf{R}$ 上是减函数，则 a 的取值范围是(　　).

(A) $a>2$　　(B) $0<a<1$　　(C) $a<2$　　(D) $1<a<2$

2. 函数 $y=\sqrt{3^{4x-1}-\frac{1}{81}}$ 的定义域是(　　).

(A) $(\frac{1}{4},+\infty)$　(B) $(-\frac{1}{4},+\infty)$　(C) $[-\frac{3}{4},+\infty)$　(D) $[-\frac{3}{4},\frac{1}{4}]$

3. 设 $f(x)=0.5^x$，则下列正确的是(　　).

(A) $x<0$ 时，$f(x)<1$　　(B) $x>0$ 时，$f(x)>1$

(C) $x_1<x_2$ 时，$f(x_1)<f(x_2)$　　(D) $x_1<x_2$ 时，$f(x_1)>f(x_2)$

真题再现

1. 当 $x\in[-1,1]$ 时，函数 $f(x)=3^x-2$ 的最大值是(　　).

(A) 1　　(B) -1　　(C) -2　　(D) 2

2. 已知 $a>1$，$x_1<x_2$，则下列不等式正确的是(　　).

(A) $a^{x_1}<a^{x_2}<1$　　(B) $a^{x_1}>a^{x_2}>1$

(C) $0<a^{x_1}<a^{x_2}$　　(D) $a^{x_1}<a^{x_2}<0$

3. 已知函数 $f(x)=a^x+2$ 的图像过点(2,4)，则 a 的值为(　　).

(A) 1　　(B) $\sqrt{2}$　　(C) 4　　(D) $4\sqrt{2}$

4. 函数 $y=a^x+1$ $(a>0$ 且 $a\neq1)$ 的图像必经过点(　　).

(A) (0,1)　　(B) (0,2)　　(C) (1,1)　　(D) (1,2)

5. 不等式 $3^{x^2-1}>81^{x-1}$ 的解集是________.

任务3　对　数

任务目标

1. 理解对数的概念，掌握对数的性质.

2. 能进行指数式与对数式的互化.

3. 掌握对数的运算法则,能准确进行对数的运算.

4. 掌握换底公式.

抓主干
考点解密

一、对数的概念

1. 对数.

一般地,如果 $a^b=N$ $(a>0, a\neq 1)$,那么数 b 叫作以 a 为底 N 的对数,记作______,其中,a 叫______,N 叫______.

2. 对数式与指数式的互化.

$a^b=N \Leftrightarrow \log_a N=b$

3. 对数恒等式.

$a^{\log_a N}=N$

4. 对数的性质.

(1) 1 的对数为______,即 $\log_a 1=$______;

(2) ______的对数等于 1,即______$=1$;

(3) ______和______没有对数,即 $N>0$.

5. 常用对数和自然对数.

(1) 常用对数:__________的对数叫作常用对数;

(2) 自然对数:以无理数 e 为底的对数叫自然对数,$e\approx 2.71828$.

二、对数的运算

1. 对数的运算法则.

(1) 积的对数:$\log_a(MN)=$________________;

(2) 商的对数:$\log_a\left(\frac{M}{N}\right)=$________________;

(3) 幂的对数:$\log_a M^{\alpha}=$________________.

2. 换底公式:$\log_b N=\dfrac{\log_a N}{\log_a b}$.

基础训练

1. 计算.

(1) $\log_2 16=$________;

(2) $3^{\log_3 4}=$________;

(3) $\ln e^{3}=$________;

(4) $\log_{3}27+\log_{3}\frac{1}{27}=$________;

(5) $\frac{\log_{2}3}{\log_{2}9}=$________.

2. 填空.

(1) $4^{\frac{1}{2}}=2$ 化为对数式是________________;

(2) $\log_{2}\frac{1}{8}=-3$ 化为指数式是________________.

研考向
要点探究

支线任务一　对数与指数互化

例1　指对互化:(1) $\log_{a}N=b$;(2) $27^{-\frac{1}{3}}=\frac{1}{3}$.

任务拓展

若 $\log_{5}2=a$, $5^{b}=3$, 则 $5^{3a-2b}=$(　　).

(A) $\frac{8}{9}$　　(B) $\frac{9}{8}$　　(C) -1　　(D) 1

支线任务二　对数的运算

例2　化简:$(\lg 5)^{2}+\lg 2\cdot\lg 50=$______.

任务拓展

化简:$3^{1-2\log_{3}7}=$______.

悟习题
能力提升

尝试练习

1. 设 $\log_{3}4\cdot\log_{4}3\cdot\log_{3}m=\log_{4}16$, 则 m 的值是(　　).

(A) 4.5　　(B) 9　　(C) 18　　(D) 27

2. 已知 $\log_{2}a=\frac{1}{2}$, $(\frac{1}{2})^{b}=4$, 则 $a+b=$(　　).

(A) $-\sqrt{2}+2$　　(B) $\sqrt{2}+2$　　(C) $\sqrt{2}-2$　　(D) $-\sqrt{2}-2$

3. 若 $\lg2=a$，则 $\log_2 25=$（　　）.

（A）$\frac{1-a}{a}$　（B）$\frac{2-2a}{a}$　（C）$\frac{1+a}{1-a}$　（D）$\frac{2a}{1-a}$

4. $\log_2[\log_3(\log_4 64)]$ 等于（　　）.

（A）1　（B）0　（C）4　（D）16

5. 如果 $\log_2 3=a$，$\log_3 11=b$，则 $\log_2 11=$（　　）.

（A）$\frac{a}{b}$　（B）$a+b$　（C）ab　（D）$2ab$

6. 已知 $\log_a N=3$，则下列式子正确的是（　　）.

（A）$a^N=3$　（B）$a^3=N$　（C）$N^3=a$　（D）$a^N=3$

7. 下列各式成立的是（　　）.

（A）$\log_2(8-2)=\log_2 8-\log_2 2$　（B）$\lg(4-2)=\frac{\lg4}{\lg2}$

（C）$\frac{\log_2 4}{\log_2 8}=\log_2\frac{4}{8}$　（D）$\log_2 6-\log_2 3=1$

8. 已知 $\log_2 3=a$，则 $\log_6\frac{1}{24}=$________.

9. 设 $a=\log_2 5$，$b=\log_9\frac{1}{3}$，$c=\log_5 4$，则 $abc=$________.

10. 如果 $\lg x=2\lg a+2\lg b-\lg c$，则 $x=$________.

能力提升

1. 若 $\lg3=b$，$\lg2=a$，则 $\log_3 8=$（　　）.

（A）$\frac{3a}{b}$　（B）$\frac{3b}{a}$　（C）$3ab$　（D）$\frac{1}{3}ab$

2. 若 $\log_6[\log_4(\log_3 x)]=0$，则 $x^{\frac{1}{2}}=$（　　）.

（A）$\frac{1}{9}$　（B）9　（C）$\sqrt{3}$　（D）$\frac{\sqrt{3}}{3}$

真题再现

1. 如果 $\log_2 5=a$，$\log_5 7=b$，则 $\log_2 7=$（　　）.

（A）$\frac{a}{b}$　（B）$a+b$　（C）$2ab$　（D）ab

2. 式子 $3^{2-\log_3 2}$ 的值是（　　）.

（A）$\frac{2}{9}$　（B）9　（C）2　（D）$\frac{9}{2}$

3. 已知函数 $f(x)=x^2+2(\lg m)x+1$ 的最小值为 -3，试求 m 的值.

任务 4　对数函数

任务目标

1. 掌握对数函数的概念.
2. 掌握对数函数的图像和性质,能熟练运用对数函数的图像和性质解决有关问题.

抓主干
考点解密

一、对数函数

形如________($a>0$ 且 $a\neq1$)的函数叫对数函数,对数函数的定义域为________.

二、对数函数的图像与性质

对数函数的图像与性质见表 4-2.

表 4-2　对数函数的图像与性质

	$a>1$	$0<a<1$
图像	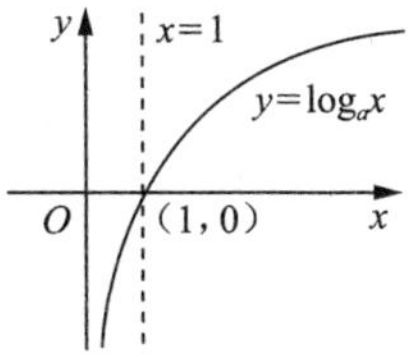	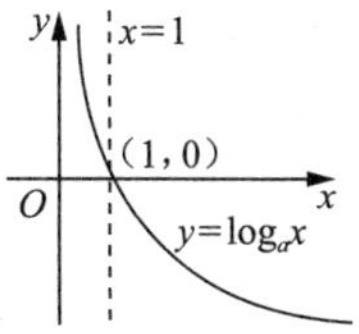
性质	定义域:$(0,+\infty)$	
	值域:$\mathbf{R}$	
	过定点$(1,0)$,即 $x=1$ 时,$y=0$	
	在$(-\infty,+\infty)$上是增函数	在$(-\infty,+\infty)$上是减函数

基础训练

1. 求下列函数的定义域

(1) 函数 $f(x)=\log_2(2-x^2)$的定义域为________;

(2) 函数 $f(x)=\log_2(2-2^x)$的定义域为________.

2. 用“>”“<”填空

(1) $\log_2 3$______$\log_2 3.5$;

(2) $\log_{\frac{1}{2}}7$______0;

(3) $\log_{\frac{1}{2}}5$______1;

(4) 若 $\log_2 m>\log_2 n$,则 m______n;

(5) 若 $0<a<1$,则 $\log_a\frac{1}{3}$___$\log_a\frac{1}{5}$;

(6) $\log_2 3$______$\log_3 2$.

3. 若 $y=\log_{(3-a)}x$ 在定义域内是减函数,则 a 的取值范围是________.

研考向
要点探究

支线任务一　利用对数的性质及单调性求函数的定义域

例 1　求函数 $f(x)=\sqrt{\lg(3x-2)-1}$ 的定义域.

任务拓展

1. 函数 $f(x)=\lg(3-2x-x^2)$的定义域为(　　).

(A) $(-1,3)$　　(B) $(-3,1)$

(C) $(-\infty,-1)\cup(3,+\infty)$　　(D) $(-\infty,-3)\cup(1,+\infty)$

2. 函数 $y=\log_{(x-1)}(3-x)$的定义域为(　　).

(A) $(1,3)$　　(B) $(1,3]$

(C) $(1,2)\cup(2,3)$　　(D) $(1,2)\cup(2,3]$

3. 函数 $y=\sqrt{\log_2 x}$ 的定义域为(　　).

(A) $[2,+\infty)$　(B) $[1,+\infty)$　(C) $(1,+\infty)$　(D) $(2,+\infty)$

支线任务二　利用对数函数的单调性判断两个值的大小或确定未知量的取值范围

例 2　若 $0<\log_3 x<1$,则 x 的取值范围是________.

任务拓展

1. 若 $\log_a\frac{1}{2}<1$,则 a 的取值范围是(　　).

(A) $0<a<\frac{1}{2}$　(B) $a>1$　(C) $\frac{1}{2}<a<1$　(D) $0<a<\frac{1}{2}$ 或 $a>1$

2. 若函数 $f(x)=\log_{\frac{1}{2}}x$ 在区间 $[a,2a]$ 上的最大值是最小值的 3 倍,则 a 等于(　　).

(A) $\frac{\sqrt{2}}{4}$　(B) $\frac{\sqrt{2}}{2}$　(C) $\frac{1}{4}$　(D) $\frac{1}{2}$

支线任务三　图像问题

例 3　函数 $y=\log_2 x$ 的图像与函数 $y=\log_{\frac{1}{2}} x$ 的图像(　　).

(A) 关于 x 轴对称　　(B) 关于 y 轴对称

(C) 关于原点对称　　(D) 关于直线 $y=x$ 对称

任务拓展

1. 若对数函数的图像经过点(3, −1), 则该函数的解析式为(　　).

(A) $y=\log_3 x$　(B) $y=\log_{\frac{1}{3}} x$　(C) $y=\log_2 x$　(D) $y=\log_{\frac{1}{2}} x$

2. 函数 $y=\lg|x|$ 是(　　).

(A) 偶函数, 在 $(-\infty, 0)$ 上单调递减　(B) 偶函数, 在 $(-\infty, 0)$ 上单调递增

(C) 奇函数, 在 $(0, +\infty)$ 上单调递减　(D) 奇函数, 在 $(0, +\infty)$ 上单调递增

悟习题
能力提升

尝试练习

1. 若 $x>y$, $0<a<1$, 则下列各式成立的是(　　).

(A) $a^x<a^y$　(B) $\log_a x<\log_a y$　(C) $a^x\geqslant a^y$　(D) $\log_a x>\log_a y$

2. 设函数 $f(2x)=\log_2(8x^2+2)$, 则 $f(1)=$(　　).

(A) 2　(B) $\log_2 39$　(C) 1　(D) $\log_2 15$

3. 函数 $y=\log_{\frac{1}{3}}|x|$ ($x\in\mathbf{R}$ 且 $x\neq 0$) 则(　　).

(A) 是奇函数, 且在 $(-\infty, 0)$ 上是增函数

(B) 是奇函数, 且在 $(-\infty, 0)$ 上是减函数

(C) 是偶函数, 且在 $(0, +\infty)$ 上是增函数

(D) 是偶函数, 且在 $(0, +\infty)$ 上是减函数

4. 函数 $f(x)=a^x+\log_a(x+1)$ 在 $[0, 1]$ 上的最大值与最小值的和为 a, 则 a 的值为(　　).

(A) $\frac{1}{4}$　(B) $\frac{1}{2}$　(C) 2　(D) 4

5. 函数 $y=\sqrt{\log_2 x-2}$ 的定义域是(　　).

(A) $[4, +\infty)$　(B) $[3, +\infty)$　(C) $(4, +\infty)$　(D) $(3, +\infty)$

6. 函数 $y=\sqrt{1+\log_2 x}$ 的定义域为(　　).

(A) $[0, 0.5]$　(B) $(0, 2)$　(C) $[0.5, +\infty)$　(D) $(2, +\infty)$

7. 设 $\log_a \frac{1}{3}>1$, 则 a 的取值范围是(　　).

(A) $(\frac{1}{3},1)$　(B) $(0,\frac{1}{3})$　(C) $(0,1)$　(D) $(1,+\infty)$

8. 设 $\log_a\frac{2}{3}<1$ $(0<a<1)$，则 a 的取值范围是(　　).

(A) $(\frac{2}{3},1)$　(B) $(0,1)$　(C) $(0,\frac{2}{3}]$　(D) $(0,\frac{2}{3})$

9. 若 $\log_a2>\log_b2>0$，则(　　).

(A) $0<a<b<1$　(B) $0<b<a<1$

(C) $a>b>1$　(D) $b>a>1$

10. 设 $a=\log_{0.2}2$，$b=\log_27$，$c=\log_23$，则 a，b，c 的大小关系是(　　).

(A) $b<c<a$　(B) $a<c<b$　(C) $a<b<c$　(D) $c<a<b$

能力提升

1. 已知 $\log_{0.5}a<\log_{0.5}b<\log_{0.5}c$，则下列式子正确的是(　　).

(A) $2^a>2^c>2^b$　(B) $2^a>2^b>2^c$

(C) $2^c>2^b>2^a$　(D) $2^c>2^a>2^b$

2. 函数 $y=\log_ax$ 与 $y=\log_a\frac{1}{x}$ 的图像(　　).

(A) 关于 x 轴对称　(B) 关于 y 轴对称

(C) 关于原点对称　(D) 关于直线 $y=x$ 对称

真题再现

1. 函数 $y=|\log_2x|$ 的单调递增区间为(　　).

(A) $(0,+\infty)$　(B) $(1,+\infty)$　(C) $\mathbf{R}$　(D) $(0,1)$

2. 下列函数是奇函数的是(　　).

(A) $f(x)=-x^2$　(B) $f(x)=-\sin x$

(C) $f(x)=2x$　(D) $f(x)=\ln x$

3. 已知函数 $f(x)=\log_2(x+1)$，若 $f(a)=1$，则 a 的值为(　　).

(A) 0　(B) 1　(C) 2　(D) 3

情景4综合训练

一、知识网络

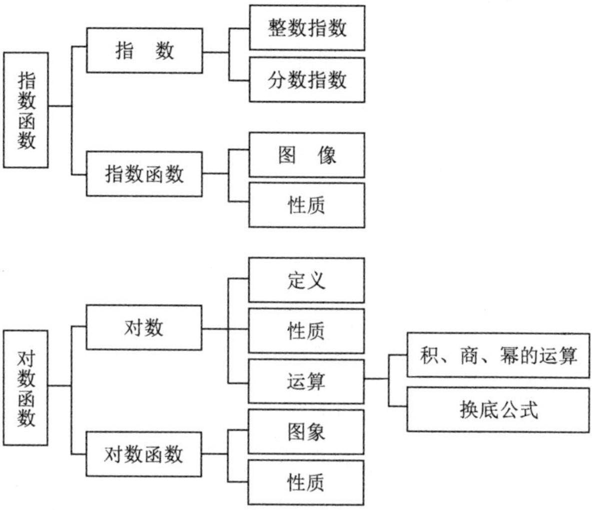

图4-1　知识网络

二、考点剖析

指数函数与对数函数是两个基本初等函数，是考察函数图像与性质的载体，题型主要是选择题与填空题，综合性较强，有一定的难度．考试热点大约有以下几个方面．

（一）指数与指数函数

1. 若实数 $a>0$，则下列等式成立的是（　　）．

(A) $(-2)^{-2}=4$　　(B) $2a^{-3}=\frac{1}{2a^3}$

(C) $(-2)^0=-1$　　(D) $(a^{-\frac{2}{3}})^4=\frac{1}{a}$

2. 若 α,β 为任意实数，则下列等式恒成立的是（　　）．

(A) $5^\alpha\times5^\beta=5^{\alpha\beta}$　　(B) $5^\alpha+5^\beta=5^{\alpha+\beta}$

(C) $(5^\alpha)^\beta=5^{\alpha+\beta}$　　(D) $\frac{5^\alpha}{5^\beta}=5^{\alpha-\beta}$

3. 设 $a>1$，函数 $y=(\frac{1}{a})^x$ 与函数 $y=(a-1)x+a$ 的图像可能是（　　）．

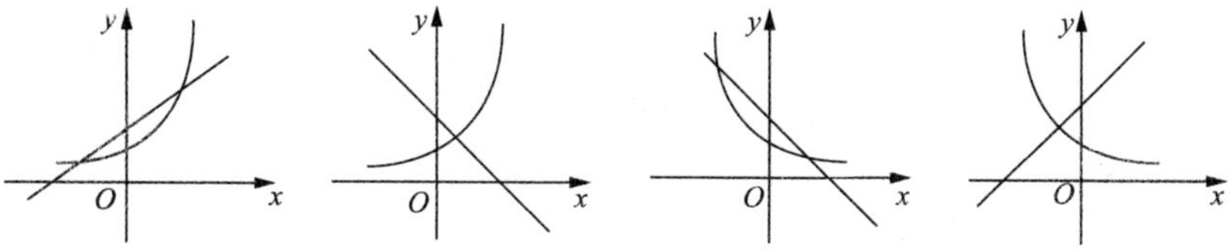

(A)　(B)　(C)　(D)

4. 同一坐标系中，二次函数 $y=(1-a)x^2+a$ 与指数函数 $y=a^x$ 的图像可能是(　　).

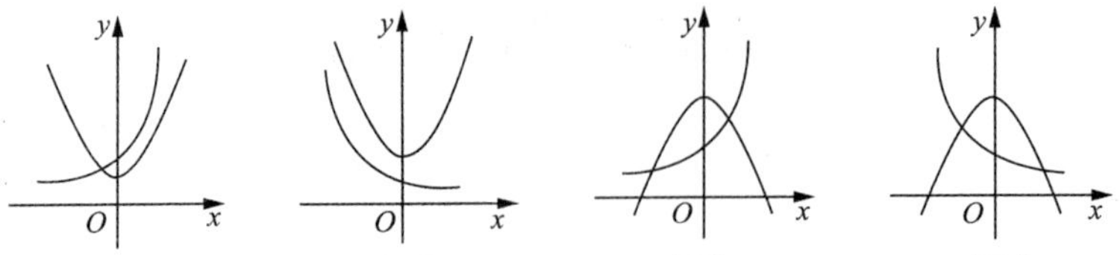

(A)　　(B)　　(C)　　(D)

5. 关于函数 $f(x)=2^{|x|}$，下列说法正确的是(　　).

(A) $f(x)$是偶函数，且在$(-\infty,0]$上是减函数

(B) $f(x)$是偶函数，且在$(-\infty,0]$上是增函数

(C) $f(x)$是奇函数，且在$(-\infty,0]$上是减函数

(D) $f(x)$是奇函数，且在$(-\infty,0]$上是增函数

6. 函数 $f(x)=a^x(a>0$ 且 $a\neq 0)$，若 $f(2)=\frac{1}{4}$，则 $f(1)+f(2)+\cdots+f(10)$ 等于(　　).

(A) $\frac{511}{512}$　　(B) $\frac{1023}{512}$　　(C) $\frac{1023}{1024}$　　(D) $\frac{2565}{1024}$

(二)**对数与对数函数**

1. 已知点 $P(m,-2)$ 在函数 $y=\log_{\frac{1}{3}}x$ 的图像上，点 A 的坐标为$(4,3)$，则 $|\overrightarrow{AP}|$ 的值是(　　).

(A) $\sqrt{10}$　　(B) $2\sqrt{10}$　　(C) $6\sqrt{2}$　　(D) $5\sqrt{2}$

2. 已知函数 $f(x)=2^{kx}$，$g(x)=\log_3 x$，若 $f(-1)=g(9)$，则实数 k 的值是(　　).

(A) 1　　(B) 2　　(C) -1　　(D) -2

3. 不等式 $1+\lg|x|<0$ 的解集是(　　).

(A) $(-\frac{1}{10},0)\cup(0,\frac{1}{10})$　　(B) $(-1,1)\cup(1,+\infty)$

(C) $(-10,0)\cup(0,10)$　　(D) $(-10,10)$

4. 已知指数函数 $y=a^x$，对数函数 $y=\log_b x$ 的图像如右图所示，则下列关系式成立的是(　　).

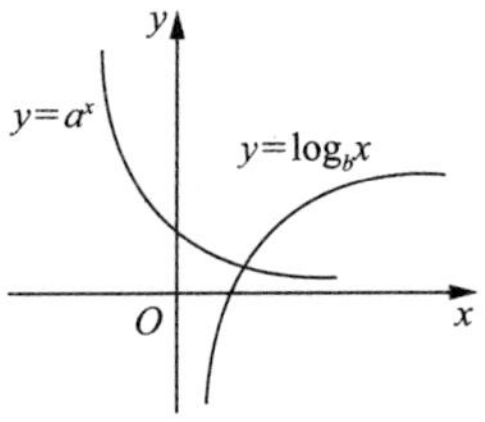

(A) $0<a<b<1$　　(B) $0<a<1<b$

(C) $0<b<1<a$　　(D) $0<b<a<1$

5. 设 $0<x<y<a<1$，下列关系式正确的是(　　).

(A) $0<\log_a(xy)<1$　　(B) $\log_a y<\log_a x<1$

(C) $0<a^{xy}<1$　　(D) $1<a^y<a^x$

6. 若 $a^2=N(a>0$ 且 $a\neq 1)$，则有(　　).

(A) $\log_2 a=N$　　(B) $\log_2 N=a$

(C) $\log_a N=2$　　(D) $\log_N a=2$

7. 若点 $P(-1,-2)$关于坐标原点的对称点是 $P'(\lg a,2^b)$，则实数 a，b 的值分别是(　　).

(A) $\frac{1}{10},-1$　(B) $\frac{1}{10},1$　(C) $10,-1$　(D) $10,1$

8. 设 $0<a<b<1$，那么 $\log_a 5$ 与 $\log_b 5$ 的大小关系是(　　).

(A) $\log_a 5<\log_b 5$　(B) $\log_a 5=\log_b 5$

(C) $\log_a 5>\log_b 5$　(D) 无法确定

9. 若 $\log_{0.5}x<0$，则(　　).

(A) $0<2^x<\frac{1}{2}$　(B) $\frac{1}{2}<2^x<1$

(C) $1<2^x<2$　(D) $2^x>2$

10. 已知 $\lg a+\lg b=0$（其中 $a\neq 1$，$b\neq 1$），则函数 $f(x)=a^x$ 与 $g(x)=b^x$ 的图像(　　).

(A) 关于坐标原点对称　(B) 关于 x 轴对称

(C) 关于 y 轴对称　(D) 关于直线 $y=x$ 对称

11. 若点 $P(\log_3 m,3^n)$关于坐标原点的对称点是 $P'(1,-9)$，则实数 m，n 的值分别是(　　).

(A) $\frac{1}{3},2$　(B) $3,2$　(C) $-\frac{1}{3},-2$　(D) $-3,-2$

12. 下列说法正确的是(　　).

(A) 函数 $y=(x+a)^2+b$ 的图像过点(a,b)

(B) 函数 $y=a^x$（$a>0$ 且 $a\neq 1$）的图像过点$(1,0)$

(C) 函数 $y=\log_a x$（$a>0$ 且 $a\neq 1$）的图像过点$(0,1)$

(D) 函数 $y=x^a$（$a\in\mathbf{R}$）的图像过点$(1,1)$

一、考点练兵

1. 若函数 $f(x)=\log_3 x$，对于任意正数 x，y 都有(　　).

(A) $f(xy)=f(x)f(y)$　(B) $f(xy)=f(x)+f(y)$

(C) $f(x+y)=f(x)f(y)$　(D) $f(x+y)=f(x)+f(y)$

2. 若函数 $y=x^2\lg m-2x+1$ 与 x 轴有一个交点，则 m 的值为(　　).

(A) 10　(B) $(10,+\infty)$　(C) $(1,+\infty)$　(D) 1 或 10

3. 函数 $y=\lg(|x+1|-1)$的定义域为(　　).

(A) $\{x|x>0\}$　(B) $\{x|x<-2\}$

(C) $\{x|x>0$ 或 $x<-2\}$　(D) R

4. 若 $\log_{\frac{1}{2}}x=3$，则 $\log_{\frac{1}{4}}x$ 的值为(　　).

(A) $\frac{3}{2}$　(B) 3　(C) $\sqrt{3}$　(D) 9

5. 给出下列三个等式：$f(xy)=f(x)+f(y)$，$f(x+y)=f(x)f(y)$，$f(x+y)=f(x)+f(y)$，下列函数中不满足其中任何一个等式的是(　　).

(A) $f(x)=3^x$　　(B) $f(x)=\lg 2^x$

(C) $f(x)=\log_2 x$　　(D) $f(x)=kx+b\ (kb\neq 0)$

6. 函数 $y=\dfrac{1}{\log_2\sqrt{3x-2}}$ 的定义域是(　　).

(A) $(\frac{2}{3},1)\cup(1,+\infty)$　　(B) $(\frac{1}{2},1)\cup(1,+\infty)$

(C) $(\frac{2}{3},+\infty)$　　(D) $(\frac{1}{2},+\infty)$

7. 若 x_1, x_2 是方程 $\lg^2 x+(\lg 3+\lg 2)\lg x+\lg 3\cdot\lg 2=0$ 的两个根，则 x_1x_2 的值是(　　).

(A) $\lg 3\cdot\lg 2$　(B) $\lg 6$　(C) 6　(D) $\frac{1}{6}$

8. 已知 $\log_a\frac{2}{3}<1$，则 a 的取值范围是(　　).

(A) $(0,\frac{2}{3})\cup(1,+\infty)$　　(B) $(\frac{2}{3},+\infty)$

(C) $(\frac{2}{3},1)$　　(D) $(0,\frac{2}{3})\cup(\frac{2}{3},+\infty)$

9. 已知指数函数 $f(x)=a^x$ 的图像过点 $(2,\frac{9}{4})$，则 $f(3)$ 的值为(　　).

(A) $\frac{7}{4}$　(B) $\frac{27}{8}$　(C) $\frac{3}{2}$　(D) $\frac{5}{2}$

10. 函数 $y=(a^2-1)^x$ 在 $(-\infty,+\infty)$ 上是增函数，则 a 的取值范围是(　　).

(A) $(-\infty,-\sqrt{2})\cup(\sqrt{2},+\infty)$　　(B) $(-\infty,-1)\cup(1,+\infty)$

(C) $(-\sqrt{2},\sqrt{2})$　　(D) $(1,\sqrt{2})$

11. 函数 $\log_x 64=-3$，那么 $\log_x 8$ 的值是(　　).

(A) $\frac{1}{2}$　(B) 2　(C) $\frac{3}{2}$　(D) $-\frac{3}{2}$

12. 在同一直角坐标系中，当 $a>1$ 时，函数 $y=a^{-x}$ 与 $y=\log_a x$ 的图像正确的是(　　).

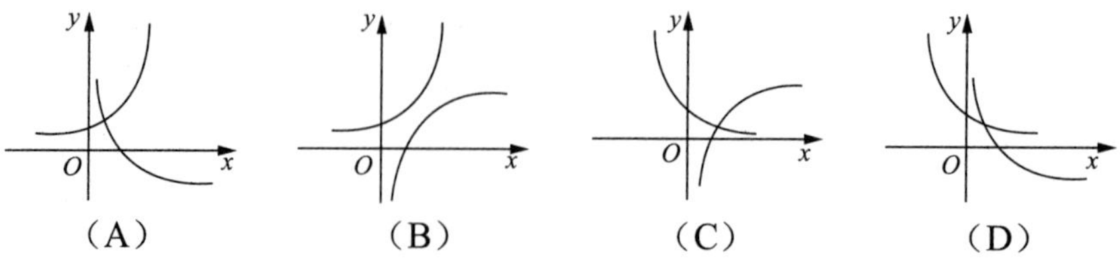

(二) **填空题**

13. $(\frac{16}{81})^{\frac{3}{4}}+\log_3\frac{5}{4}+\log_3\frac{4}{5}=$________.

14. 已知函数 $y=a^{2x}+2a^x-1\ (a>1)$ 在区间 $[-1,1]$ 上的最大值是 7，则 a 的值等于

________.

15. 函数$f(x)=\log_{(a-2)}x$，在区间$(0,+\infty)$上为增函数，则a的取值范围是________.

16. 函数$f(x)=\log_2(3^x+1)$的值域为________.

（三）**解答题**

17. 已知函数$f(x)=a^x(a>0$且$a\neq1)$在区间$[-2,4]$上的最大值是16.

（1）求实数a的值；

（2）若函数$g(x)=\log_2(x^2-3x+2a)$的定义域是$\mathbf{R}$，求不等式$\log_a(1-2t)\leqslant1$中实数t的取值范围.

18. 已知函数$f(x)=\lg(x^2-ax+a+3)$的定义域是$\mathbf{R}$，求a的取值范围.

19. 函数$f(x)=a^x(a>0$且$a\neq1)$在$[1,2]$上的最大值比最小值大$\frac{a}{2}$，求a的值.

20. 已知函数$f(x)=\log_a(5+x)+\log_a(5-x)$，且$f(3)=4$.

（1）判断函数$f(x)$的奇偶性；

（2）若$f(m)<2\log_2 3$，求m的取值范围.

21. 已知某城市2021年底的人口总数为200万，假设此后该城市人口的年增长率为1%（不考虑其他因素）.

（1）若经过x年该城市人口总数为y万，试写出y关于x的函数关系式；

（2）至少需要经过多少年（精确到1年），该城市人口总数可达到210万？

情景5
数列

习近平总书记在二十大报告中强调，推动绿色发展，促进人与自然和谐共生.

时间是个常数，花掉一天等于浪费24小时. ——陈景润

考纲展示

1. 数列的概念.
2. 等差数列及其通项公式，等差中项，等差数列前 n 项和公式.
3. 等比数列及其通项公式，等比中项，等比数列前 n 项和公式.

要求

(1) 理解数列概念，理解数列通项公式、前 n 项和公式的含义.
(2) 掌握等差数列和等差中项的概念，掌握等差数列的通项公式及前 n 项和公式.
(3) 掌握等比数列和等比中项的概念，掌握等比数列的通项公式及前 n 项和公式.
(4) 能运用数列的知识，解决实际问题.

情景目标

1. 理解数列概念和数列通项公式的意义.
2. 掌握等差数列和等差中项的概念，掌握等差数列的通项公式及前 n 项和公式.
3. 掌握等比数列和等比中项的概念，掌握等比数列的通项公式及前 n 项和公式.
4. 能运用数列的知识，解决实际问题.

任务1 数列的概念

任务目标

1. 明确数列的通项公式是数列的项与对应序号的关系，会由数列的通项公式求出数列的某一项.

2. 了解递推公式是给出数列的一种方法：会由递推公式写出数列的项.

3. 掌握数列的前 n 项和与通项公式的关系.

抓主干
考点解密

1. 数列.

________________叫作数列，数列中的每一个数都叫数列的________________.

2. 数列的通项公式.

用项数 n 来表示________________的式子叫作数列的通项公式.

注：不是所有的数列都有通项公式，若有通项公式也不一定唯一.

3. 数列的分类.

数列按项数可分为：__________、__________.

4. a_n 与 S_n 的关系.

若数列的前 n 项和记为 S_n，即：$S_n=a_1+a_2+\cdots+a_n$，则 $a_n=\begin{cases} S_1 & (n=1) \\ S_n-S_{n-1} & (n\geq 2) \end{cases}$

基础训练

1. (1) 数列 $1\frac{1}{2},2\frac{2}{3},3\frac{3}{4},4\frac{4}{5},\cdots$ 的一个通项公式为________________.

(2) $1^2-1,2^2-1,3^2-1,4^2-1,\cdots$ 的一个通项公式为________________.

2. 数列 $1,\frac{2}{3},\frac{3}{5},\frac{4}{7},\cdots$ 的一个通项公式 a_n 是(   ).

(A) $\frac{n}{2n+1}$　(B) $\frac{n}{2n-1}$　(C) $\frac{n}{2n-3}$　(D) $\frac{n}{2n+3}$

研考向
要点探究

支线任务一　由观察分析法求通项公式

例 1　(1) 数列 1, 2, 3, 4, 5, …的一个通项公式为________;

(2) 2, 4, 6, 8, 10, …的一个通项公式为________;

(3) 1, −1, 1, −1, …的一个通项公式为________;

(4) 数列 $-\frac{1}{2}, \frac{2}{3}, -\frac{3}{4}, \frac{4}{5}, -\frac{5}{6}, \cdots$的一个通项公式为________.

任务拓展

1. 已知数列 $\{a_n\}$ 的通项公式 $a_n=\frac{n^2-1}{n^2+1}$,则它的第八项 a_8 等于(　　).

(A) $\frac{7}{9}$　　(B) $\frac{63}{65}$　　(C) $\frac{65}{63}$　　(D) $\frac{9}{7}$

2. 在数列 $\{a_n\}$ 中, $a_1=-1$, $a_{n+1}=\frac{1}{2}a_n$, 则 a_3+a_4 等于(　　).

(A) $-\frac{3}{8}$　　(B) $\frac{3}{8}$　　(C) $\frac{8}{3}$　　(D) $-\frac{8}{3}$

支线任务二　由数列的通项公式求数列的某项

例 2　已知数列 $\{a_n\}$ 的通项公式 $a_n=5+3n$,

求:(1) a_7;(2) 81 是否是数列的项?若是,是第几项?若不是,说明理由.

任务拓展

1. 已知一个数列的通项公式为 $a_n=n(n-1)$,那么 56 是这个数列的(　　).

(A) 第 5 项　(B) 第 6 项　　(C) 第 7 项　　(D) 第 8 项

2. 已知 $a_1=2$, $a_{n+1}=a_n+\frac{1}{a_n}$, 则 $a_3=$________.

支线任务三　a_n 与 S_n 的关系的应用

例 3　已知数列 a_n 的前 n 项和 $S_n=3n^2+2$,则这个数列的通项公式为(　　).

(A) $a_n=6n-3$　(B) $a_n=6n+3$　(C) $a_n=6n-5$　(D) 以上都不对

任务拓展

已知数列 $\{a_n\}$ 的前 n 项和 $S_n=5n^2-3n$,求该数列的通项公式 a_n.

悟习题
能力提升

尝试练习

1. $2\sqrt{5}$是数列$\sqrt{2}$，$\sqrt{5}$，$2\sqrt{2}$，$\sqrt{11}$…的（　　）.

（A）第6项　（B）第7项　（C）第8项　（D）第9项

2. 数列$\{a_n\}$中$a_n=n^2-n-50$，则-8是这个数列的（　　）.

（A）第5项　（B）第6项　（C）第7项　（D）非任何一项

3. 已知数列$\{a_n\}$中，$a_1=2$，$a_{n+1}=3a_n+1$，则$a_4=$（　　）.

（A）67　（B）22　（C）202　（D）201

4. 数列$\{a_n\}$中，$a_1=2$，对所有的$n\geqslant 2$，$a_1\cdot a_2\cdot a_3\cdot a_n=n^2$，则$a_3+a_5$等于（　　）.

（A）$\frac{61}{16}$　（B）$\frac{25}{9}$　（C）$\frac{25}{16}$　（D）$\frac{31}{15}$

5. 已知数列$1,-\frac{1}{2},\frac{1}{3},-\frac{1}{4}\cdots$，则它的第20项是（　　）.

（A）1　（B）-1　（C）$\frac{1}{20}$　（D）$-\frac{1}{20}$

6. 已知数列$\{a_n\}$的前n项和$S_n=5n^2-n$，则$a_6+a_7+a_8+a_9+a_{10}$的值为（　　）.

（A）250　（B）270　（C）370　（D）490

7. 已知数列的通项公式是$a_n=n^2+n$，则a_{10}等于（　　）.

（A）100　（B）110　（C）20　（D）200

能力提升

1. 在数列$\{a_n\}$中，$a_n=\sqrt{n+1}-\sqrt{n}$，则$a_1+a_2+a_3+a_4+a_5=$__________.

2. 数列$(3+2+1)$，$(9+4+1)$，$(27+6+1)$，$(81+8+1)\cdots$的一个通项公式是________.

真题再现

1. 数列4，44，444，4444，…的一个通项公式为__________.

2. 在数列$\{a_n\}$中，已知$a_n=-\frac{1}{a_{n-1}}(n\geqslant 2)$.

（1）求证：$a_{n+2}=a_n$；

（2）若$a_4=4$，求a_{20}的值；

（3）若$a_1=1$，求$a_1+a_2+a_3+a_4+a_5+a_6+a_7$的值.

任务2　等差数列

任务目标

1. 掌握等差数列的定义，会判断一个数列是否为等差数列.
2. 掌握等差数列的通项公式，会用公式解决一些简单的问题.
3. 掌握等差中项的概念及应用.
4. 掌握等差数列的前 n 项和公式并会解决简单应用问题.
5. 掌握等差数列的重要性质及综合应用.

抓主干
考点解密

1. 等差数列.

如果一个数列____________，则这个数列叫作等差数列，用式子表示为__________.

2. 等差数列的通项公式：$a_n=$____________.

注：(1) 通项公式 a_n 的特点是关于 n 的一元一次函数.

(2) 公差为零的等差数列我们称为常数列.

3. 等差中项.

如果 a，A，b，成等差数列，那么 A 叫 a，b 的____________，即____________.

4. 等差数列 $\{a_n\}$ 中，已知首项 a_1 和 a_2，则 $S_n=$____________.

注：前 n 项和公式的特点是关于 n 的一元二次函数且无常数列，即 $S_n=An^2+Bn$.

5. 等差数列的性质.

在等差数列中，如果 $p+q=m+n$，则____________.

注：当三个数成等差数列且知三个数的和时，可设此三个数为 $a-d$，a，$a+d$ 以便计算简单.

基础训练

1. (1) 数列 $\{a_n\}$ 是等差数列的充要条件是(　　).

(A) $a_n+a_{n+1}=$ 常数　　(B) $a_{n+1}-a_n=$ 正数

(C) $a_{n+1}-a_n=$ 负数　　(D) $a_{n+1}-a_n=$ 常数

(2) $\frac{1}{4}$与 x 的等差中项是 5，则 x 的值等于(　　).

(A) $\frac{39}{4}$　　(B) $-\frac{39}{4}$　　(C) $\frac{19}{4}$　　(D) $-\frac{19}{4}$

2. (1) 在等差数列 4, 7, 10, 13 中，公差 $d=$______，$a_n=$______.

(2) 在等差数列 -5, -3, -1, …中，$a_{10}=$______，$S_n=$______.

(3) $\sqrt{3}+1$ 与 $\sqrt{3}-1$ 的等差中项为__________.

(4) 在等差数列 $\{a_n\}$ 中，$a_1=1$，$a_3=5$，则 $a_{10}=$______，$S_n=$______.

研考向
要点探究

支线任务一　通项公式 a_n 的应用

例 1　(1) 等差数列 $\{a_n\}$ 中，$a_1=3$，$a_{100}=36$，则 $a_5+a_{96}=$（　　）.

(A) 36　　(B) 38　　(C) 39　　(D) 42

(2) 在等差数列 $\{a_n\}$ 中，$a_1=-1$，$a_{n+1}=a_n+2$，则 $a_{13}=$（　　）.

(A) 34　　(B) 35　　(C) 23　　(D) 75

任务拓展

1. 在等差数列 $\{a_n\}$ 中，$a_1=20$，$a_{27}=54$，则公差 $d=$（　　）.

(A) 34　　(B) $\frac{17}{13}$　　(C) $\frac{27}{34}$　　(D) $\frac{12}{13}$

2. 等差数列 -5, -9, -13, …的第（　　）项是 -401？

(A) 1002　　(B) 200　　(C) 100　　(D) 150

支线任务二　前 n 项和公式的应用

例 2　(1) 在等差数列 $\{a_n\}$ 中，$a_3=1$，$a_8=26$，则它的前 6 项的和等于（　　）.

(A) 21　　(B) 35　　(C)　　(D)

(2) 在等差数列 $\{a_n\}$，$a_1+a_2+a_3=20$，$a_n+a_{n-1}+a_{n-2}=73$，$S_n=155$，则 n 等于（　　）.

(A) 8　　(B) 6　　(C) 12　　(D) 10

任务拓展

1. 在等差数列 $\{a_n\}$ 中，$d=\frac{1}{3}$，$n=37$，$S_n=629$，则 a_1 等于（　　）.

(A) 11　　(B) 24　　(C) 27　　(D) 36

2. 在数列 $\{a_n\}$ 中，已知 $a_{n+1}=a_n+2$，且 $a_1=-1$，则数列 $\{a_n\}$ 的前 6 项的和是（　　）.

(A) -24　　(B) -36　　(C) 36　　(D) 24

支线任务三　通项公式与前 n 项和公式的综合应用

例 3　(1) 若等差数列的前 9 项的和 $S_9=45$，则 $a_5=$__________.

(2) 在等差数列 $\{a_n\}$ 中，$a_7=-3$，则 $S_{13}=$__________.

任务拓展

1. 在等差数列 $\{a_n\}$ 中，$a_n=2n-3$，则 S_5 等于（　　）.

（A）25　（B）15　（C）20　（D）7

2. 若等差数列的前 n 项和 $S_n=4n^2-n$，则这个数列的通项公式为（　　）.

（A）$a_n=4n-1$　（B）$a_n=4n+3$　（C）$a_n=8n-5$　（D）$a_n=8n+5$

悟习题
能力提升

尝试练习

1. 小王第一年的月工资是 600 元，厂方承诺以后每年都比上一年的月工资增加 100 元，则小王在该厂工作第 5 年的月工资是（　　）.

（A）900 元　（B）1000 元　（C）1100 元　（D）1200 元

2. 在等差数列 $\{a_n\}$ 中，已知 $a_1=3$，$a_{100}=36$，则 a_8+a_{93} 等于（　　）.

（A）36　（B）38　（C）39　（D）42

3. 在等差数列 $\{a_n\}$ 中，$a_4=1$，$a_7+a_9=16$，则 $a_{12}=$（　　）.

（A）15　（B）30　（C）31　（D）64

4. 已知等差数列 $\{a_n\}$ 的前 9 项和为 27，且 $a_{10}=8$，则 a_{100} 的值为（　　）.

（A）100　（B）99　（C）98　（D）97

5. 在等差数列 $\{a_n\}$ 中，若 $a_2+a_5=19$，$a_7=20$，则该数列前 9 项的和是（　　）.

（A）26　（B）100　（C）126　（D）155

6. 在等差数列 $\{a_n\}$ 中，若 $a_3+a_4+a_5+a_6+a_7=450$，则 $a_2+a_8=$（　　）.

（A）45　（B）75　（C）180　（D）300

7. 在等差数列 $\{a_n\}$ 中，已知 $S_{15}=90$，那么 $a_8=$（　　）.

（A）3　（B）4　（C）6　（D）12

8. 已知数列 $\{a_n\}$，且 $a_n=3n+1$，则 $S_5=$（　　）.

（A）16　（B）50　（C）34　（D）54

9. 在等差数列 $\{a_n\}$ 中，$a_2=-5$，$a_6=a_4+6$，则 a_1 等于（　　）.

（A）-9　（B）-8　（C）-7　（D）-4

10. 某小型林场要在荒山上植树造林，第一年栽种 15 亩，以后每年都比上一年多栽种 4 亩，那么 10 年后该林场共植树造林的亩数是（　　）.

（A）225　（B）320　（C）330　（D）45

11. 已知三个数成等差数列，三个数的和为9、积为15，求这三个数.

12. 等差数列 $\{a_n\}$ 的前 n 项和为 S_n，已知 $a_{10}=30$，$a_{20}=50$.

（1）求通项 $\{a_n\}$；

（2）若 $S_n=242$，求 n 的值.

能力提升

1. 给出下列命题(其中 d 是常数，$n, m\in\mathbf{N}$)：

① 若在数列 $\{a_n\}$ 中，$a_{n+1}-a_n=d$ 恒成立，则数列 $\{a_n\}$ 是等差数列；

② 若在数列 $\{a_n\}$ 中，$2a_n=a_{n+1}+a_{n-1}$ 恒成立，则数列 $\{a_n\}$ 是等差数列；

③ 若在数列 $\{a_n\}$ 中，$a_n=a_1+(n-1)d$ 恒成立，则数列 $\{a_n\}$ 是等差数列；

④ 若在数列 $\{a_n\}$ 中，$a_n=a_m+(n-m)d$ 恒成立，则数列 $\{a_n\}$ 是等差数列.

其中，正确的命题序号为________.

2. 下列通项公式中有一个不是等差数列的通项，这个通项是(　　).

（A）$a_n=2$　　（B）$a_n=8-3n$　　（C）$a_n=n^2-8n$　　（D）$a_n=\log_3 7^n$

3. 在等差数列 $\{a_n\}$ 中，a_2 和 a_6 是方程 $x^2+18x+45=0$ 的两个根，求 a_n 和 S_n.

真题再现

1. 某林场要在占地2000亩的荒山上植树，第一年植树200亩，以后每年都比上一年多植树100亩，若要将荒山全部绿化完毕需要 n 年，则 n 等于(　　).

（A）4　　（B）5　　（C）6　　（D）7

2. 已知三个数成等差数列，它们的和为 6、平方和为 44，求这三个数.

3. 在等差数列 $\{a_n\}$ 中，已知 $a_1+a_2+a_3=7$，$a_4+a_5+a_6=3$，则 $a_{10}+a_{11}+a_{12}=$______.

4. $\frac{1}{2-\sqrt{2}}$与$\frac{1}{2+\sqrt{2}}$的等差中项是__________.

任务 3　等比数列

任务目标

1. 理解等比数列的概念，会判断一个数列是否是等比数列.
2. 熟记等比数列的通项公式并会应用公式进行简单的计算.
3. 掌握等比中项概念及应用.
4. 掌握等比数列前 n 项和公式，会用公式进行计算并解决实际问题.
5. 等比数列的通项公式、前 n 项和公式的综合应用及重要性质的应用.

抓主干
考点解密

1. 等比数列.

如果一个数列从第二项起，__________，则这个数列叫作等比数列，这个常数叫作等比数列的__________.

2. 等比数列的通项公式：a_n__________.

3. 等比中项：如果__________，那么 G 叫作 a，b 的等比中项，即 G^2__________.

4. 等比数列的前 n 项和公式.

（1）当 $q\neq 1$ 时，$S_n=$__________或 $S_n=\frac{a_1-a_nq}{1-q}$；

（2）当 $q=1$ 时，$S_n=$__________.

5. 等比数列的性质.

在等比数列 $\{a_n\}$ 中，如果 $m+n=p+q$ 时，则有__________.

基础训练

1. 数列 $\{a_n\}$ 是等比数列，下列等式中不成立的是（　　）.

（A）$a_3^2=a_2a_4$　　（B）$a_4^2=a_2a_6$

（C）$a_4^2=a_1a_7$　　（D）$a_2^2=a_1a_4$

2. a,b,c 都大于 0，且 a,b,c 既成等差又成等比数列，则（　　）.

（A）$a+c=2b^2$　　（B）$ac=b$

（C）$a=c=b$　　（D）$ab=2c$

3. 若两个数的等差中项是 6，等比中项是 5，则这两个数是方程（　　）的两个根.

（A）$x^2-12x+5=0$　　（B）$x^2+6x+25=0$

（C）$x^2+12x+25=0$　　（D）$x^2-12x+25=0$

研考向
要点探究

支线任务一　通项公式的应用

例 1　（1）在等比数列 $\{a_n\}$ 中，首项为$\frac{9}{8}$，末项为$\frac{1}{3}$，公比为$\frac{2}{3}$，则这个数列的项数为（　　）.

（A）3　　（B）4　　（C）5　　（D）6

（2）已知在等比数列 $\{a_n\}$ 中，$a_3=12$，$a_5=48$，则 a_8 等于（　　）.

（A）192　　（B）384　　（C）± 192　　（D）± 384

任务拓展

1. 等比数列 2，4，8，…的公比 $q=$______，通项公式 $a_n=$______.

2. $\frac{1}{24}$是等比数列 2，1，$\frac{1}{2}$，…的第______项.

3. 已知等比数列 $-3,9,-27$，…则 $a_5=$______.

支线任务二　前 n 项和公式的应用

例 2　在等比数列 $\{a_n\}$ 中，$q=\frac{1}{2}$，$S_5=\frac{31}{8}$，则 $a_1=$______.

任务拓展

1. 在等比数列 $\{a_n\}$ 中，$S_3=4$，$S_6=36$，则公比 $q=$______.

2. 在等比数列 $\{a_n\}$ 中，若 $a_1=1$，$a_2=-2$，则 $a_6+a_7+a_8+a_9$ 等于______.

支线任务三　通项公式与前 n 项和公式的综合应用

例 3　（1）等比数列 $\{a_n\}$ 中，前 n 项和 $S_n=3^n+a$，则 a 的值是（　　）.

（A）3　（B）0　（C）-1　（D）-3

（2）在等比数列 $\{a_n\}$ 中，$a_n=48$，$S_n=93$，$q=2$，则 $n=$______.

任务拓展

已知数列 $\{a_n\}$ 的前 n 项和 $S_n=3n-1$，

1. 求数列的通项公式；

2. 求证：数列 $\{a_n\}$ 为等比数列.

支线任务四　等比数列性质的应用

例 4　在等比数列 $\{a_n\}$ 中，$a_3a_5=16$，则 $a_1a_4a_7=$（　　）.

（A）128　（B）±128　（C）64　（D）±64

任务拓展

在等比数列 $\{a_n\}$ 中，$a_3a_8=-5$，则 $a_4a_5a_6a_7=$（　　）.

（A）25　（B）-25　（C）10　（D）-10

悟习题
能力提升

尝试练习

1. 某工厂今年第一月份的用水量是 4000m^3，计划从二月份起，每月的用水量较上一个月都减少 12%，则预计八月份的用水量约是（　　）.

（A）1436m^3　（B）1635m^3　（C）1971m^3　（D）2134m^3

2. 在等比数列 $\{a_n\}$ 中，已知首项为$\frac{3}{4}$，末项为$-\frac{1}{36}$，公比为$-\frac{1}{3}$，则此等比数列的项数是（　　）.

（A）3　（B）4　（C）5　（D）6

3. 已知等比数列的前 n 项和 $S_n=3^n+k$，则 k 的值等于（　　）.

（A）-1　（B）1　（C）0　（D）任意实数

4. 等比数列 $\{a_n\}$ 的前三项依次为 x，$2x+2$，$3x+3$，则此数列的第四项为（　　）.

（A）-13.5　（B）0　（C）13.5　（D）10 或 -13.5

5. 在等比数列 $\{a_n\}$ 中，已知 $3S_3=a_4-2$，$3S_2=a_3-2$，则公比 q 等于（　　）.

（A）3　（B）4　（C）5　（D）6

6. 已知等比数列 $\{a_n\}$ 的公比 $q=-\frac{1}{3}$，则 $\frac{a_1+a_3+a_5+a_7}{a_2+a_4+a_6+a_8}=$（ ）.

（A）3 （B）4 （C）-3 （D）-4

7. 设等比数列 $\{a_n\}$ 的公比 $q=2$，前 n 项和为 S_n，则 $\frac{S_4}{a_2}=$（ ）.

（A）2 （B）4 （C）$\frac{15}{2}$ （D）$\frac{17}{2}$

8. 某种细菌在培养过程中，每 20 分钟繁殖一次，一个繁殖成两个，经过两小时，这种细菌可繁殖成（ ）.

（A）32 个 （B）64 个 （C）63 个 （D）128 个

9. 已知 $a, b, c,$ 是公比为 2 的等比数列，则 $\frac{2a+b}{2c+d}$ 等于（ ）.

（A）1 （B）$\frac{1}{2}$ （C）$\frac{1}{4}$ （D）$\frac{1}{8}$

10. 设等比数列 $\{a_n\}$ 的公比为 $q=2$，且 $a_2a_5=4$，则 a_1a_8 等于（ ）.

（A）6 （B）8 （C）16 （D）32

能力提升

1. 已知等比数列 $\{a_n\}$ 的公比为 2，前 4 项的和是 1，前 8 项的和为（ ）.

（A）15 （B）17 （C）19 （D）21

2. 已知数列 $\{3^{a_n}\}$ 是等比数列，公比为 q，则数列 $\{a_n\}$ 为（ ）.

（A）等比数列，公比为 $\log_3 q$ （B）等差数列，公差为 3^q

（C）等差数列，公差为 $\log_3 q$ （D）可能既非等差数列，又非等比数列

真题再现

1. 某公司去年的收益是 50 万元，今年（第 1 年）后每年增长 10%，则第 5 年的收益大约是（ ）万元.

（A）70.5 （B）80.5 （C）62.7 （D）93.6

2. 某人于 2020 年 3 月 1 日去银行存款 a 元，存的是一年定期储蓄．2021 年 3 月 1 日，他将到期存款的本息一起取出，再加入 a 元后，还存一年定期储蓄，此后每年 3 月 1 日他都按照同样的方法，在银行取款和存款．设银行一年定期储蓄的年利率 r 不变，则到 2025 年 3 月 1 日，他将所有的存款和利息全部取出时，取出的钱数共有（ ）元.

（A）$a(1+r)^4$ （B）$a(1+r)^5$

（C）$a(1+r)^6$ （D）$\frac{r}{a}[(1+r)^6-(1+r)]$

3. 已知数列 $\{a_n\}$ 的通项公式为 $a_n=3^n+2^n+(2n-1)$，求前 n 项和________.

情景 5 综合训练

一、知识网络

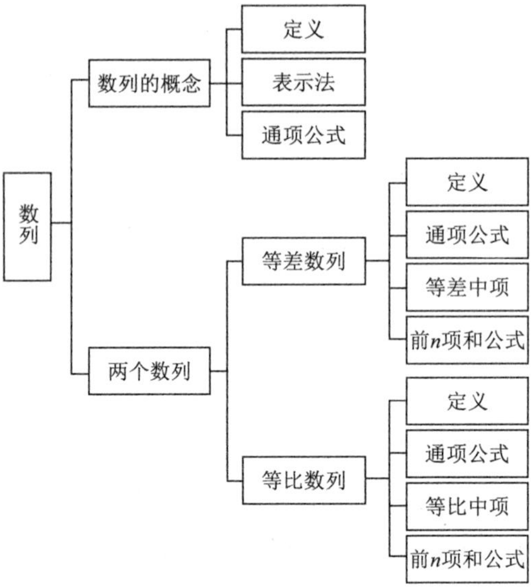

图 5-1　知识网络

二、考点剖析

(一)等差数列与等比数列的简单计算和应用

以等差数列与等比数列的通项公式、前 n 项和公式为基本的考查点，主要考查简单的计算或简单的实际应用，支线任务一般为选择题或填空题，试题难度一般，这是近几年的主要考试方向，应多加重视.

1. 已知等差数列的首项为$\frac{1}{25}$，且第 10 项开始的项都比 1 大，则此数列公差 d 的取值范围是(　　).

(A) $d>\frac{8}{75}$　(B) $\frac{8}{75}<d<\frac{3}{25}$　(C) $d<\frac{3}{25}$　(D) $\frac{8}{75}<d<\frac{3}{25}$

2. 设首项为 1，公比为$\frac{2}{3}$的等比数列 $\{a_n\}$ 的前 n 项和为 S_n，则(　　).

(A) $S_n=2a_n-1$　(B) $S_n=3a_n-2$

(C) $S_n=4-3a_n$　(D) $S_n=3-2a_n$

3. 在数列 $\{a_n\}$ 中，$a_{n+1}=\frac{2a_n}{2+a_n}$，对所有正整数 n 都成立，且 $a_7=\frac{1}{2}$，则 a_5 等于(　　).

(A) 4　(B) 3　(C) 2　(D) 1

4. 在等差数列 $\{a_n\}$ 中，$S_{12}=72$，则 $a_1+a_{12}=$(　　).

(A) 12　(B) 10　(C) 8　(D) 6

5. 等差数列 $\{a_n\}$ 的首项 $a_1=1$，公差 $d\neq 0$，若 a_1，a_2，a_5 成等比数列，则 $d=$（　　）.

（A）3　　（B）2　　（C）-2　　（D）2 或 -2

6. 如果三个正数 a，b，c 成等比数列，那么 $\lg a$，$\lg b$，$\lg c$（　　）.

（A）成等差数列，但不成等比数列

（B）成等比数列，但不成等差数列

（C）成等差数列且成等比数列

（D）既不成等比数列，也不成等差数列

7. 已知 1 和 4 的等比中项是 $\log_3 x$，则实数 x 的值是（　　）.

（A）2 或 $\frac{1}{2}$　　（B）3 或 $\frac{1}{3}$　　（C）4 或 $\frac{1}{4}$　　（D）9 或 $\frac{1}{9}$

8. 已知数列 $\{a_n\}$ 是等比数列，其中 $a_3=2$，$a_6=16$，则该数列的公比 q 等于（　　）.

（A）$\frac{14}{3}$　　（B）2　　（C）4　　（D）8

9. 在等比数列 $\{a_n\}$ 中，$a_1=1$，$a_2=-2$，则 a_9 等于（　　）.

（A）256　　（B）-256　　（C）512　　（D）-512

10. 在等比数列 $\{a_n\}$ 中，$a_2=4$，$a_3=8$，求：

（1）该数列的通项公式；

（2）该数列前 10 项的和.

11. 在数列 $\{a_n\}$ 中，已知 $a_2=-2$，$a_5=7$，$a_n=pn+q$，（p，q 为常数），求 a_{20}.

12. 已知等差数列 $\{a_n\}$ 的公差 $d=1$，前 n 项和为 S_n.

（1）若 1，a_1，a_3 成等比数列，求 a_1；

（2）若 $S_5>a_1a_9$，求 a_1 的取值范围.

13. 已知 $\{a_n\}$ 是等差数列，$\{b_n\}$ 是等比数列，且 $b_2=3$，$b_3=9$，$a_1=b_1$，$a_{14}=b_{14}$.

（1）求 $\{a_n\}$ 的通项公式；

（2）设 $c_n=a_n+b_n$，求数列 $\{c_n\}$ 的前 n 项和.

（二）数列的应用

1. 某市 2012 年的专利申请量为 10 万件，为了落实“科教兴鲁”战略，该市计划 2017 年专利申请量达到 20 万件，其年均增长率最少为（　　）.

（A）12.25%　（B）13.32%　（C）14.87%　（D）18.92%

2. 某学校合唱团参加演出，需要把 120 名演员排成 5 排，并且从第二排起，每排比前一排多 3 名，求第一排应安排多少名演员.

3. 某职业学校的王亮同学到一家贸易公司实习，恰逢该公司要通过海运出口一批货物，王亮同学随公司负责人到保险公司洽谈货物运输期间的投保事宜. 保险公司提供了交纳保险费的两种方案：

① 一次性交纳 50 万元，可享受 9 折优惠；

② 按照航行天数交纳：第一天交纳 0.5 元，从第二天起每天交纳的金额都是其前一天的 2 倍，共需交纳 20 天.

请通过计算，帮助王亮同学判断哪种方案交纳的保费较低.

三、考点练兵

（一）选择题

1. 在等差数列 $\{a_n\}$ 中，$a_1=-5$，a_3 是 4 与 49 的等比中项，且 $a_3<0$，则 a_5 等于（　　）.

（A）-18　（B）-23　（C）-24　（D）-32

2. 若等差数列 $\{a_n\}$ 的前 7 项和为 70，则 a_1+a_7 等于（　　）.

（A）5　（B）10　（C）15　（D）20

3. 在数列 $\{a_n\}$ 中，$a_1=-1$，$a_2=0$，$a_{n+2}=a_{n+1}+a_n$，则 a_5 等于（　　）.

（A）0　（B）-1　（C）-2　（D）-3

4. 已知等差数列 $\{a_n\}$，$a_3=5$，$a_7=13$，则该数列前 10 项的和为（　　）.

（A）90　（B）100　（C）110　（D）120

5. 在等比数列 $\{a_n\}$ 中，$a_2=1$，$a_4=3$，则 a_6 的值是（　　）.

（A）-5　（B）5　（C）-9　（D）9

6. 已知等比数列 $\{a_n\}$ 中，公比 $q>1$，且 $a_3 \cdot a_9=2a_5^2$，$a_2=1$，则首项 a_1 等于（　　）.

（A）$\frac{1}{2}$　　（B）$\frac{\sqrt{2}}{2}$　　（C）$\sqrt{2}$　　（D）2

7. 已知 $\{a_n\}$ 是公差为 -2 的等差数列，若 $a_1+a_4+a_7+\cdots+a_{97}=50$，则 $a_3+a_6+a_9+\cdots+a_{99}$ 等于（　　）.

（A）-16　　（B）50　　（C）-82　　（D）-88

8. 已知 a，b，c，d 成等比数列，且曲线 $y=x^2-2x+3$ 的顶点是 (b, c)，则 ad 等于（　　）.

（A）3　　（B）2　　（C）1　　（D）-2

9. “$b=\frac{a+c}{2}$”是“b 是 a 与 c 的等差中项”的（　　）.

（A）充分条件　　（B）必要条件

（C）充分必要条件　　（D）不充分也不必要条件

10. 一个首项为23，公差为整数的等差数列，如果前6项均为正数，第7项起为负数，则它的公差是（　　）.

（A）-2　　（B）-3　　（C）-4　　（D）-5

11. 已知数列 $\{a_n\}$ 的通项公式是 $a_n=2n-49$，那么 S_n 有最小值时 n 为（　　）.

（A）23　　（B）24　　（C）25　　（D）26

12. 某林场计划第一年造林 a 亩，以后每年比前一年多造 20%，则第五年造林（　　）亩.

（A）$a(1+20\%)^3$　　（B）$a(1+20\%)^4$

（C）$a(1+20\%)^5$　　（D）$a(1+20\%)^6$

（二）填空题

13. 设数列 $\{a_n\}$ 是首项为 1、公比为 -2 的等比数列，则 $a_1+|a_2|+a_3+|a_4|=$______.

14. 在等差数列 $\{a_n\}$ 中，$a_4+a_7+a_{10}=17$，$a_4+a_5+a_6+\cdots+a_{14}=77$，则数列的通项公式是______________.

15. 数列 $\{a_n\}$ 中，如果 $a_{n+1}=\frac{1}{2}a_n$，且 $a_1=2$，则数列的前 5 项之和等于__________.

16. 若 $f(x)=2x-1$，则 $f(1)+f(2)+f(3)+\cdots+f(100)=$__________.

（三）解答题

17. 等差数列 $\{a_n\}$ 的公差 d（$d\neq0$）是方程 $x^2+3x=0$ 的根，前 6 项的和 $S_6=a_6+10$，求 S_{10}.

18. 已知数列 $\{a_n\}$ 的前 n 项和 $S_6=2n^2-3$，求：

（1）第二项 a_2；

（2）通项公式 a_n.

19. 已知在等比数列 $\{a_n\}$ 中，$a_2=\frac{1}{4}$，$a_5=\frac{1}{32}$.

（1）求数列 $\{a_n\}$ 的通项公式；

（2）若数列 $\{b_n\}$ 满足 $b_n=a_n+n$，求 $\{b_n\}$ 的前 n 项和 S_n.

20. 为减少沙尘暴对城市环境的影响，某市政府决定在城市外围构筑一道新的防护林．计划从 2011 年起每年都植树 20000 棵，2011 年年底检查发现防护林内损失了 1000 棵树，假设以后每一年损失的书都比上一年多 300 棵，照此计算：

（1）2020 年这一年将损失多少棵树？

（2）到 2020 年底，该防护林内共存活多少棵树？（不考虑其他因素影响）

情景 6

概率与统计初步

习近平总书记在二十大报告中强调，推进文化自信自强，铸就社会主义文化新辉煌.

给我空间、时间和对数，我就可以创造一个宇宙.　　——伽利略

考纲展示

一、排列、组合、二项式定理

1. 排列、组合与二项式定理.
2. 分类计数原理与分步计数原理.
3. 排列的概念，排列数公式.
4. 组合的概念，组合数公式及性质.
5. 二项式定理，二项式系数的性质.

要求

(1) 掌握分类计数原理及分步计数原理，会用这两个原理解决一些较简单的问题.

(2) 理解排列的概念，会用排列数公式计算简单的排列问题.

(3) 理解组合的概念及组合数的性质，会用组合数公式计算简单的组合问题.

(4) 理解二项式定理，理解二项式系数的性质，理解二项式系数与项的系数的区别.

二、概率与统计

1. 样本空间、随机事件、基本事件、古典概型、古典概率的概念.
2. 总体、个体、样本、样本容量的概念，随机抽样（简单随机抽样、系统抽样、分层抽

样)的方法.

3. 极差、组距、频数、频率等概念,频率分布表与频率分布直方图,用样本的频率分布估计总体分布.

4. 样本平均数、样本方差、样本标准差的定义,用样本的数字特征估计总体的数字特征.

要求

(1) 了解样本空间、随机事件、基本事件、古典概型、古典概率的概念及概率的简单性质.

(2) 理解总体与样本的概念,理解简单随机抽样、系统抽样和分层抽样的概念,并会解决简单的抽样问题.

(3) 了解频率分布表与频率分布直方图,能根据频率分布直方图进行简单的数据分析.

(4) 理解样本平均数、方差、标准差,会用样本平均数、方差、标准差估计总体平均数、方差、标准差.

(5) 能运用概率、统计初步知识解决简单的实际问题.

情景目标

1. 掌握分类计数原理及分布计数原理,会用这两个原理解决一些较简单的问题.

2. 理解排列和排列数的意义,会用排列数公式计算简单的排列问题.

3. 理解组合和组合数的意义及组合数的性质,会用组合数公式计算简单的组合问题.

4. 了解样本空间、随机事件、基本事件、古典概率、古典概型的概念及概率的简单性质,会应用古典概率解决一些简单的实际问题.

5. 理解总体与样本,了解随机抽样的意义,理解随机抽样常用的方法.

6. 了解直方图与频率分布,能根据频率分布直方图进行简单的数据分析.

7. 理解总体均值、标准差,会用样本均值、标准差估计总体均值、标准差.

8. 理解二项式定理,理解二项式系数的性质,理解二项式系数与项的系数的区别.

9. 能运用概率、统计初步知识来解决简单的问题.

任务1 计数原理

任务目标

1. 掌握两个计数原理,并会用这两个原理解决有关问题.

2. 掌握有关重复排列问题的解决方法.

抓主干 考点解密

1. 分类计数原理.

完成一件事,有 n 类方法,在第1类方法中有 m_1 种不同的方法,在第2类方法中有 m_2 种不同的方法,……,在第 n 类方法中有 m_n 种不同的方法,那么完成这件事共有 $N=$__________种不同的方法.

2. 分步计数原理.

完成一件事,需要分 n 个步骤,在第1步中有 m_1 种不同的方法,在第2步中有 m_2 种不同的方法,那么完成这件事共有 $N=$__________种不同的方法.

注:应用两个计数原理时,① 首先要准备把握完成"这件事"的含义,搞清楚要完成哪件事. ② 正确判断"分类"还是"分步"是应用两个原理的关键,而判断"分类"还是"分步"的关键又要看完成"这件事"能不能直接、独立地完成?能直接、独立完成的需"分类",不能直接、独立完成的则需"分步".

基础训练

现有11名男生和7名女生.

(1)从中任选一名同学参加某比赛,有______种不同的选法.

(2)从中任选一名男生和一名女生参加某比赛,有______种不同的选法.

研考向 要点探究

支线任务一 应用两个计数原理解决不重复问题

例1 甲活动小组有5人,乙活动小组有10人,现选派1人参加数学竞赛,同时再从两个活动小组各选派1人参加英语竞赛,不同的选派方法有______种.

任务拓展

甲班有三好学生 10 人，乙班有三好学生 8 人.

(1) 如果从两班中任选 1 名三好学生参加表彰会，有______种不同的选法.

(2) 如果从两班中各选 1 名三好学生参加表彰会，有______种不同的选法.

支线任务二　应用两个计数原理解决重复问题

例 2　(1) 将 4 封信投入 3 个信箱，则不同的投放方法有______种.

(2) 3 位旅客到 4 个旅馆住宿，有______种不同的住宿方法.

任务拓展

1. 用 0 到 9 这 10 个数共能组成______个 7 位数的电话号码.

2. 用 1,2,3,4,5 这五个数能组成______个三位数(各个数位上的数字可以重复).

悟习题
能力提升

尝试练习

1. 由数字 1,2,3,4 可以组成各位上的数字可以重复的三位数为(　　)个.

(A) 24　　(B) 60　　(C) 64　　(D) 128

2. 在一次读书活动中，一人要从 5 本不同的科技书，8 本不同的文艺书中任选 1 本，那么不同的选法有(　　).

(A) 5　　(B) 8　　(C) 13　　(D) 40

3. 在一次读书活动中，一人要从 5 本不同的科技书，8 本不同的文艺书中各借 1 本，那么不同的借法有(　　).

(A) 5　　(B) 8　　(C) 13　　(D) 40

4. 从甲地到乙地，一天中有 5 班汽车、2 班火车，则一天中不同的乘坐方法有(　　)种.

(A) 10　　(B) 7　　(C) 25　　(D) 32

5. 4 位同学分配到 3 个课外小组，不同的分配方法共有(　　)种.

(A) 4^3　　(B) 3^4　　(C) 24　　(D) 128

6. 5 人争夺 4 项比赛冠军，冠军的结果有(　　).

(A) 4^5　　(B) 5^4　　(C) A_5^4　　(D) C_5^4

7. 一个三层书架，分别放置数学书 6 本、语文书 4 本、英语书 5 本，从中取出数学、语文、英语各一本，不同的取法种数为(　　)种.

(A) 15　　(B) 120　　(C) 74　　(D) 30

8. 从10名同学中，选3人分别担任班长、副班长、团支书，共有(　　)种选法.

(A) 720　　(B) 120　　(C) 360　　(D) 60

9. 某商场有4个门，一人从一门进，从一门出，则不同的进出走法有(　　)种.

(A) 4　　(B) 8　　(C) 12　　(D) 16

能力提升

1. 5人参加4项比赛，每人限报一项，报名方法有(　　)种.

(A) 4^5　　(B) 5^4　　(C) A_5^4　　(D) C_5^4

2. 如果把6个灯泡排成一排用于传递信号，且每个灯泡均有亮与不亮这两种工作状态，则由这6个灯泡所组成的不同信号的种数为(　　)种.

(A) A_6^2　　(B) C_5^2　　(C) 2^6　　(D) 6^2

真题再现

$(a_1+a_2)(b_1+b_2+b_3)(c_1+c_2+c_3+c_4+c_5)$的展开式共有(　　)项.

(A) 12　　(B) 30　　(C) 36　　(D) 40

任务2　排列、组合

任务目标

1. 理解排列、组合的意义，掌握排列数与组合数公式，并能运用它们进行有关的计算.

2. 掌握排列、组合应用题的一般解法，准确判断是排列问题还是组合问题.

抓主干
考点解密

一、排列

1. 排列：从 n 个不同的元素，__________，叫作从 n 个不同的元素中取出 m 个元素的一个排列.

(1) 若 $m<n$，这样的排列叫__________；

(2) 若 $m=n$，这样的排列叫__________.

2. 排列数.

从 n 个不同的元素，__________记作__________.

3. 排列数公式.

(1) $A_n^m=$________________$=\dfrac{n!}{(n-m)!}$.

(2) $A_n^m=$________________$=$__________.

二、组合

1. 组合:从 n 个不同的元素,____________,叫作从 n 个不同的元素中取出 m 个元素的一个组合.

2. 组合数.

从 n 个不同的元素,____________记作________.

3. 组合数公式.

$C_n^m=\dfrac{A_n^m}{A_m^m}=$____________$=$________.

4. 组合数的性质.

(1) $C_n^m=$____________;(2) $C_n^m+C_n^{m-1}=$________.

基础训练

1. 空间有 8 个点,其中任意 3 点不共线,任意 4 点不共面,则这 8 个点共可确定______条直线,确定______条有向线段,确定______个平面,确定______个四面体.

2. 用 1,2,3,4,5,可以组成______个各数位上没有重复数字的三位数.

研考向 要点探究

支线任务一 排列数与组合数的计算

例 1　$C_5^5+C_6^5+C_7^5+C_8^5=$____________.

任务拓展

1. $A_{15}^4 \cdot C_{15}^4=$____________;

2. 若 $C_n^8=C_n^3$,则 $n=$____________.

支线任务二 简单的排列、组合问题

例 2　(1) 某段铁路上共发行 132 种普通车票,则这段铁路上车站的个数是(　　)个.

(A) 10　　(B) 11　　(C) 12　　(D) 13

(2) 有 5 个人并排站成一排,如果甲、乙必须相邻,且乙在甲的右边,那么不同的排

法有(　　)种.

(A) 60　　(B) 48　　(C) 36　　(D) 24

任务拓展

从10名同学中任意选取3名同学:

(1) 若3名同学去参加学生代表大会,则有______种不同的选法;

(2) 若3名同学分别担任班长、团支书、劳动委员3个职务,则有______种不同的选法.

悟习题
能力提升

尝试练习

1. 已知 $C_n^3=C_{n-1}^3+C_{n-1}^4$,则 n 的值为(　　).

(A) 8　　(B) 7　　(C) 6　　(D) 不存在

2. 已知 $C_{20}^{2x-7}=C_{20}^{x}$,则 x 等于(　　).

(A) 7　　(B) 9　　(C) 7或9　　(D) 7或21

3. 已知 $A_{2n}^3=2A_{n+1}^4$,则 $\log_n^{25}=$(　　).

(A) 1　　(B) 2　　(C) 4　　(D) 不确定

4. 从5名同学中,选3人参加会议,共有选法(　　)种.

(A) 20　　(B) 60　　(C) 10　　(D) 35

5. 从5名同学中,选班长、副班长、学习委员各1人,共有选法(　　)种.

(A) 20　　(B) 60　　(C) 53　　(D) 35

6. 已知集合 A 有5个元素,则集合 A 的所有的子集的个数为(　　).

(A) 32　　(B) 31　　(C) 30　　(D) 25

7. 有6个人分两排站队,每排3个人,不同的排法种数为(　　)种.

(A) A_6^6　　(B) $A_3^3\cdot A_3^3$　　(C) C_6^6　　(D) $2A_3^3$

能力提升

1. 将6名同学分配到两个课外小组活动,且每个小组各去3人,则有分配方案的种数为(　　)种.

(A) A_6^3　　(B) C_6^3　　(C) $\frac{1}{2}C_6^3$　　(D) $\frac{1}{2}A_6^3$

2. 空间有12个不同的点,其中有且仅有4个点共面,则可构成空间四面体的个数为(　　)个.

(A) C_{12}^4　　(B) C_{12}^4-1　　(C) A_{12}^4　　(D) A_{12}^4-1

3. 已知 $a, b\in\{1,2,3,5\}$，则方程 $y=\frac{a}{b}x$ 表示不同直线的条数为______.

4. 平面上有 10 个点，其中 5 个点在一条直线上，此外没有任何三点共线，则可以确定______条直线.

真题再现

1. 用数字 0，1，2，3，4，5 可以组成无重复数字的四位数的个数(　　).

(A) C_6^4　　(B) A_6^4　　(C) $A_5^1 \cdot A_5^3$　　(D) $A_5^1A_5^4$

2. 一部新电影在 4 个电影院轮播，每个电影院放映一天，则不同的轮影次序有(　　)种.

(A) 4　　(B) 16　　(C) 24　　(D) 256

3. 一个集合是有 8 个不同的元素组成的，则这个集合中含有 3 个元素的子集的个数为(　　).

(A) 56　　(B) 256　　(C) 336　　(D) 512

任务 3　排列与组合的应用

任务目标

1. 灵活掌握具有附加条件的排列(组合)的应用题的解法.
2. 掌握排列、组合综合题的解法.
3. 掌握平均分组问题的解法.

抓主干
考点解密

一、分类与分步

判断分类还是分步的关键是看完成“这件事”的方法能不能直接完成，________的用分类；________的用分步；当分类与分布并存时，一般采取先________后________的方法.

二、排列与组合

判断是排列问题还是组合问题的关键是看所选的元素与________是否有关，与顺序有关的是________问题；与顺序无关的是________问题.

基础训练

1. 从黄瓜、白菜、油菜、豆角4种蔬菜品种中选出3种分别种在3块土质不同的地中. 其中,黄瓜必须种植,则不同的种植方法有(　　)种.

(A) 24　　(B) 18　　(C) 12　　(D) 6

2. 6人站成一排照相,甲、乙两人必须站在一起的排法有(　　)种.

(A) 6!　　(B) 4!·2!　　(C) 5!·2!　　(D) 6!·3!

研考向
要点探究

支线任务一　具有附加条件的排列(组合)问题

1. 特殊元素优先法.

例1　从8名男同学、2名女同学中任选3人开会.

(1) 其中的甲同学必须参加的选法有______种;

(2) 其中恰有一名女同学的选法有______种;

(3) 其中恰有一名男同学的选法有______种;

(4) 其中的甲同学和乙同学都必须参加的选法有______种.

任务拓展

从8名男同学、2名女同学中任选3人开会.

(1) 至少有一名女同学的选法有______种;

(2) 至多有一名女同学的选法有______种.

2. 特殊元素对特殊位置优先法.

例2　(1) 7名同学站成一排照相,甲必须站在正中间的排法有______种;

(2) 8名同学站成一排照相,甲乙必须排在正中间的排法有______种;

(3) 7名同学站成一排照相,甲乙必须排在排头和排尾的排法有______种.

任务拓展

(1) 由0,1,2,3,4能组成______个各数位上的数字不能重复的三位数;

(2) 由0,1,2,3能组成______个各数位上的数字不能重复且不能被5整除的四位数.

3. 捆绑法、插空法.

例3　有7人站成一排照相.

(1) 甲、乙二人相邻的排法有______种;

(2) 甲、乙二人不相邻的排法有______种.

任务拓展

9 人站成一排.

(1) 其中某 3 人必须站在一起的有______种站法;

(2) 其中某 3 人必须分开的有______种站法.

支线任务二 排列、组合的综合问题

例 4 从 1,3,5,7 中任取三个数字,从 2,4,6 中任取两个数字,然后构成一个五位数,则满足条件的五位数共有______个.

任务拓展

从 10 名学生中选 5 名参加一项活动,其中有 2 名同学要么都参加,要么都不参加,不同的选法种数为________________.

支线任务三 平均分组问题

例 5 (1) 6 本不同的书平均分给甲、乙、丙 3 个人,共有______种不同的分法;

(2) 6 本不同的书平均分 3 堆,有______种不同的分法.

任务拓展

3 位数学老师接 6 个班的数学课,每人 2 个班,不同的安排法种数为(   ).

(A) $C_6^2C_4^2$ (B) $\dfrac{C_6^2C_6^4}{A_3^3}$ (C) $C_6^2C_4^2A_3^3$ (D) $A_6^2A_4^2$

悟习题
能力提升

尝试练习

1. 从 0,1,2,3,4,5,6,7,8,9 中任取 3 个数字,恰好有一个偶数的选法有(   )种.

(A) 40 (B) 50 (C) 100 (D) 25

2. 从 4 名男生和 3 名女生中选 4 人参加一项活动,若这 4 人中必须既有男生又有女生,则不同的选法有(   )种.

(A) 140 (B) 120 (C) 35 (D) 34

3. 用数字 1,2,3,4,5 可组成无重复数字的三位偶数有(   )个.

(A) 60 (B) 36 (C) 24 (D) 12

4. 从 7 本不同的文艺书、3 本不同的科技书中任意取出 2 本,至少有 1 本科技书的取法有(   )种.

(A) 21 (B) 24 (C) 27 (D) 48

5. 现有 6 个男生和 4 个女生排成一排,如果要使女生不相邻,则不同的排法种数为

(　　).

(A) $A_6^6A_7^4$　(B) $A_6^6A_4^4$　(C) $A_6^6A_5^4$　(D) $A_{10}^{10}-A_4^4$

6. 某晚会有5个歌舞节目、3个小品节目，若小品节目必须分开演，则节目单的排法有(　　)种.

(A) $A_6^3A_5^5$　(B) $A_8^3A_8^5$　(C) $A_3^3A_5^5$　(D) A_8^8

7. 有10名毕业生前往某宾馆实习，有7人担任客房服务工作，3人担任前台接待工作，分工方案共有(　　)种.

(A) $C_{10}^7+C_{10}^3$　(B) $C_{10}^7C_{10}^3$　(C) $A_{10}^7A_{10}^3$　(D) C_{10}^7

8. 某电视台连续播放6个广告，其中有4个不同的商业广告和2个不同的公益广告，要求首尾必须播放公益广告，则不同的播放方式有(　　).

(A) 24种　(B) 48种　(C) 120种　(D) 720种

能力提升

1. 现有6个男生和4个女生排成一排，如果要使女生既不相邻又不许排在两端，则不同的排法种数为(　　)种.

(A) $A_6^6A_7^4$　(B) A_5^5　(C) A_6^6　(D) $A_6^6A_5^4$

2. 一排8个座位，让5人去坐，若使剩余的3个空座连在一起，则不同的坐法种数为(　　)种.

(A) A_8^5　(B) A_5^5　(C) A_6^6　(D) $A_6^6A_5^4$

3. 10本不同的书分给5位同学，每人2本，共有(　　)种分法.

(A) 94　(B) 45　(C) 120　(D) 11340

4. 10人分成2组打篮球，每组5人共有(　　)种分组方法.

(A) 126　(B) 252　(C) 504　(D) 1008

5. 书架上有6本书，现在再放上3本书，但要求原有书的相对顺序不变，共有______种放法.

6. 6人站成一排，要求甲、乙、丙必须排在一起的排法有______种.

7. 3位老师接6个班的课，每人两个班，不同的安排方法有______种.

真题再现

1. 从10名同学中推选出5人去参加会议，其中甲，乙两人只能有1人参加，则选法种数是(　　)种.

(A) C_8^4　(B) C_{10}^5　(C) $C_2^1C_9^4$　(D) $C_2^1C_8^4$

2. 从6名男生和5名女生中，选取3男2女分别担任不同的班级干部，不同的安排方法种数为(　　)种.

(A) $C_6^3C_5^2A_5^5$　(B) $C_8^3A_5^2$　(C) $A_6^3A_5^2$　(D) A_{11}^5

任务 4　随机事件与古典概率

任务目标

1. 理解随机事件的有关概念.
2. 会用排列、组合的有关知识求一些古典概率.

抓主干
考点解密

一、随机事件及有关概念

1. ________________的现象叫随机现象.
2. ________________的试验叫随机试.
3. ________________的集合叫样本空间.
4. 样本空间的________________叫基本事件.
5. 样本空间的________________叫随机事件.
6. 在一定的条件下,________________事件叫必然事件.
7. 在一定的条件下,________________事件叫不可能事件.

二、古典概率(等可能事件的概率)

1. 古典概率的两个特征是:

(1)有限性:________________;

(2)等可能性:________________.

2. 古典概率的计算公式:

$P(A)=$____________,其中的 n 为样本空间包含的____________,m 为__________.

注:概率的几点说明.

① 概率从数量上反映了一个事件发生的可能性的____________;

② 概率的取值范围是____________;

③ 记必然事件为 Ω,则 $P(\Omega)=$________;记不可能事件为 ϕ,则 $P(\phi)=$________.

基础训练

1. 在 100 张奖券中,有 4 张中奖券,从中任取 2 张,则 2 张都中奖的概率是(　　).

(A) $\frac{1}{50}$　　(B) $\frac{1}{25}$　　(C) $\frac{1}{825}$　　(D) $\frac{1}{4950}$

2. 从装有 3 个白球,2 个黑球的盒中任意取出 2 个球,则取出的全是白球的概率是

(　　).

(A) $\frac{3}{10}$　　(B) $\frac{1}{5}$　　(C) $\frac{1}{10}$　　(D) $\frac{2}{5}$

研考向
要点探究

支线任务一　随机事件有关概念的判断

例 1　下列事件是随机事件的是(　　).

(A) 如果 $a, b\in\mathbf{R}$，那么 $ab=ba$　　(B) 有水分，种子发芽

(C) 如果 $a\in\mathbf{R}$，则 $a^2<0$　　(D) 如果 $ac^2>bc^2$，则 $a>b$

任务拓展

下列事件中是随机事件的是(　　).

(A) 异性电荷相互吸引

(B) 从 10 本书中任取 5 本

(C) 三角形的内角和大于 180°

(D) 从含有两件次品的 10 件产品中任取 3 件，得到至少一件次品

支线任务二　用排列、组合等有关知识求相应的古典概率

例 2　(1) 5 个人站成一排拍照，则甲乙两人不相邻的概率是__________；

(2) 从 1,2,3,4,5,6 这 6 个数字中任取 2 个数字，则恰好 2 个都是偶数的概率为__________.

任务拓展

在 60 件产品中，有 30 件是一等品，20 件是二等品，10 件是三等品，从中任取 3 件，计算：

(1) 3 件都是一等品的概率；

(2) 2 件是一等品，1 件是二等品的概率；

(3) 一等品、二等品、三等品各一件的概率.

悟习题
能力提升

尝试练习

1. 有 3 男 3 女站成一排拍照，若恰好男与男不相邻且女与女不相邻，出现这种情况

的概率为(　　).

(A) 0.05　　(B) 0.1　　(C) 0.15　　(D) 0.2

2. 有 2 名优秀班主任、3 名骨干教师做事迹报告讲演,则 2 名优秀班主任连续出场的概率为(　　).

(A) $\frac{3}{5}$　　(B) $\frac{4}{5}$　　(C) $\frac{1}{5}$　　(D) $\frac{2}{5}$

3. 从 4 名男生、6 名女生中任选 2 名同学作为奥运火炬手,则选出的恰好是 2 名男生或 2 名女生的概率为(　　).

(A) $\frac{3}{10}$　　(B) $\frac{7}{10}$　　(C) $\frac{7}{15}$　　(D) $\frac{8}{15}$

4. 某学校的数学竞赛队是由甲班的 11 名同学、乙班的 4 名同学、丙班的 5 名同学组成. 现从中随机选出 2 名同学参加市级的数学竞赛,则这 2 位同学不属于同一班级的概率为(　　).

(A) $\frac{171}{190}$　　(B) $\frac{119}{190}$　　(C) $\frac{44}{190}$　　(D) $\frac{146}{190}$

5. 下列说法不正确的是(　　).

(A) 不可能事件的概率为 0,必然事件的概率为 1

(B) 随机事件的概率不能超过 1

(C) 直线 $y=k(x+1)$ 过点 $(-1,0)$ 是必然事件

(D) 先后抛掷两枚同样大小的硬币,两枚都出现反面的概率为$\frac{1}{3}$

6. 从 6 名选手中,选取 4 人组队参加数学竞赛,其中甲被选中的概率是(　　).

(A) $\frac{1}{3}$　　(B) $\frac{1}{2}$　　(C) $\frac{2}{3}$　　(D) $\frac{3}{5}$

7. 从装有 4 个红球、3 个白球的盒中任意取出 2 个球,则取出的 2 个球颜色相同的概率是(　　).

(A) $\frac{3}{10}$　　(B) $\frac{4}{7}$　　(C) $\frac{3}{7}$　　(D) $\frac{2}{5}$

8. 从 0,1,2,3 四个数字中任取 3 个,组成没有重复数字的三位数,其中是 5 的倍数的概率是(　　).

(A) $\frac{1}{4}$　　(B) $\frac{1}{3}$　　(C) $\frac{3}{4}$　　(D) 0.35

能力提升

1. 甲口袋有 3 个白球、2 个红球,乙口袋有 1 个白球、4 个红球,从 2 个口袋中各取 1 个球,恰好有 1 个白球的概率为(　　).

(A) $\frac{7}{15}$　　(B) $\frac{8}{25}$　　(C) $\frac{12}{25}$　　(D) $\frac{14}{25}$

2. 在 10 件产品中有 3 件次品、7 件正品,从中任取 3 件,至少有 1 件次品的概率为

(　　).

(A) $\frac{7}{24}$　　(B) $\frac{17}{24}$　　(C) $\frac{3}{10}$　　(D) $\frac{7}{10}$

真题再现

1. 抛掷两颗骰子,点数之和等于 8 的概率为(　　).

(A) $\frac{1}{18}$　　(B) $\frac{1}{9}$　　(C) $\frac{1}{6}$　　(D) $\frac{5}{36}$

2. 将 3 个不同的小球随意放入 4 个不同的盒子内,则 3 个小球恰在 3 个不同的盒子内的概率为(　　).

(A) $\frac{3}{4}$　　(B) $\frac{5}{4}$　　(C) $\frac{3}{8}$　　(D) $\frac{7}{10}$

3. 十人站成一排拍照,其中甲、乙、丙三个人恰好站在一起的概率为(　　).

(A) $\frac{1}{15}$　　(B) $\frac{3}{90}$　　(C) $\frac{7}{120}$　　(D) $\frac{7}{720}$

任务 5　统计初步

任务目标

1. 理解总体与样本,了解抽样方法,了解直方图与频率分布.
2. 理解总体均值、标准差,会用样本均值、标准差估计总体均值、标准差.

抓主干
考点解密

一、总体与样本

一般地,我们把所考察的对象是某一数值指标的全体看作总体,构成总体的每一个数值作为个体,从总体中抽出的一部分叫作样本,样本中个体的数量叫样本容量.

二、随机抽样

1. 在抽样时,要保证每一个个体被抽到的____________,满足这个条件的抽样叫随机抽样.

2. 简单随机抽样.

一般地,设一个总体含有 N 个个体,从中逐个____________地抽取 n 个个体作为样本($n \leqslant N$),如果每次抽取时总体中的每个个体被抽到的机会都相等,就把这种抽样方法叫作简单随机抽样，最常用的方法是__________、__________.

3. 系统抽样.

系统抽样的一般步骤为：

（1）先将总体的个体编号；

（2）确定分段间隔 k，对编号进行分段，当$\frac{N}{n}$是整数时，取 $k=\frac{N}{n}$；当$\frac{N}{n}$不是整数时，取 k 为$\frac{N}{n}$的整数部分，并随机地从总体中剔除 $N-kn$ 个个体，对余下的进行连续编号；

（3）在第一个号码段用简单随机抽样方法确定一个个体编号 $l\,(1\leqslant l\leqslant k)$；

（4）依次得到其他的个体编号 $1+k, 1+2k, \cdots, [1+(n-1)k]$.

4. 分层抽样.

一般地，在抽样时，将总体分成互不交叉的层，然后按照一定的比例，从各层独立抽取一定数量的个体，将各层取出的个体合在一起作为样本，这种抽样方法叫作分层抽样.

三、用样本估计总体

1. 用样本的频率分布估计总体分布.

绘制频率分布直方图的步骤：

（1）求极差，极差是一组数据的最大值与最小值的差，它反映了一组数据的变化幅度；

（2）决定组数与组距；

（3）决定分点；

（4）列频率分布表，把各小组内数据的个数进行累计，这个累计数叫作各个小组的频数，各小组的频数除以样本容量，得各小组的频率；

（5）绘制频率分布直方图. 频率分布直方图中，各个小长方形的面积分别等于相应各组的频率，所有小长方形的面积之和等于 1.

2. 用样本的数字特征估计总体的数字特征.

（1）样本平均数.

设 n 个样本数据 $x_1, x_2, \cdots, x_n$ 的平均数 $\overline{x}$，则 $\overline{x}=\frac{x_1+x_2+\cdots+x_n}{n}$.

（2）样本方差与样本标准差.

样本方差 $S^2=\frac{(x_1-\overline{x})^2+(x_2-\overline{x})^2+\cdots+(x_n-\overline{x})^2}{n}$

样本标准差 $S=\sqrt{\frac{(x_1-\overline{x})^2+(x_2-\overline{x})^2+\cdots+(x_n-\overline{x})^2}{n}}$

标准差反映数据________的量，标准差越大，数据越________；标准差越小，数据越________.

(3) 计算数据标准差的步骤.

第一步,算出样本数据的平均数;

第二步,算出每个样本数据与样本平均数的差: $x_i-\overline{x}$ ($i=1,2,3,\cdots,n$);

第三步,算出 $x_i-\overline{x}$ ($i=1,2,3,\cdots,n$)的平方: $(x_i-\overline{x})^2$ ($i=1,2,3,\cdots,n$);

第四步,算出 $(x_i-\overline{x})^2$ ($i=1,2,3,\cdots,n$)的 n 个平方数的平均数,即样本方差;

第五步,算出样本方差的算术平方根,即为样本标准差.

基础训练

1. 若总体中含有1650个个体,现在要采用系统抽样法,从中抽取一个容量为35的样本,分段时应从总体中剔除______个个体,编号后应均分为______段,每段有______个个体.

2. 样本数据5,7,7,8,10,11的平均数是______. 样本方差是______,标准差是______.

研考向
要点探究

支线任务一 抽样方法

例1 (1) 对于简单随机抽样,个体被抽到的机会(　　).

(A) 相等　　(B)不相等　　(C) 不确定　　(D) 与抽取的次数有关

(2) 系统抽样适用的总体应是(　　).

(A) 容量较少的总体　　(B)总体容量较多

(C) 个体数量较多但均衡的总体　　(D) 任何总体

任务拓展

某学校有职工100人,其中业务员有80人、管理员8人、后勤服务人员12人,现用分层抽样法从中抽取一容量为25的样本,则抽取管理人员(　　).

(A) 1人　　(B) 2人　　(C) 3人　　(D) 4人

支线任务二 用样本频率分布估计总体分布

例2 有一容量为50的样本,数据的分组及各组的频数如下:

[10,15) 4　　[15,20) 5　　[20,25) 10　　[20,25) 10

[25,30) 11　　[30,35) 9　　[35,40) 8　　[40,45) 3

(1) 列出样本的频率分布表;

(2) 画出频率分布直方图.

支线任务三 用样本平均数、标准差估计总体平均数、标准差

例 3 计算下列样本的平均数、方差与标准差.

28 24 25 23 27 24 22 24 25 28

任务拓展

1. 从 1000 件产品中抽取 10 件,每件的质量如下(单位:g)

22.36 22.35 22.33 22.35 22.37 22.34 22.38 22.36 22.32 22.35

试计算样本的平均数和标准差,并估计总体的平均数和标准差.

2. 一组数据中的每一个数据都减去 20,得到一组新的数据,如果求得新数据的平均数为 1.2、方差为 4.4,则原来数据的平均数和方差分别为( ).

(A) 21.2,24.4　　(B) 18.8,4.4

(C) 21.2,4.4　　(D) 18.8,15.6

悟习题
能力提升

尝试练习

1. 某职业学校共有 900 人,其中一年级 300 人、二年级 200 人、三年级 400 人,现采用分层抽样抽取容量为 45 的样本,那么一年级、二年级、三年级抽取的人数分别是( ).

(A) 15,5,25　(B) 15,15,15　(C) 10,5,30　(D) 15,10,20

2. 一个容量为 n 的样本分成若干组,已知某组的频数和频率分别为 30 和 0.25,则 n 的值等于( ).

(A) 150　(B) 120　(C) 30　(D) 100

3. 28 24 25 23 27 21 22 24 25 30 这组数据的极差为( ).

(A) 1　(B) 5　(C) 7　(D) 9

4. 如果采用分层抽样从个体数为 N 的总体中抽取一个容量为 n 的样本，那么每个个体被抽到的概率等于(　　).

(A) $\frac{1}{N}$　　(B) $\frac{n}{N}$　　(C) $\frac{1}{n}$　　(D) $\frac{N}{n}$

5. 学校为考察一年级语文某次测试成绩的情况，从中抽取 10 名学生的成绩如下：83　70　92　54　73　67　68　81　72　78，以上数据的平均值和样本方差分别为(　　).

(A) 73.8，9.756　　(B) 73.8，97.56

(C) 78.3，97.56　　(D) 78.3，9.756

能力提升

下列对一组数据的分析，不正确的是(　　).

(A) 数据极差越小，样本数据分布越集中、稳定

(B) 数据平均数越小，样本数据分布越集中、稳定

(C) 数据标准差越小，样本数据分布越集中、稳定

(D) 数据方差越小，样本数据分布越集中、稳定

真题再现

1. 关于频率直方图中的有关数据，下列说法正确的是(　　).

(A) 直方图的高表示取某数的频率

(B) 直方图的高表示该组上的个体数与组距的乘积

(C) 直方图的高表示该组上的个体数与组距的比值

(D) 直方图的高表示该组上的个体在样本中出现的频率与组距的比值

2. 某个容量为 100 的样本的频率分布直方图如下图所示，则数据在区间 $[8,10)$ 上的频数是____________.

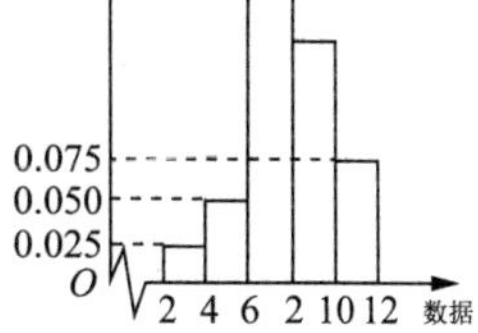

3. 甲乙两名射击运动员在相同的条件下各射击 10 次，命中的环数如下．

甲	7	8	6	8	6	8	9	10	7	4
乙	9	5	7	8	7	6	8	6	7	7

(1) 求两名选手的平均成绩；

（2）计算两名选手成绩的样本标准差；

（3）判断哪名选手的成绩更稳定．

任务6 二项式定理

任务目标

1. 会应用二项式定理的通项公式求指定的项．

2. 会应用二项式定理的展开式中二项式系数的性质解决有关的问题．

3. 会用赋值法求值．

4. 能综合二项式的有关知识解决有关的综合题．

抓主干
考点解密

一、二项式定理

1. 二项式定理的展开式：$(a+b)^n=$____________，共有____________项．

2. 二项式定理的通项公式：$T_{m+1}=$____________．

二、二项式系数的性质

1. 与首末两端等距离的两项的二项式系数____________．

即 $C_n^0=$____________；$C_n^1=$____________；$\cdots C_n^m=$____________．

2. 如果 n 是偶数，则中间一项(即第____________项)的二项式系数相等且最大；如果 n 是奇数，则中间两项(即第________项、第________项)的二项式系数相等且最大．所有的二项式系数之和等于____________．

即 $C_n^0+C_n^1+C_n^2+\cdots+C_n^n=$____________．

3. 所有____________项的二项式系数之和等于所有____________项的二项式系数之和；即 $C_n^0+C_n^2+C_n^4+C_n^6+\cdots=$____________．

基础训练

1. $(a+b)^n=$____________，这个公式所表示的规律叫作____________，右边的多项式叫作$(a+b)^n$的二项展开式，其形式具有以下特点：项数共有______项，指数 n 为偶数时，有奇数项，n 为奇数时，有偶数项，______按降幂排列，______按升幂排列，a 与 b 指数和为______．

2. 通项公式 $T_{m+1}=$____________,是二项展开式中的第____________项.

3. $(2x+\sqrt{x})^5$ 的展开式中,x^3 的系数是____________.

4. $(2x^2+\frac{1}{x})^6$ 的展开式的常数项是____________.

研考向
要点探究

支线任务一　求二项展开式中的某一项及其系数

例 1　求 $(2x^2-\frac{1}{x})^6$ 的二项展开式中的常数项.

任务拓展

1. 求 $(\sqrt{x}+\frac{1}{\sqrt{x}})^{10}$ 的二项展开式中的第 6 项.

2. 求 $(x-\frac{1}{x})^9$ 的二项展开式中的 x^3 的系数.

支线任务二　求二项展开式中的系数

例 2　二项式 $(\sqrt{x}+\frac{1}{\sqrt{x}})^6$ 展开式中的常数项是(　　).

(A) 20　　(B) 160　　(C) -20　　(D) -160

任务拓展

1. 求 $(1+x)^8$ 展开式中二项式系数最大项.

2. 求 $(x+5)^7$ 的展开式中二项式系数最大项.

支线任务三 二项式系数的性质问题

例 3 $C_{10}^{2}+C_{10}^{4}+C_{10}^{6}+C_{10}^{8}+C_{10}^{10}=$（　　）.

(A) 1023　　(B) 511　　(C) 256　　(D) 512

任务拓展

1. $C_n^1+C_n^2+C_n^3+\cdots+C_n^n$ 的值是（　　）.

(A) 2^n　　(B) 2^n-1　　(C) 2^{n-1}　　(D) 2^n-2

2. 二项式$(x-2y)^n$ 的展开式中各项系数和为（　　）.

(A) 2^n　　(B) 2^n-1　　(C) $(-1)^n$　　(D) 1

3. 集合 $A=\{1,2,3,4\}$ 的子集个数为__________.

悟习题
能力提升

尝试练习

1. 设常数 $a\in\mathbf{R}$. 若$(x^2+\frac{a}{x})^5$ 的二项展开式中 x^7 项的系数为 -10，则 $a=$（　　）.

(A) -1　　(B) 1　　(C) -2　　(D) -3

2. 在$(1-x)^8$ 的展开式中，二项式系数最大项是（　　）.

(A) $-70x^4$　　(B) $70x^4$　　(C) $64x^5$　　(D) $-64x^5$

3. $(x+\frac{1}{x})^6$ 的展开式中常数项是（　　）.

(A) C_6^3　　(B) C_6^4　　(C) C_6^2　　(D) C_6^5

4. 二项式$(x-\frac{1}{x})^8$ 的中间项是（　　）.

(A) 70　　(B) -70　　(C) $-56x^2$　　(D) $-\frac{56}{x_2}$

5. 已知$(1-2x)^7=a_0+a_1x+a_2x^2+\cdots+a_7x^7$，则 $a_1+a_2+a_3\cdots+a_7=$（　　）.

(A) -1　　(B) -2　　(C) 1　　(D) 2

6. 在二项式$(x-2)^6$ 的展开式中，第 5 项的系数为（　　）.

(A) 6　　(B) 240　　(C) -240　　(D) 15

能力提升

1. 已知二项式$(\sqrt{x}-\frac{1}{x})^n$ 的展开式的第 6 项是常数项，则 n 的值是（　　）.

(A) 5　　(B) 8　　(C) 10　　(D) 15

2. 二项式$(x-\frac{1}{x})^6$的展开式中第6项为(　　).

(A)$\frac{6}{x^4}$　　(B)$\frac{1}{x^6}$　　(C)$-\frac{1}{x^6}$　　(D)$-\frac{6}{x^4}$

真题再现

1. $(1+x)^9=a_0+a_1x+a_2x^2+a_3x^3\cdots+a_9x^9$,则$\log_2(a_0+a_1+a_2+a_3+\cdots+a_9)=$(　　).

(A)7　　(B)8　　(C)9　　(D)10

2. 在$(x-1)^{11}$的展开式中,x的偶次幂的所有项的系数和为(　　).

(A)-2084　　(B)-1023　　(C)1024　　(D)-1024

3. $(\frac{x}{3}-\frac{3}{x})^{10}$展开式中,常数项是第__________项.

4. $(2x+y)^{10}$展开式中,二项式系数最大的项是__________.

情景6综合训练

一、知识网络

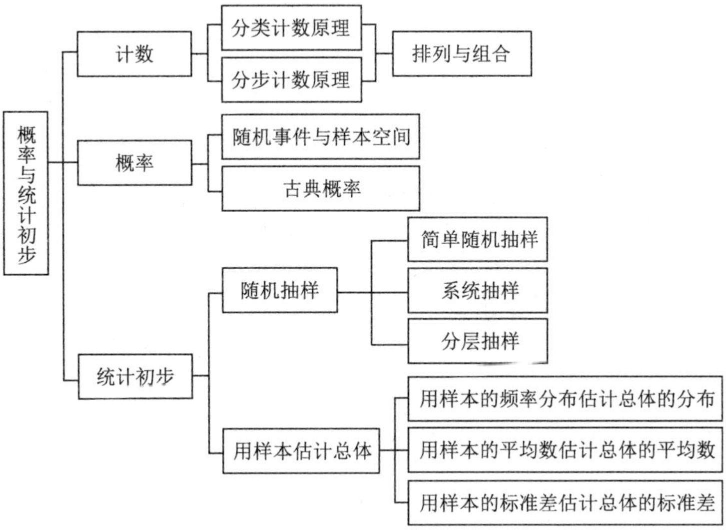

图6-1　知识网络

二、考点剖析

本考点是高考的必考内容,占总数的8%.题型多为选择题,难度不大,与课本上的习题和例题的难度相当,大多是课本上例题或习题的变形和类比.

(一)排列、组合

1. 五边形$ABCDE$为正五边形,以A,B,C,D,E为顶点的三角形的个数是(　　).

(A) 5　　(B) 10　　(C) 15　　(D) 20

2. 某职业学校的一个数学兴趣小组有 4 名男生和 3 名女生，若从这 7 名学生中任选 3 名参加数学竞赛，要求既有男生又有女生，则不同的选法种数是(　　)种.

(A) 60　　(B) 31　　(C) 30　　(D) 10

3. 某值日小组共有 5 名同学，若任意安排 3 名同学负责教室的地面卫生，其余 2 名同学负责教室外的走廊卫生，则不同的安排方法种数是(　　)种.

(A) 10　　(B) 20　　(C) 60　　(D) 100

4. 文艺演出中要求语言类节目不能相邻，现有 4 个歌舞类节目和 2 个语言类节目，若从中任选出 4 个排成节目单，则能排出不同节目单的数量最多是(　　)个.

(A) 72　　(B) 120　　(C) 144　　(D) 288

5. 景区中有一座山，山的南面有 2 条道路，山的北面有 3 条道路，均可用于游客上山或下山，假设没有其他道路，某游客计划从山的一面走到山顶后，接着从另一面下山，则不同的走法种数是(　　)种.

(A) 6　　(B) 10　　(C) 12　　(D) 20

6. 现把甲、乙等 6 位同学排成一列，若甲同学不能排在前两位，且乙同学必须排在甲同学前面(相邻或不相邻均可)，则不同排法的种数是(　　)种.

(A) 360　　(B) 336　　(C) 312　　(D) 240

(二) 古典概率问题

1. 某博物馆需要志愿者协助工作，若从 6 名志愿者中任选取 3 名，则其中甲、乙两名志愿者恰好同时被选中的概率是______.

2. 从 5 名男生和 2 名女生中任选 3 人参加某项公益活动，其中至少有 1 名女生的概率是(　　).

(A) $\frac{3}{5}$　　(B) $\frac{5}{7}$　　(C) $\frac{10}{21}$　　(D) $\frac{17}{42}$

3. 将卷号为 1 至 4 的四卷文集按任意顺序排放在书架的同一层上，则自左到右卷号顺序恰为 1, 2, 3, 4 的概率等于(　　).

(A) $\frac{1}{8}$　　(B) $\frac{1}{12}$　　(C) $\frac{1}{16}$　　(D) $\frac{1}{24}$

4. 从 5 张不同的扑克牌中，每次任取一张，有放回地取两次，则两次取得同一张牌的概率是(　　).

(A) $\frac{1}{5}$　　(B) $\frac{2}{5}$　　(C) $\frac{1}{25}$　　(D) $\frac{2}{25}$

5. 若有 7 名同学排成一排照相，恰好甲、乙两同学相邻，并且丙、丁两名同学不相邻的概率是(　　).

(A) $\frac{4}{21}$　　(B) $\frac{1}{21}$　　(C) $\frac{1}{14}$　　(D) $\frac{2}{7}$

6. 某停车场只有并排的 8 个停车位，恰好全部空闲，现有 3 辆汽车依次驶入，并且随机停放在不同车位，则至少有 2 辆汽车停放在相邻车位的概率是(　　).

(A) $\frac{5}{14}$　　(B) $\frac{15}{28}$　　(C) $\frac{9}{14}$　　(D) $\frac{6}{7}$

7. 箱子中放 6 张黑色卡片和 4 张白色卡片，从中任取一张，恰好取到黑色卡片的概率是(　　).

(A) $\frac{1}{6}$　　(B) $\frac{1}{3}$　　(C) $\frac{2}{5}$　　(D) $\frac{3}{5}$

(三)统计初步问题

1. 某高校调查了 200 名学生每周的自习时间(单位：小时). 制成了如右图所示的频率分布直方图，其中自习时间的范围是 [17.5,30]，样本数据分组为 [17.5,20)，[20,22.5)，[22.5,25)，[25,27.5)，[27.5,30). 根据直方图，这 200 名学生中每周的自习时间不少于 22.5 小时的人数是(　　).

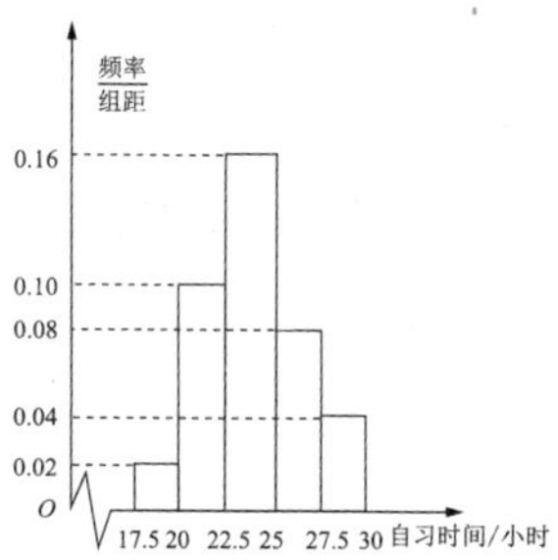

(A) 56　　(B) 60

(C) 120　　(D) 140

2. 从甲、乙、丙、丁四位同学中选拔一位成绩稳定的选手，参加山东省职业学院校技能大赛，在同样条件下经过多轮测试，成绩分析如下表所示，根据表中数据分析，最佳人选为(　　).

(A) 甲　　(B) 乙　　(C) 丙　　(D) 丁

成绩分析表

	甲	乙	丙	丁
平均成绩 $\bar{x}$	96	96	85	85
标准差 s	4	2	4	2

3. 计划从 500 名学生中抽取 50 名进行问卷调查，拟采用系统抽样方法，为此将他们逐一编号为 1～500，并编号进行分段，若从第一个号码段中随机抽出的号码是 2，则从第五个号码段抽出的号码就是__________.

4. 某职业学校有三个年级，共有 1000 名学生，其中一年级有 350 名. 若从全校学生中任意选出一名学生，则恰好选到二年级学生的概率是 0.32. 现计划利用分层抽样的方法，从全体学生中选出 100 名参加座谈会，那么需要从三年级学生中选出__________名.

5. 某射击运动员射击 5 次，命中的环数分别为 9,8,6,8,9，这 5 个数据的方差为__________.

6. 为了了解某中学男生的身体发育情况，对随机抽取的 100 名男生的身高进行了测量(结果精确到 1cm)，并绘制了如右图所示的频率分布直方图，由图可知男生身高超过 172cm 的频率是__________.

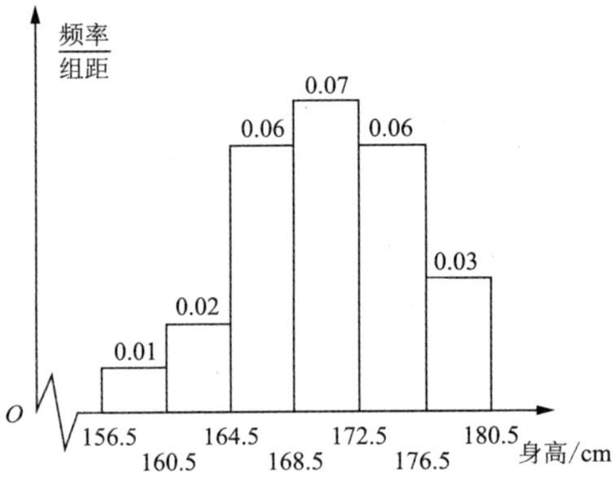

7. 某公司 A，B，C 三种不同型号产品的库存数量之比为 2:3:1，为检验产品的质量，现采取分层抽样的方法从库存产品中抽取样本，若在抽取的产品中，恰有 A 型号产品 18 件，则该样本容量是__________.

(四)二项式定理

1. $(1-x)^5$ 的二项展开式中，所有项的二项式系数之和是(　　).

(A) 0　　(B) -1　　(C) -32　　(D) 32

2. 已知 $(x-2)^n$ 的二项展开式有 7 项，则展开式中二项式系数最大的项的系数是(　　).

(A) -280　　(B) -160　　(C) 160　　(D) 560

3. 若二项式 $(\sqrt{x}-\frac{1}{x})^n$ 的展开式中，只有第 4 项的二项式系数最大，则展开式中的常数项是(　　).

(A) 20　　(B) -20　　(C) 15　　(D) -15

4. 在 $(x-2y)^5$ 的展开式中，所有项的系数之和等于(　　).

(A) 32　　(B) -32　　(C) 1　　(D) -1

5. 在 $(1+x)^n$ 的二项展开式中，若所有项的系数之和为 64，则第 3 项是(　　).

(A) $15x^3$　　(B) $20x^3$　　(C) $15x^2$　　(D) $20x^2$

6. $(2x-1)^5$ 的二项展开式中 x^3 的系数是(　　).

(A) -80　　(B) 80　　(C) -10　　(D) 10

7. $(x+\frac{1}{x})^n$ 的二项展开式中第三项是 $10x$，则 n 的值为__________.

三、考点练兵

(一)选择题

1. 甲、乙、丙三位同学计划利用假期外出游览，约定每人从泰山、孔府这两处景点中任选一处，由甲、乙两位同学恰好选取同一处景点的概率是(　　).

(A) $\frac{2}{9}$　　(B) $\frac{2}{3}$　　(C) $\frac{1}{4}$　　(D) $\frac{1}{2}$

2. 学校组织学生分 4 个小组分别从 3 处风景点中选一处去春游，则不同的春游方案种数是(　　)种.

(A) A_3^1　　(B) A_4^3　　(C) 3^4　　(D) 4^3

3. 若$(x^2+\frac{1}{x^2})^n$的展开式中，只有第四项的系数最大，那么这个展开式中的常数项是(　　).

(A) 10　　(B) 20　　(C) 24　　(D) 30

4. 有5名同学站成一排照相，甲、乙必须站在一起的排法有(　　)种.

(A) $A_3^2A_2^2$　　(B) $3A_2^2$　　(C) $2A_3^3$　　(D) $A_4^4A_2^2$

5. 某中学数学教研组有25名教师，将他们的年龄分为3组，在38至45岁组内有8名教师，那么这个小组的频率是(　　).

(A) 0.12　　(B) 0.38　　(C) 0.32　　(D) 3.12

6. 有6位同学并排站成一排，同学乙站在同学甲的右边，同学丙站在同学乙的右边，则不同的排法总数为(　　).

(A) 144　　(B) 24　　(C) 120　　(D) 1440

7. 一个小组中有男生2人，女生3人，从中选出3人参加活动，其中至少有一个男生的选法共(　　)种.

(A) 20　　(B) 10　　(C) 15　　(D) 9

8. 将3本不同的书分给10个人中的3人，共(　　)种分法.

(A) 2160　　(B) 720　　(C) 240　　(D) 120

9. 抛掷两枚硬币，观察硬币出现正反面这一实验的基本事件总数为(　　).

(A) 2　　(B) 3　　(C) 4　　(D) 8

10. 书包中装有3本数学书和2本英语书，一次取出2本书，恰好数学和英语各一本的概率是(　　).

(A) $\frac{1}{5}$　　(B) $\frac{3}{10}$　　(C) $\frac{2}{5}$　　(D) $\frac{3}{5}$

11. 从1,2,3,4,5五个数字中任取2个数，则取出的两个数一奇一偶的概率为(　　).

(A) 0.2　　(B) 0.4　　(C) 0.6　　(D) 0.1

12. 一组数据:5,7,7,a,10,11,它们的平均值是8,则其标准差是(　　).

(A) 8　　(B) 4　　(C) 2　　(D) 1

13. 袋中有4个红球、4个白球、2个黑球，从中任取3个球，则取得1红、1黑的概率是(　　).

(A) $\frac{4}{15}$　　(B) $\frac{3}{10}$　　(C) $\frac{3}{8}$　　(D) 1

(二)填空题

14. 在一批棉花中随机抽测了100根棉花纤维的长度(精确到1mm)作为样本，并绘制了如右图所示的频率分布直方图，由图可知，样本中棉花纤维的长度大于225mm的频数是__________.

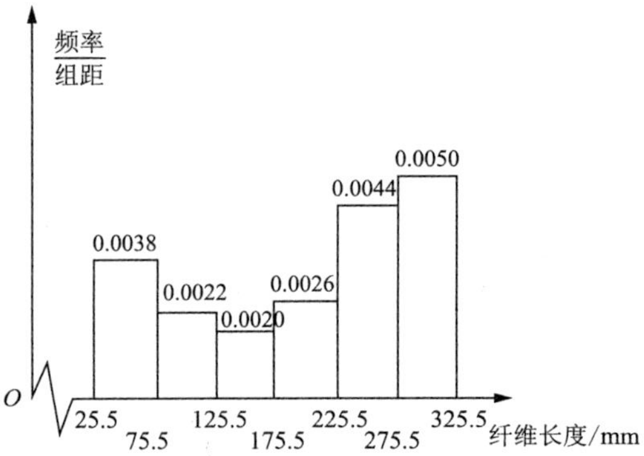

15. 将4本不同的数学书、3本不同的语文书和2本不同的英语书，排成一排，各类书必须排一起，共有__________种不同的排法.

16. 7名同学排成一排拍照，其中4名男生、3名女生，则女生被男生隔开的概率为__________.

17. 在由数字1，2，3，4，5组成的无重复数字的五位数中，从中任取一个，则：

(1) 取到奇数的概率是__________；

(2) 取到偶数的概率是__________；

(3) 取到5的倍数的概率是__________.

18. 甲坛子里有6个白球、4个黑球，乙坛子里有3个白球、5个黑球，从两坛子里分别摸出一个球，则：

(1) 它们都是白球的概率是__________；

(2) 其中恰有一个白球的概率是__________；

(3)取得颜色相同的概率是__________.

19. 在100张奖券中，有4张中奖券：

(1) 从中任意抽出2张，则2张都中奖的概率为__________；

(2) 从中任意抽出2张，则至多有1张中奖的概率为__________；

(3) 每次无放回地抽出1张，连续抽出2张，则2张都中奖的概率为__________；

(4) 每次有放回地抽出1张，连续抽出2张，则2张都中奖的概率为__________.

20. 已知一组数据3，12，4，x，9，5，6，7，8的平均数为7，则$x=$__________.

21. 样本数据90，91，92，93的标准差是__________.

情景 7
平面向量

习近平总书记在二十大报告中强调,促进世界和平与发展,推动构建人类命运共同体.

要打好数学基础有两个必经过程:先学习、接受“由薄到厚”,再消化、提炼“由厚到薄”. ——华罗庚

考纲展示

1. 向量及有关的概念,向量的线性运算.

2. 向量直角坐标的概念,向量坐标与点坐标之间的关系,向量的直角坐标运算,中点公式,距离公式.

3. 向量夹角的定义,向量的内积,两向量垂直、平行的条件.

要求

(1) 理解向量及有关的概念,掌握向量加法、减法和数乘向量运算.

(2) 掌握向量夹角的定义、内积的定义和性质.

(3) 掌握向量的直角坐标表示及运算.

(4) 掌握两向量垂直、平行的坐标表示.

(5) 掌握线段中点坐标计算公式、两点间的距离公式.

(6) 能利用向量的知识解决相关问题.

情景目标

1. 理解向量的概念,掌握向量加法、减法和数乘向量运算以及有关运算律.

2. 掌握向量夹角的定义，内积的定义、性质．
3. 掌握向量的直角坐标系及向量的直角坐标运算．
4. 掌握两向量垂直、平行的条件．
5. 掌握线段中点坐标计算公式、两点间的距离公式．
6. 能利用向量的知识解决相关问题．

任务 1　向量的线性运算

任务目标

1. 理解向量的有关概念．
2. 掌握向量加法、减法与数乘向量的运算以及运算律．

抓主干
考点解密

一、向量的概念

1. 有向线段：具有__________的线段叫作有向线段．以 A 为始点，B 为终点的有向线段，记作__________．已知 $\overrightarrow{AB}$，线段 AB 的长度叫有向线段 $\overrightarrow{AB}$ 的__________，记作 $|\overrightarrow{AB}|$．有向线段包含三要素，分别是______、______、______．

2. 向量：具有__________和__________的量；数量：只有__________的量．

3. 向量的模：表示向量 $\vec{a}$ 的有向线段 $\overrightarrow{AB}$ 的______________，叫作向量 $\vec{a}$ 的模，记作 $|\vec{a}|$．

4. 几种特殊的向量：

(1) 零向量：长度为零的向量叫作零向量，记作__________，其方向__________；

(2) 单位向量：长度等于__________的向量叫作单位向量；

(3) 相等向量：__________和__________相同的两个向量叫作相等向量；

(4) 平行(共线)向量：方向__________或__________的向量叫作平行(共线)向量；

(5) 相反向量：长度__________且方向__________的向量叫作相反向量，两个互为相反向量的和等于零向量，即 $\overrightarrow{AB}+\overrightarrow{BA}=$__________．

二、向量的加、减法运算

1. 向量的加法运算．

(1) 加法运算法则：

① 向量加法的三角形法则：$\overrightarrow{OA}+\overrightarrow{AB}=$________（图 1）.

② 向量加法的平行四边形法则：$\overrightarrow{OA}+\overrightarrow{OB}=$________（图 2）.

③ 多个向量的求和法：$\overrightarrow{OA}+\overrightarrow{AB}+\overrightarrow{BC}+\overrightarrow{CD}=$________（图 3）.

将多个向量的始点和终点首尾顺次连接，和向量为第一个向量的始点到最后一个向量终点的向量.

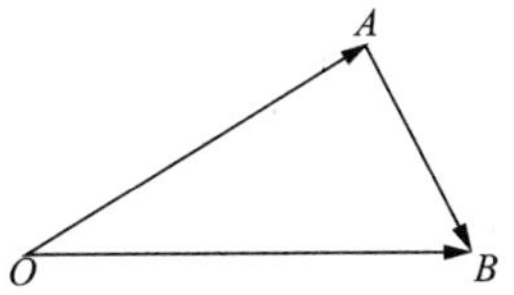

图 1

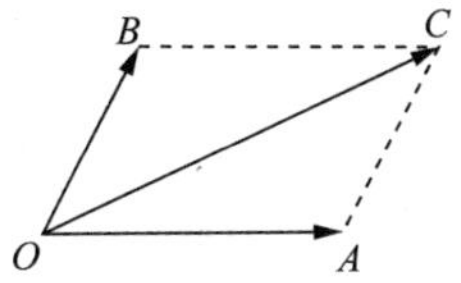

图 2

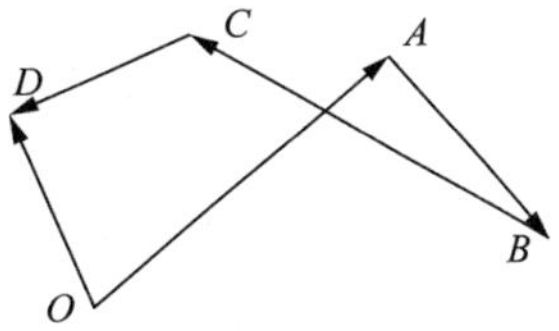

图 3

（2）加法运算律：

① 交换律：________________________________；

② 结合律：________________________________.

2. 向量的减法运算.

（1）减法运算：如果把两个向量 $\vec{a}$ 和 $\vec{b}$ 的始点放在一起，则 $\vec{a}-\vec{b}$ 就以减向量的终点为始点，被减向量的终点为终点的向量.

（2）一个向量减去另一个向量等于加上这个向量的________.

3. 数乘运算.

（1）数乘向量的定义：实数 λ 和向量 $\vec{a}$ 的乘积是一个向量，记作 $\lambda\vec{a}$.

① $\lambda\vec{a}$ 的长 $|\lambda\vec{a}|=$________.

② λa（$\lambda\vec{a}\neq0$，$\lambda\neq0$）的方向：$\lambda>0$ 时，________；$\lambda<0$ 时，________.

$\lambda=0$ 或 $\vec{a}=0$ 时，$\lambda\vec{a}=$________.

（2）数乘向量的几何意义：把向量 $\vec{a}$ 沿着 $\vec{a}$ 的方向或 $\vec{a}$ 的相反方向________.

$\vec{a}$ 与 $\lambda\vec{a}$ 总是________的.

（3）数乘向量运算律：设 λ，μ 为实数，则

① $(\lambda+\mu)\vec{a}=$________；

② $\lambda(\mu\vec{a})=$________；

③ $\lambda(\vec{a}+\vec{b})=$________.

三、平行向量基本定理

1. 平行向量基本定理.

如果 $\vec{b}\neq0$，则 $\vec{a}/\!/\vec{b}$ 的充分条件是，存在唯一实数 λ，使________.

2. $\vec{a}$ 单位向量

给定一个非零向量 $\vec{a}$，与 $\vec{a}$ 同方向且长度等于 1 的向量，叫作 $\vec{a}$ 的单位向量，通常记作 $\vec{a_0}$，则 $\vec{a_0}=$________.

基础训练

1. 在平行四边形 $ABCD$ 中，$\overrightarrow{BC}+\overrightarrow{DC}+\overrightarrow{BA}=$（　　）.
   (A) $\overrightarrow{BC}$　(B) $\overrightarrow{DA}$　(C) $\overrightarrow{AB}$　(D) $\overrightarrow{AC}$

2. 若已知 $\vec{a}=-\frac{1}{2}\vec{b}$，则下列命题中正确的是（　　）.
   (A) $\vec{a}$ 与 $\vec{b}$ 的方向相同，且 $\vec{a}$ 的模是 $\vec{b}$ 的模的 $\frac{1}{2}$ 倍.
   (B) $\vec{a}$ 与 $\vec{b}$ 的方向相同，且 $\vec{a}$ 的模是 $\vec{b}$ 的模的 2 倍.
   (C) $\vec{a}$ 与 $\vec{b}$ 的方向相反，且 $\vec{a}$ 的模是 $\vec{b}$ 的模的 $\frac{1}{2}$ 倍.
   (D) $\vec{a}$ 与 $\vec{b}$ 的方向相反，且 $\vec{a}$ 的模是 $\vec{b}$ 的模的 2 倍.

3. $\vec{a}$，$\vec{b}$，$\vec{c}$ 恰能首尾相接构成一个三角形，则 $\vec{a}+\vec{b}+\vec{c}=$__________.

4. 化简 (1) $\overrightarrow{AB}+\overrightarrow{BA}+\overrightarrow{CD}=$__________；

(2) $3(\vec{a}+2\vec{b})-\frac{3}{2}(6\vec{a}+2\vec{b})=$__________.

研考向
要点探究

支线任务一　向量的线性运算的化简计算

例 1　(1) 在平行四边形 $ABCD$ 中，若 $|\overrightarrow{AB}+\overrightarrow{AD}|=|\overrightarrow{AB}-\overrightarrow{AD}|$，则（　　）.

(A) $\overrightarrow{AD}=\vec{0}$　　(B) $\overrightarrow{AB}=\vec{0}$ 或 $\overrightarrow{AD}=\vec{0}$

(C) $ABCD$ 是正方形　　(D) $ABCD$ 是矩形

(2) 已知平行四边形 $ABCD$，O 是平行四边形 $ABCD$ 所在平面内任意一点，$\overrightarrow{OA}=\vec{a}$，$\overrightarrow{OB}=\vec{b}$，$\overrightarrow{OC}=\vec{c}$ 则向量 $\overrightarrow{OD}$ 等于（　　）.

(A) $\vec{a}+\vec{b}+\vec{c}$　(B) $\vec{a}+\vec{b}-\vec{c}$　(C) $\vec{a}-\vec{b}+\vec{c}$　(D) $\vec{a}-\vec{b}-\vec{c}$

任务拓展

1. 在四边形 $ABCD$ 中，$\overrightarrow{AB}-\overrightarrow{DC}-\overrightarrow{CB}$ 等于（　　）.
   (A) $\overrightarrow{AC}$　(B) $\overrightarrow{BD}$　(C) $\overrightarrow{AD}$　(D) $\overrightarrow{DC}$

2. 在边长为 1 的正方形 $ABCD$ 中，$|\overrightarrow{AB}-\overrightarrow{DC}-\overrightarrow{CB}|$ 等于（　　）.
   (A) 1　(B) 2　(C) 0　(D) $\sqrt{2}$

支线任务二　向量的概念、线性运算的有关判断

例 2　若 $\vec{a}$，$\vec{b}$ 为非零向量，且 $|\vec{a}+\vec{b}|=|\vec{a}|+|\vec{b}|$，则有（　　）.

(A) $\vec{a}$、$\vec{b}$ 方向相反　　(B) $\vec{a}=\vec{b}$

(C) $\vec{a}=-\vec{b}$ (D) $\vec{a}$ 与 $\vec{b}$ 方向相同

任务拓展

1. 下列五个命题中,正确的有(　　).

① 向量的模是一个正实数.

② 两个向量相等,则这两向量互相平行.

③ 若 $|\vec{a}|=|\vec{b}|$,则 $\vec{a}=\vec{b}$.

④ 温度有零上和零下,所以温度是向量.

⑤ $\overrightarrow{AB}$ 与 $\overrightarrow{CD}$ 是共线向量,则 A、B、C、D 四点在同一条直线上.

(A) 0 个 (B) 1 个 (C) 2 个 (D) 3 个

2. 在 ΔABC 中,$\overrightarrow{BC}=\vec{a}$,$\overrightarrow{CA}=\vec{b}$,则 $\overrightarrow{AB}$ 等于(　　).

(A) $\vec{a}+\vec{b}$ (B) $-(\vec{a}+\vec{b})$ (C) $(\vec{a}-\vec{b})$ (D) $\vec{b}-\vec{a}$

悟习题
能力提升

尝试练习

1. $(\overrightarrow{AB}+\overrightarrow{MB})+(\overrightarrow{BO}+\overrightarrow{BC})+\overrightarrow{OM}=$(　　)

(A) $\overrightarrow{BC}$ (B) $\overrightarrow{AB}$ (C) $\overrightarrow{AC}$ (D) $\overrightarrow{AM}$

2. $(\overrightarrow{AB}-\overrightarrow{CD})-(\overrightarrow{AC}-\overrightarrow{BD})=$(　　)

(A) $\overrightarrow{BC}$ (B) 0 (C) $\vec{0}$ (D) $\overrightarrow{AM}$

3. 已知 $\overrightarrow{MN}=\vec{a}-\vec{b}$,$\overrightarrow{NP}=\vec{b}-\vec{c}$,则 $\overrightarrow{MP}=$(　　)

(A) $\vec{a}-\vec{c}$ (B) $\vec{c}-\vec{a}$ (C) $\vec{a}+\vec{c}$ (D) $\vec{a}-2\vec{b}-\vec{c}$

4. 下列说法正确的是(　　).

(A) 零向量只有大小,没有方向

(B) $|\vec{a}|+|\vec{b}|=|\vec{a}+\vec{b}|$

(C) 若 $|\vec{a}|=|\vec{b}|$,则 $\vec{a}=\vec{b}$

(D) 若 $\vec{a}=\vec{b}$,则 $|\vec{a}|=|\vec{b}|$

5. 在四边形 $ABCD$ 中,若 $\overrightarrow{AB}=2\vec{a}$,$\overrightarrow{CD}=-3\vec{a}$,$|\overrightarrow{AB}+\overrightarrow{AD}|=|\overrightarrow{AB}-\overrightarrow{AD}|$,则四边形 $ABCD$ 是(　　).

(A) 平行四边形 (B) 菱形

(C) 等腰梯形 (D) 矩形

6. 已知 $\vec{a}=\overrightarrow{OA}$,$\vec{b}=\overrightarrow{OB}$,若 $|\overrightarrow{OA}|=12$,$\overrightarrow{OB}=5$,$\angle AOB=90°$,则 $|\vec{a}-\vec{b}|=$(　　).

(A) 7 (B) 13 (C) 15 (D) 17

7. 如果向量 $\vec{a}$ 和向量 $\vec{b}$ 不平行，那么与 $\vec{a}$、$\vec{b}$ 都不平行的向量是(　　).

(A) $2\vec{a}$　　(B) $-3\vec{b}$　　(C) $\vec{a}+\vec{b}$　　(D) $-\vec{a}$

8. 如果 $\vec{a}+\vec{b}+\vec{c}=\vec{0}$，则 $\vec{a}$，$\vec{b}$，$\vec{c}$ 的关系是(　　).

(A) 构成三角形　　(B) 共线

(C) 构成三角形或共线　　(D) 不构成三角形且不共线

9. ΔABC 的三边长分别为 3，4，5，则 $|\overrightarrow{AB}+\overrightarrow{BC}+\overrightarrow{CA}|$ 等于(　　).

(A) 12　　(B) 2　　(C) $\vec{0}$　　(D) 0

能力提升

1. 已知 $|\vec{a}|=3$，$|\vec{b}|=2$，则 $|\vec{a}+\vec{b}|$ 的最小值、最大值分别为(　　).

(A) -1，5　　(B) 1，5　　(C) 1，6　　D) 不确定

2. 已知 D，E，F 分别是 ΔABC 边 AB，BC，AC 中点，则 $\overrightarrow{AF}-\overrightarrow{DF}=$(　　).

(A) $\overrightarrow{FD}$　　(B) $\overrightarrow{FC}$　　(C) $\overrightarrow{FE}$　　(D) $\overrightarrow{BE}$

真题再现

1. 在边长为 1 的正方形 $ABCD$ 中，$|\overrightarrow{AB}+\overrightarrow{BC}+\overrightarrow{AC}|$ 等于(　　).

(A) 3　　(B) $\sqrt{3}$　　(C) $2\sqrt{2}$　　(D) $\sqrt{2}$

2. 下列说法不正确的是(　　).

(A) 既有大小又有方向的称为向量

(B) 零向量的模为零，方向不正确

(C) 如果两个向量模相等且方向相同，则称这两个向量为相等向量

(D) 相等向量一定平行，平行向量也一定是相等向量

3. 已知向量 $\vec{a}$、$\vec{b}$ 不平行，且实数 x，y 满足 $3x\vec{a}+(10-y)\vec{b}=(4y-73)\vec{a}+2x\vec{b}$，则 $x=$______，$y=$______.

任务 2　向量的直角坐标运算

任务目标

1. 掌握向量的直角坐标概念及其与点坐标之间的关系.
2. 理解并掌握向量的直角坐标运算法则.
3. 掌握直角坐标系中，用坐标表示的向量平行的充要条件.
4. 掌握中点公式、距离公式及其应用.

抓主干
考点解密

1. 向量的直角坐标.

（1）已知$\vec{i}$、$\vec{j}$分别是与x轴、y轴方向相同的两个单位向量，$\vec{a}$为xOy平面上任一向量，若$\vec{a}=a_1\vec{i}+a_2\vec{j}$，则向量$\vec{a}$用坐标表示为：$\vec{a}=$__________.

（2）下列向量的坐标为：$\vec{0}=$__________，$\vec{i}=$__________，$\vec{j}=$__________.

（3）在直角坐标系中，一点A的位置被点A的位置向量$\overrightarrow{OA}$所唯一确定．若点A的位置向量$\overrightarrow{OA}=(x,y)$，则点$A=$__________；反之，若$A(x,y)$，则$\overrightarrow{OA}=$__________.

（4）相等向量的坐标是__________，即：若$\vec{a}=(x,y)$且$\vec{b}=\vec{a}$，则$\vec{b}=$__________.

2. 向量的直角坐标运算法则.

（1）设$\vec{a}=(a_1,a_2)$，$\vec{b}=(b_1,b_2)$，则$\vec{a}+\vec{b}=$________；$\vec{a}-\vec{b}=$________；$\lambda\vec{a}$________.

（2）设$A(x_1,x_2)$，$B(y_1,y_2)$，则$\overrightarrow{AB}$__________.

3. 两个向量平行的充要条件.

设$\vec{a}=(a_1,a_2)$，$\vec{b}=(b_1,b_2)$，则$\vec{a}//\vec{b}\Leftrightarrow a_1b_2-a_2b_1=0$.

特别地，如果$\vec{b}$不平行于坐标轴，即$b_1\neq0$且$b_2\neq0$，则$\vec{a}//\vec{b}\Leftrightarrow=\frac{a_1}{b_1}=\frac{a_2}{b_2}$

4. 中点坐标公式.

已知$A(x_1,y_1)$，$B(x_2,y_2)$，设点$M(x,y)$是线段AB的中点，则$x=$______________，$y=$______________.

5. 长度公式.

已知$A(x_1,y_1)$，$B(x_2,y_2)$，则$|\overrightarrow{AB}|=$______________.

基础训练

1. 已知向量$\vec{a}=(3,-4)$，则$|\vec{a}|$的值为（　　）.

（A）3　　（B）4　　（C）5　　（D）6

2. 若已知点$A(2,-2)$，$B(4,-2)$，点$C(x,y)$是线段AB的中点，则点C的坐标为（　　）.

（A）$(-2,0)$　　（B）$(2,0)$　　（C）$(6,-4)$　　（D）$(3,-2)$

3. 已知点$A(2,3)$，$\overrightarrow{AB}=(3,-2)$，则点$B$的坐标为（　　）.

（A）$(-5,1)$　　（B）$(5,1)$　　（C）$(6,4)$　　（D）$(6,0)$

4. 设向量$\vec{a}=(2,1)$，$\vec{b}=(1,2)$，则向量$\vec{a}+\vec{b}$的坐标为（　　）.

（A）$(1,1)$　　（B）$(1,-1)$　　（C）$(-1,1)$　　（D）$(3,3)$

研考向
要点探究

支线任务一　向量的直角坐标的线性运算

例 1　(1) 设向量 $\vec{a}=(1,2)$，$\vec{b}=(-2,4)$，则 $2\vec{a}+3\vec{b}$ 的坐标为(　　).

(A) $(-1,16)$　　(B) $(-3,16)$　　(C) $(-4,16)$　　(D) $(-5,16)$

(2) 已知 $\vec{a}=(x+y,x-y)$，$\vec{b}=(3,1)$，若 $\vec{a}=3\vec{b}$，则 $x=$________，$y=$________.

任务拓展

1. 已知 $\vec{a}+\vec{b}=(-4,3)$，$\vec{a}-2\vec{b}=(2,-9)$，则 $\vec{a}=$________，$\vec{b}=$________.

2. 已知 $\overrightarrow{AB}=(2,-1)$，$\overrightarrow{AC}=(-4,1)$，则 $\overrightarrow{BC}$ 等于(　　).

(A) $(6,-2)$　(B) $(-6,2)$　　(C) $(-2,6)$　　(D) $(2,-6)$

支线任务二　直角坐标中的点的坐标与向量的坐标之间的关系运算

例 2　已知点 $A(-3,1)$，$B(6,3)$，有 $\overrightarrow{CB}=(2,-1)$，则向量 $\overrightarrow{AB}$ 的坐标为______，点 C 的坐标为______.

任务拓展

已知在平行四边形 $ABCD$ 中，$A(-1,-2)$，$B(3,1)$，$C(0,2)$，则顶点 D 的坐标为(　　).

(A) $(4,1)$　　(B) $(1,4)$　　(C) $(-4,-1)$　　(D) $(-1,-4)$

支线任务三　向量平行的充要条件在向量的直角坐标运算中的应用

例 3　(1) 已知 $\vec{a}=(9,3)$，$\vec{b}=(6,y)$，且 $\vec{a}//\vec{b}$，则 y 的值等于______，$\vec{a}$ 与 $\vec{b}$ 的方向是__________(相同、相反).

(2) 已知 $|\vec{a}|=5$，$\vec{b}=(4,2)$，且 $\vec{a}$ 与 $\vec{b}$ 同向，则 $\vec{a}$ 的坐标为(　　).

(A) $(2\sqrt{5},\sqrt{5})$

(B) $(-2\sqrt{5},-\sqrt{5})$

(C) $(-2\sqrt{5},\sqrt{5})$ 或 $(-2\sqrt{5},-\sqrt{5})$

(D) $(\sqrt{5},2\sqrt{5})$ 或 $(-\sqrt{5},-2\sqrt{5})$

任务拓展

设 $\vec{a}=(\frac{3}{2},\tan\alpha)$，$\vec{b}=(\cos\alpha,\frac{1}{3})$，且 $\vec{a}//\vec{b}$，则锐角 α 等于(　　).

(A) $30°$　　(B) $60°$　　(C) $45°$　　(D) $75°$

支线任务四　中点坐标公式、长度公式的应用

例 4　(1) 已知点 $A(a,0)$，$B(0,12)$，若线段 AB 的长度为 13，则 a 的值为(　　).

(A) 1　　(B) ± 1　　(C) 5　　(D) ± 5

(2) 已知点 $A(x,5)$，$B(-2,y)$，$C(1,1)$，且点 C 平分线段 AB，则 x，y 的值分别为(　　).

(A) $x=1$，$y=1$　　(B) $x=-1$，$y=3$

(C) $x=-2$，$y=5$　　(D) $x=4$，$y=-3$

任务拓展

1. 已知点 $A(6,y)$关于点 $P(x,1)$的对称点为 $B(-2,3)$，则点 $M(x,y)$到原点的距离为(　　).

(A) $\sqrt{7}$　　(B) $\sqrt{5}$　　(C) $\sqrt{3}$　　(D) $\sqrt{2}$

2. y 轴上一点 B 到 $A(5,13)$的距离为 13，则 B 点坐标为(　　).

(A) $(0,25)$　　(B) $(0,1)$

(C) $(0,25)$或$(0,1)$　　(D) $(0,-25)$

悟习题
能力提升

尝试练习

1. 设 $\vec{a}=(3,2)$，以点$(-2,1)$为始点，则向量 $2\vec{a}$ 的终点坐标为(　　).

(A) $(6,4)$　　(B) $(4,5)$　　(C) $(2,5)$　　(D) $(1,3)$

2. 已知点 $A(-1,-2)$，$B(4,10)$，则线段 AB 的长度为(　　).

(A) 11　　(B) 12　　(C) 13　　(D) 14

3. 已知 $A(-1,2)$，$B(3,-4)$，点 M 在线段 AB 上，且 $\overrightarrow{AM}=\frac{1}{3}\overrightarrow{AB}$，，则点 M 的坐标为(　　).

(A) $(0,\frac{1}{3})$　　(B) $(\frac{1}{3},0)$　　(C) $(0,-\frac{1}{3})$　　(D) $(-\frac{1}{3},0)$

4. 已知 $\vec{a}=(2,-4)$，$|\vec{b}|=\sqrt{5}$，且 $\vec{a}$ 与 $\vec{b}$ 同向，则 $\vec{b}$ 的坐标为(　　).

(A) $(1,-2)$　　(B) $(1,2)$　　(C) $(-1,2)$　　(D) $(-1,-2)$

5. 已知两点 $A(-2,-1)$，$B(0,4)$和向量 $\vec{a}=(1,y)$，并且 $\overrightarrow{AB}//\vec{a}$，则 y 的值为(　　).

(A) 5　　(B) 2　　(C) $\frac{5}{2}$　　(D) $\frac{2}{5}$

6. 设 $\vec{a}=(1,\sin A)$，$\vec{b}=(1,\cos A)$，且 $\vec{a}//\vec{b}$，则锐角 A 等于(　　).

(A) 75°　　(B) 60°　　(C) 45°　　(D) 30°

7. 已知 $\overrightarrow{AB}=(5,-3)$，$C(-1,3)$，$\overrightarrow{CD}=2\overrightarrow{AB}$，则点 D 的坐标为(　　).

(A) $(11,9)$　(B) $(4,0)$　(C) $(9,3)$　(D) $(9,-3)$

8. 已知在 $ABCD$ 中，$A(-1,1)$，$B(0,-2)$，$C(3,0)$，则顶点 D 的坐标为(　　).

(A) $(3,2)$　(B) $(2,3)$　(C) $(-3,-2)$　(D) $(-2,-3)$

9. 已知点 $A(-2,-3)$，$B(0,1)$，$C(2,5)$，且 $2\overrightarrow{CD}=3\overrightarrow{AB}$，则 D 点坐标为(　　).

(A) $(-5,-11)$　(B) $(5,11)$

(C) $(7,-3)$　(D) $(-9,5)$

10. 设向量 $\vec{a}=(-1,3)$，$\vec{b}=(2,7)$，则向量 $2\vec{a}+\vec{b}$ 的坐标为(　　).

(A) $(0,13)$　(B) $(13,-1)$　(C) $(1,10)$　(D) $(-4,-1)$

能力提升

1. 已知向量 $\vec{a}=(1,2)$，$\vec{b}=(2,0)$，若向量 $\lambda\vec{a}+\vec{b}$ 与向量 $\vec{c}=(1,-2)$ 共线，则实数 λ 等于(　　).

(A) -2　(B) $-\frac{1}{3}$　(C) -1　(D) $-\frac{2}{3}$

2. 已知 $\vec{a}=(1,2)$，$\vec{b}=(2,3)$，实数 x，y 满足 $x\vec{a}+y\vec{b}=(3,4)$，则实数 x，y 的值分别是(　　).

(A) $x=1,y=-2$　(B) $x=-1,y=2$

(C) $x=1,y=2$　(D) $x=-1,y=-2$

真题再现

1. 已知三点 $A(3,-6)$，$B(-5,-2)$，$C(9,m)$共线，则 m 的值等于(　　).

(A) 13　(B) 9　(C) -13　(D) -9

2. 已知 $\vec{a}=(-2,1)$，向量 $\vec{b}=(-3,4)$，求 $|k\vec{a}-\vec{b}|$ 的最小值及取得最小值时相对应 k 的值.

任务 3　向量的内积(一)

任务目标

1. 理解内积的定义及有关概念，掌握内积的运算、性质及运算律.
2. 熟练掌握向量垂直的充要条件及应用.

抓主干
考点解密

一、向量夹角的概念

1. 两向量的夹角.

已知两个非零向量$\vec{a}$、$\vec{b}$，记作$\overrightarrow{OA}=\vec{a}$，$\overrightarrow{OB}=\vec{b}$，则$\angle AOB$叫作向量$\vec{a}$与$\vec{b}$的夹角，记作__________.

2. 两向量夹角的范围.

__________$\leqslant<\vec{a},\vec{b}>\leqslant$__________.

① $<\vec{a},\vec{b}>=90°$时，称向量$\vec{a}$与$\vec{b}$__________，记作__________.

② 当$<\vec{a},\vec{b}>=0°$或$180°$时，称向量$\vec{a}$与$\vec{b}$__________，记作__________.

二、向量的内积

1. 向量内积.

已知$\vec{a}$与$\vec{b}$为两个非零向量，则数量__________叫作$\vec{a}$与$\vec{b}$的内积，也称作$\vec{a}$与$\vec{b}$的__________或__________，记作__________.

2. 两个向量内积的重要性质.

$\vec{a}\perp\vec{b}\Leftrightarrow\vec{a}\cdot\vec{b}=$__________.

$\vec{a}\cdot\vec{a}=$__________或$|\vec{a}|$__________.

$\cos<\vec{a},\vec{b}>=$__________.

3. 向量内积的运算律.

① 交换律：$\vec{a}\cdot\vec{b}=$__________.

② 数乘结合律：$\lambda(\vec{a}\cdot\vec{b})=$__________$=$__________.

③ 分配律：$(\vec{a}\cdot\vec{b})\cdot\vec{c}=$__________.

基础训练

1. (1) 已知$|\vec{a}|=5$，$|\vec{b}|=4$，$<\vec{a},\vec{b}>=\frac{\pi}{6}$，则$\vec{a}\cdot\vec{b}=$__________；

(2) 已知$|\vec{a}|=2$，$|\vec{b}|=5$，$\vec{a}\cdot\vec{b}=5$，则$<\vec{a},\vec{b}>=$__________；

2. 已知：$|\vec{a}|=4$，$|\vec{b}|=5$

(1) 当$\vec{a}/\!/\vec{b}$时，则$\vec{a}\cdot\vec{b}=$__________；

(2) $\vec{a}\perp\vec{b}$时，则$\vec{a}\cdot\vec{b}=$__________.

3. 已知$|\vec{a}|=3$，$|\vec{b}|=4$，$<\vec{a},\vec{b}>=\frac{\pi}{3}$，则$(\vec{a}+\vec{b})\cdot(\vec{a}-\vec{b})=$__________；$|\vec{a}+\vec{b}|=$__________.

研考向
要点探究

支线任务一　求两向量的内积、夹角

例 1　已知 ΔABC 中，$\overrightarrow{CB}=\vec{a}$，$\overrightarrow{CA}=\vec{b}$，$\vec{a}\cdot\vec{b}>0$，$S_{\Delta ABC}=\frac{15}{4}$，$|\vec{a}|=3$，$|\vec{b}|=5$，则 $\vec{a}$ 与 $\vec{b}$ 的夹角为__________.

任务拓展

1. 已知 ΔABC 中，$a=3$，$b=1$，$\angle C=30°$，则 $\overrightarrow{BC}\cdot\overrightarrow{CA}=$（　　）.

（A）$\frac{3}{4}\sqrt{3}$　　（B）$\frac{3}{2}\sqrt{3}$　　（C）$-\frac{3}{4}\sqrt{3}$　　（D）$-\frac{3}{2}\sqrt{3}$

2.（1）已知：$|\vec{a}|=3$，$|\vec{b}|=2$，$<\vec{a},\vec{b}>=\frac{\pi}{3}$，则 $\vec{a}\cdot\vec{b}=$__________；$2(\vec{a}+\vec{b})\cdot(\vec{a}+3\vec{b})=$__________.

（2）已知 $|\vec{a}|=|\vec{b}|=1$，$\vec{a}\cdot\vec{b}=\frac{1}{2}$，则 $<\vec{a},\vec{b}>$ 等于__________.

支线任务二　求向量的模

例 2　已知 $|\vec{a}|=4$，$|\vec{b}|=3$，$<\vec{a},\vec{b}>=\frac{\pi}{3}$，则 $\vec{a}+\vec{b}=$（　　）.

（A）13　　（B）10　　（C）$\sqrt{13}$　　（D）$\sqrt{37}$

任务拓展

1. 已知 $|\vec{a}|=6$，$|\vec{b}|=5$，$<\vec{a},\vec{b}>=120°$，则 $\vec{a}-\vec{b}=$（　　）.

（A）31　　（B）91　　（C）$\sqrt{91}$　　（D）$\sqrt{31}$

2. 已知：$|\vec{a}|=3$，$|\vec{b}|=4$，$|\vec{a}-\vec{b}|=2$，则 $\vec{a}+\vec{b}=$__________.

支线任务三　有关向量垂直问题

例 3　（1）已知 $|\vec{a}|=2$，$|\vec{b}|=5$，且 $\vec{a}+\lambda\vec{b}$ 与 $\vec{a}-\lambda\vec{b}$ 垂直，则 λ 的值是（　　）.

（A）$\frac{5}{2}$　　（B）$\pm\frac{5}{2}$　　（C）$\frac{2}{5}$　　（D）$\pm\frac{2}{5}$

（2）已知非零向量 $\vec{a}$，$\vec{b}$ 满足 $|\vec{a}|=2|\vec{b}|$，且 $(\vec{a}-\vec{b})\perp\vec{b}$，则 $\vec{a}$ 与 $\vec{b}$ 的夹角等于（　　）.

（A）$\frac{\pi}{6}$　　（B）$\frac{\pi}{3}$　　（C）$\frac{2\pi}{3}$　　（D）$\frac{5\pi}{6}$

任务拓展

已知向量 $\vec{a}$，$\vec{b}$，若 $|\vec{a}|=1$，$|\vec{b}|=2$，且 $\vec{a}\perp(\vec{a}-2\vec{b})$，则 $|2\vec{a}+\vec{b}|$ 的值是__________.

悟习题
能力提升

尝试练习

1. 已知 $|\vec{a}|=5$, $|\vec{b}|=4$, $<\vec{a},\vec{b}>=60°$,则 $\vec{a}\cdot\vec{b}$ 等于(　　).

(A) -10　　(B) 10　　(C) $-10\sqrt{3}$　　(D) $10\sqrt{3}$

2. 若向量 $\vec{a}$ 和 $\vec{b}$ 的长度分别为 3 和 4,夹角为 120°,则 $|\vec{a}+\vec{b}|$ 等于(　　).

(A) $\sqrt{37}$　　(B) 37　　(C) $\sqrt{13}$　　(D) 13

3. 已知 $|\vec{a}|=|\vec{b}|=1$, $\vec{a}\cdot\vec{b}=\frac{1}{2}$,则 $<\vec{a},\vec{b}>$ 等于(　　).

(A) 30°　　(B) 45°　　(C) 60°　　(D) 120°

4. 若 $|\vec{a}|=3$, $\vec{a}\cdot\vec{b}=12$, $\vec{a}//\vec{b}$,则 $|\vec{b}|$ 等于(　　).

(A) 8　　(B) 2　　(C) 4　　(D) ±4

5. 已知非零向量 $\vec{a}$, $\vec{b}$ 满足 $|\vec{a}|=|\vec{b}|$, $(2\vec{a}+\vec{b})\cdot\vec{b}=0$,则 $\vec{a}$ 与 $\vec{b}$ 的夹角为(　　).

(A) 30°　　(B) 60°　　(C) 120°　　(D) 150°

6. 已知向量 $\vec{a}$ 与 $\vec{b}$ 的夹角为 120°, $|\vec{a}|=3$, $|\vec{a}+\vec{b}|=13$,则 $|\vec{b}|$ 等于(　　).

(A) 5　　(B) 4　　(C) 3　　(D) 1

7. 若 ΔABC 中, $\overrightarrow{AB}\cdot\overrightarrow{AC}<0$,则该三角形是(　　).

(A) 直角三角形　　(B) 锐角三角形

(C) 钝角三角形　　(D) 等边三角形

8. 已知 $|\vec{a}|=5$, $|\vec{b}|=4$, $<\vec{a},\vec{b}>=60°$,若 $k\vec{a}-\vec{b}$ 与 $\vec{a}+2\vec{b}$ 垂直,则 $k=$__________.

9. 已知 $|\vec{a}|=3$, $|\vec{b}|=4$,且 $(\vec{a}-2\vec{b})(2\vec{a}+\vec{b})=4$,则 $<\vec{a},\vec{b}>$ 等于__________.

10. 已知 $|\vec{a}|=1$, $|\vec{b}|=3$, $|2\vec{a}+\vec{b}|=13$,则 $<\vec{a},\vec{b}>$ 等于__________.

能力提升

1. 已知 ΔABC 中, $|\vec{a}|=3$, $|\vec{b}|=1$, $\angle C=60°$,则 $\overrightarrow{BC}\cdot\overrightarrow{CA}$ 等于(　　).

(A) $\frac{3}{4}$　　(B) $-\frac{3}{4}$　　(C) $\frac{3}{2}$　　(D) $-\frac{3}{2}$

真题再现

1. 若 $\vec{a}$、$\vec{b}$ 为非零向量,且 $|\vec{a}+\vec{b}|=|\vec{a}|+|\vec{b}|$,则有(　　).

(A) $\vec{a}$、$\vec{b}$ 方向相同　　(B) $\vec{a}=\vec{b}$

(C) $\vec{e}=-\vec{b}$　　(D) 以上都不对

2. 已知 $\vec{e_1}$ 和 $\vec{e_2}$ 是两个单位向量,夹角为$\frac{\pi}{3}$,则与 $2\vec{e_2}-\vec{e_1}$ 垂直的是(　　).

(A) $\vec{e_1}+\vec{e_2}$　　(B) $\vec{e_1}-\vec{e_2}$　　(C) $\vec{e_2}$　　(D) $\vec{e_1}$

任务 4 向量的内积(二)

任务目标

1. 掌握内积的直角坐标运算.
2. 掌握两向量垂直的充要条件(坐标表示).
3. 掌握两向量的夹角公式(坐标表示).

抓主干 考点解密

设 $\vec{a}=(a_1,a_2)$, $\vec{b}=(b_1,b_2)$,

(1) 向量内积的坐标运算: $\vec{a}\cdot\vec{b}=$__________;

(2) 向量垂直的充要条件: $\vec{a}\perp\vec{b}\Leftrightarrow$__________;

(3) 向量的夹角公式: $\cos<\vec{a},\vec{b}>=$__________.

基础训练

已知 $\vec{a}=(3,4)$, $\vec{b}=(4,2)$, 则

(1) $\vec{a}\cdot\vec{b}=$__________;

(2) $|\vec{a}|=$__________;

(3) $|\vec{b}|=$__________;

(4) $\cos<\vec{a},\vec{b}>=$__________.

研考向 要点探究

支线任务一 求向量的内积、夹角、模

例 1 (1) 已知向量 $\vec{a}=(2,1)$, $\vec{b}=(-1,3)$, 若存在向量 $\vec{c}$, 使 $\vec{a}\cdot\vec{c}=4$, $\vec{b}\cdot\vec{c}=-9$ 则向量 $\vec{c}=$__________.

(2) 已知向量 $\vec{a}=(1,\sqrt{3})$, $\vec{b}=(\sqrt{3},-1)$, $\vec{a}$ 与 $\vec{b}$ 夹角的大小为__________.

任务拓展

1. 已知 $\vec{a}=(-3,2)$, $\vec{b}=(-6,-2)$, 则 $(\vec{a}+\vec{b})\cdot(\vec{a}-\vec{b})=$__________.
2. 已知 $\vec{a}=(-5,0)$, $\vec{b}=(-1,\sqrt{3})$, 则 $\vec{a}$ 与 $\vec{b}$ 的夹角 $\theta=$__________.

支线任务二　垂直条件的应用

例2　(1) 已知下列向量的直角坐标，相互不垂直的向量对是(　　).

(A) $\vec{a}=(\frac{\sqrt{3}}{2},\frac{1}{2})$，$\vec{b}=(\frac{1}{2},-\frac{\sqrt{3}}{2})$　　(B) $\vec{a}=(3,4)$，$\vec{b}=(-3,4)$

(C) $\vec{a}=(2,0)$，$\vec{b}=(0,-1)$　　(D) $\vec{a}=(2,-4)$，$\vec{b}=(2,1)$

(2) 已知点 $A(1,-2)$，$B(-5,2)$，点 C 在 y 轴上，且 $\overrightarrow{CA}\perp\overrightarrow{CB}$，则点 C 的坐标为(　　).

(A) $(0,\pm3)$　　(B) $(0,\pm1)$

(C) $(0,1)$或$(0,3)$　　(D) $(0,-1)$或$(0,-3)$

任务拓展

已知向量 $\vec{a}=(-1,3)$，$\vec{b}=(2,-1)$，且$(k\vec{a}+\vec{b})\perp(\vec{a}-2\vec{b})$，则 k 的值等于______.

悟习题
能力提升

尝试练习

1. 设 $\vec{a}=(5,y)$，$\vec{b}=(-6,-4)$，且 $\vec{a}\cdot\vec{b}=-2$，则 $y=$(　　).

(A) -5　　(B) -12　　(C) 5　　(D) -7

2. 若向量 $\vec{a}=(1,1)$，$\vec{b}=(2,5)$，$\vec{c}=(3,x)$，满足条件$(8\vec{a}-\vec{b})\cdot\vec{c}=30$，则 x 等于(　　).

(A) 6　　(B) 5　　(C) 4　　(D) 3

3. 已知 $\vec{a}=(-1,2)$，$\vec{b}=(2,-1)$，且$(\vec{a}\cdot\vec{b})(\vec{a}+\vec{b})=$(　　).

(A) $(1,1)$　　(B) $(-4,-4)$　　(C) $(-2,-2)$　　(D) $(-4,4)$

4. 设向量 $\vec{a}=(m,1)$，$\vec{b}=(1,2)$，且 $|\vec{a}+\vec{b}|^2=|\vec{a}|^2+|\vec{b}|^2$，则 m 等于(　　).

(A) 2　　(B) -2　　(C) 1　　(D) -1

5. 已知 $\vec{a}=(3,x)$，$\vec{b}=(7,12)$，且 $\vec{a}\perp\vec{b}$，则 x 等于(　　).

(A) $-\frac{7}{4}$　　(B) $\frac{7}{4}$　　(C) $-\frac{7}{3}$　　(D) $\frac{7}{3}$

6. 已知 $\vec{a}=(3,4)$，$\vec{b}=(2,-1)$，如果向量 $\vec{a}+x\vec{b}$ 与 $-\vec{b}$ 垂直，则 x 的值为(　　).

(A) $\frac{23}{3}$　　(B) $\frac{3}{23}$　　(C) $-\frac{2}{5}$　　(D) 2

能力提升

1. 已知向量 $\vec{a}=(1,3)$，$\vec{b}=(2,y)$，若 $|\vec{a}+\vec{b}|=|\vec{a}-\vec{b}|$，那么 y 等于________.

2. 已知向量 $\overrightarrow{OA}=(-1,2)$，$\overrightarrow{OB}=(3,m)$，若 $\overrightarrow{OA}\perp\overrightarrow{AB}$，则 $m=$________.

3. 已知 $|\vec{a}|=2\sqrt{17}$，$\vec{b}=(4,1)$，若 $\vec{a}\perp\vec{b}$，则 $\vec{a}$ 的坐标为________.

4. 已知 $\vec{a}$ 与 $\vec{b}$ 方向相反，$\vec{b}=(1,2)$，$\vec{a}\cdot\vec{b}=-10$，则 $\vec{a}$ 的坐标为__________.

真题再现

1. 已知 $\vec{a}=(-\sqrt{3},1)$，$\vec{b}=(-2\sqrt{3},2)$，则 $<\vec{a},\vec{b}>=$（　　）.

（A）30°　　（B）60°　　（C）150°　　（D）0°

2. 已知 $A(3,1)$，$B(6,1)$，$C(4,3)$，D 是线段 BC 的中点，则向量 $\overrightarrow{AC}$ 与 $\overrightarrow{DA}$ 的夹角的余弦值为（　　）.

（A）$-\frac{4}{5}$　　（B）$\frac{4}{5}$　　（C）$\frac{3}{5}$　　（D）$-\frac{3}{5}$

3. 已知 ΔABC 中，$a=3$，$b=1$，$\angle C=30°$，则 $\overrightarrow{BC}\cdot\overrightarrow{CA}=$（　　）.

（A）$\frac{3}{4}\sqrt{3}$　　（B）$\frac{3}{2}\sqrt{3}$　　（C）$-\frac{3}{4}\sqrt{3}$　　（D）$-\frac{3}{2}\sqrt{3}$

情景 7 综合训练

一、知识网络

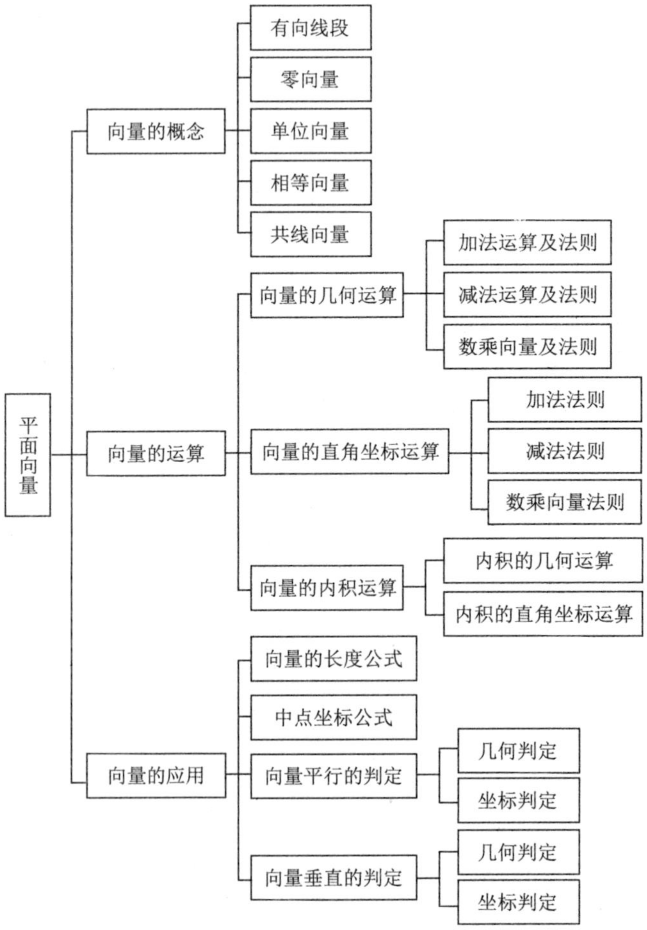

图 7-1　知识网络

二、考点剖析

向量是一种重要的数学工具，是数形结合的一个典范．高考试题对该部分考查的题目，难度不大，属中低档题，但知识点较多，从整体上分析主要考察两部分内容：一是考查平面向量的基础知识及基本技能，以选择题的形式出现一个小题；二是作为数学的基本工具，出现在与平面解析几何、三角等知识的综合解答题中．

（一）向量的基本概念及线性运算

1. 已知四边形 $ABCD$，$\overrightarrow{AB}=-2\overrightarrow{CD}$，则该四边形是（　　）．

（A）梯形　　（B）矩形　　（C）菱形　　（D）正方形

2. 如右图所示，M 是线段 OB 的中点，设向量 $\overrightarrow{OA}=\vec{a}$，$\overrightarrow{OB}=\vec{b}$，则 $\overrightarrow{AM}$ 可以表示为（　　）．

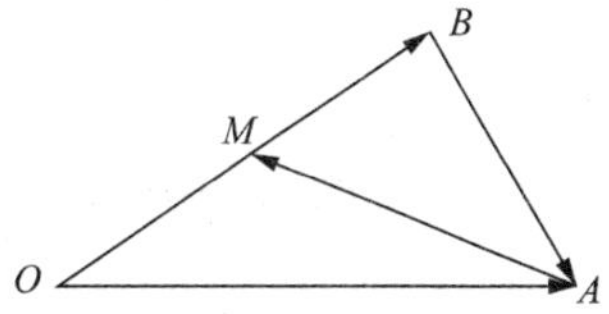

（A）$\vec{a}+\frac{1}{2}\vec{b}$　　（B）$-\vec{a}+\frac{1}{2}\vec{b}$

（C）$\vec{a}-\frac{1}{2}\vec{b}$　　（D）$-\vec{a}-\frac{1}{2}\vec{b}$

3. 如右图所示，已知 P，Q 是线段 AB 的两个三等分点，O 是线段 AB 外的一点，设 $\overrightarrow{OA}=\vec{a}$，$\overrightarrow{OB}=\vec{b}$，则 $\overrightarrow{OP}$ 等于（　　）．

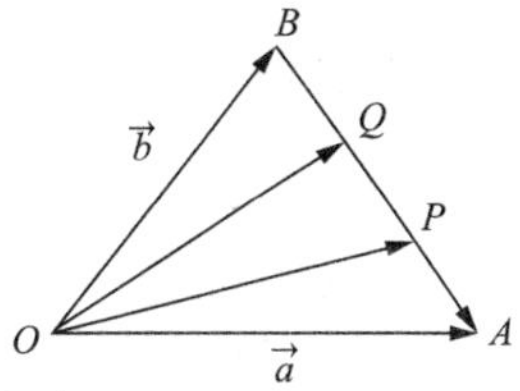

（A）$\frac{1}{3}\vec{a}+\frac{1}{3}\vec{b}$　　（B）$\frac{1}{3}\vec{a}+\frac{2}{3}\vec{b}$

（C）$\frac{2}{3}\vec{a}+\frac{1}{3}\vec{b}$　　（D）$\frac{2}{3}\vec{b}+\frac{2}{3}\vec{a}$

4. 给出下列命题：

① $|\overrightarrow{BA}|=|\overrightarrow{AB}|$；

② 向量 $\vec{a}$ 与 $\vec{b}$ 的方向相同或相反，则 $\vec{a}//\vec{b}$；

③ 若 $\vec{a}$ 与 $\vec{b}$ 都是单位向量，则 $\vec{a}=\vec{b}$；

④ 方向为南偏西 60° 的向量与方向为北偏东 60° 的向量是共线向量．其中，正确的命题是（　　）．

（A）①②　　（B）①④　　（C）①②④　　（D）①②③④

（二）向量的直角坐标系及其运算

1. 向量 $\vec{a}=(2^m,n)$，$\vec{b}=(\frac{3}{2},1)$，且 $\vec{a}=2\vec{b}$，则 m 和 n 的值分别是（　　）．

（A）$m=\log_2 3$，$n=1$　　（B）$m=\log_2 3$，$n=2$

（C）$m=\log_2 2$，$n=1$　　（D）$m=\log_3 2$，$n=2$

2. 在如图所示的平面直角坐标系中，向量 $\overrightarrow{AB}$ 的坐标是（　　）．

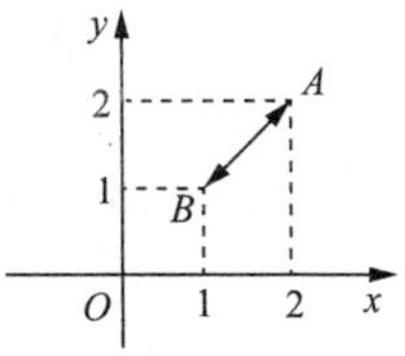

（A）(2,2)　　（B）(−2,−2)

（C）(1,1)　　（D）(−1,−1)

3. 已知 $A(3,0)$，$B(2,1)$，则向量 $\overrightarrow{AB}$ 的单位向量的坐标是(　　).

(A) $(1,-1)$　　(B) $(-1,1)$

(C) $(-\frac{\sqrt{2}}{2},\frac{\sqrt{2}}{2})$　　(D) $(\frac{\sqrt{2}}{2},-\frac{\sqrt{2}}{2})$

4. 如右图所示，在平行四边形 $OABC$ 中，点 $A(1,-2)$，$C(3,1)$，则向量 $\overrightarrow{OB}$ 的坐标是(　　).

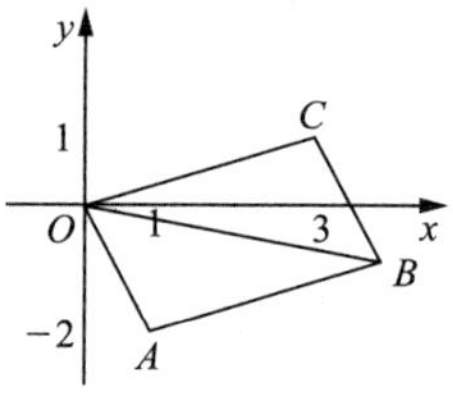

(A) $(4,-1)$　　(B) $(4,1)$

(C) $(1,-4)$　　(D) $(1,4)$

5. 若向量 $\vec{a}=(2,m)$，$\vec{b}=(m,2)$，且 $<\vec{a},\vec{b}>=180°$，则实数 m 的值是________.

6. 已知平行四边形 $ABCD$ 的三个顶点 $A(-2,1)$，$B(-1,3)$，$C(3,4)$，则 $\overrightarrow{BD}$ 的坐标是________.

(三)**向量的内积运算**

1. 如右图所示，已知菱形 $ABCD$ 的边长是 2，且 $\angle DAB=60°$，则 $\overrightarrow{AB}\cdot\overrightarrow{AC}$ 的值是(　　).

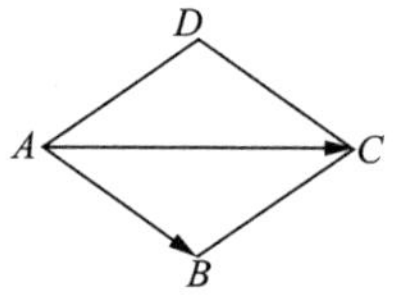

(A) 4　　(B) $4+2\sqrt{3}$

(C) 6　　(D) $4-2\sqrt{3}$

2. 在等边 ΔABC 中，若 $|\overrightarrow{AB}|=|\overrightarrow{BC}|=2$，则 $\overrightarrow{AB}\cdot\overrightarrow{BC}$ 等于(　　).

(A) $-2\sqrt{3}$　　(B) $2\sqrt{3}$　　(C) -2　　(D) 2

3. 如果 $|\vec{a}|=3$，$\vec{b}=-2\vec{a}$，那么 $\vec{a}\cdot\vec{b}$ 等于(　　).

(A) -18　　(B) -6　　(C) 0　　(D) 18

4. 已知两个非零向量 a 与 b 的夹角为锐角，则(　　).

(A) $a\cdot b>0$　　(B) $a\cdot b<0$　　(C) $a\cdot b\geqslant0$　　(D) $a\cdot b\leqslant0$

5. 向量 $\vec{a}=(3,0)$，$\vec{b}=(-3,4)$，则 $<\vec{a},\vec{a}+\vec{b}>$ 的值为(　　).

(A) $\frac{\pi}{6}$　　(B) $\frac{\pi}{4}$　　(C) $\frac{\pi}{3}$　　(D) $\frac{\pi}{2}$

6. 已知 ΔABC 中，$\angle A=90°$，$\overrightarrow{AB}=(x,1)$，$\overrightarrow{BC}=(-4,2)$，则 x 的值为(　　).

(A) 1 或 -3　　(B) -1 或 3　　(C) -1 或 -3　　(D) 1 或 3

7. 已知平行四边形 $OABC$，$\overrightarrow{OA}=(4,2)$，$\overrightarrow{OC}=(2,6)$，则 $\overrightarrow{OB}$ 与 $\overrightarrow{AC}$ 夹角的余弦是(　　).

(A) $\frac{\sqrt{2}}{2}$　　(B) $-\frac{\sqrt{2}}{2}$　　(C) $\frac{\sqrt{5}}{5}$　　(D) $-\frac{\sqrt{5}}{5}$

8. 已知向量 $\vec{a}=(\cos\frac{5\pi}{12},\sin\frac{5\pi}{12})$，$\vec{b}=(\cos\frac{\pi}{12},\sin\frac{\pi}{12})$，则 $\vec{a}\cdot\vec{b}$ 的值等于(　　).

(A) $\frac{1}{2}$　　(B) $\frac{\sqrt{3}}{2}$　　(C) 1　　(D) 0

三、考点练兵

（一）选择题

1. 设 $M(3,-5)$，$N(-6,7)$，且向量 $\overrightarrow{MN}=3\overrightarrow{MQ}$，则 Q 的坐标为（　　）.

（A）$(0,-1)$　（B）$(6,-7)$　（C）$(-1,0)$　（D）$(-6,7)$

2. 已知向量 $\vec{a}=(1,2)$，$\vec{b}=(x,1-x)$，若 $\vec{a}\cdot\vec{b}=-1$，则 $x=$（　　）.

（A）-1　（B）1　（C）-3　（D）3

3. 若平行四边形 $ABCD$ 中，$|\overrightarrow{AB}+\overrightarrow{AD}|=|\overrightarrow{AB}-\overrightarrow{AD}|$，则四边形 $ABCD$ 一定是（　　）.

（A）矩形　（B）正方形　（C）菱形　（D）梯形

4. 已知平面向量 $\vec{a}=(1,-3)$，$\vec{b}=(4,-2)$，$\lambda\vec{a}+\vec{b}$ 与 $\vec{a}$ 垂直，则 λ 的值为（　　）.

（A）-1　（B）1　（C）-2　（D）2

5. 在半径为 R 的圆 C 中，已知弦 AB 的长为 5，则 $\overrightarrow{AB}\cdot\overrightarrow{AC}$ 等于（　　）.

（A）$\frac{5}{2}$　（B）$\frac{25}{2}$　（C）$\frac{5}{2}R$　（D）$\frac{25}{2}R$

6. 若 $\vec{a}=(1,1)$，$\vec{b}=(1,-1)$，$\vec{c}=(-1,2)$，则 $\vec{c}$ 可表示为（　　）.

（A）$\frac{1}{2}\vec{a}-\frac{3}{2}\vec{b}$　（B）$\frac{1}{2}\vec{a}+\frac{3}{2}\vec{b}$

（C）$\frac{3}{2}\vec{a}+\frac{1}{2}\vec{b}$　（D）$\frac{3}{2}\vec{a}-\frac{1}{2}\vec{b}$

7. 已知 $\vec{a}=(-3,2)$，$\vec{b}=(-1,0)$，向量 $\lambda\vec{a}+\vec{b}$ 与 $\vec{a}-2\vec{b}$ 垂直，则实数 λ 的值为（　　）.

（A）$-\frac{1}{7}$　（B）$\frac{1}{7}$　（C）$-\frac{1}{6}$　（D）$\frac{1}{6}$

8. 已知向量 $\vec{a}=(3,1)$，$\vec{b}=(1,3)$，$\vec{c}=(k,2)$，若 $(\vec{a}-\vec{c})\perp\vec{b}$，则 $k=$（　　）.

（A）0　（B）1　（C）2　（D）3

9. 设 $|\vec{a}|=1$，$|\vec{b}|=\sqrt{2}$，且 $(\vec{a}-\vec{b})\perp\vec{a}$，则 $\vec{a}$ 与 $\vec{b}$ 的夹角是（　　）.

（A）$\frac{\pi}{3}$　（B）$\frac{\pi}{2}$　（C）$\frac{\pi}{4}$　（D）$\frac{\pi}{6}$

10. 若向量 $\vec{a}$，$\vec{b}$ 满足 $|\vec{a}|=|\vec{b}|=1$ 且 $\vec{a}\cdot\vec{b}+\vec{b}\cdot\vec{b}=\frac{3}{2}$，则向量 $\vec{a}$ 与 $\vec{b}$ 的夹角为（　　）.

（A）30°　（B）45°　（C）60°　（D）90°

11. 向量 $\vec{a}$，$\vec{b}$，$\vec{c}$ 在正方形网格中的位置如右图所示，若 $\vec{c}=\lambda\vec{a}+\mu\vec{b}$，$(\lambda,\mu\in\mathbf{R})$，则 $\frac{\lambda}{\mu}=$（　　）.

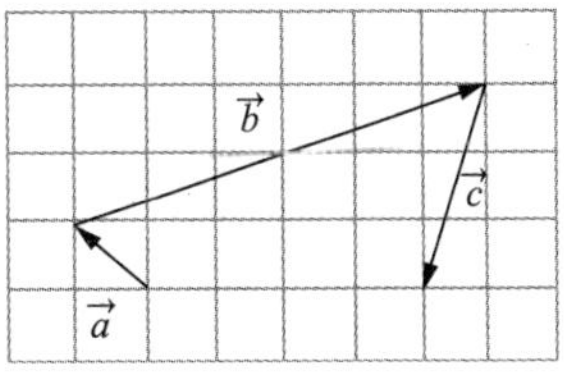

（A）1　（B）-1

（C）-4　（D）4

12. 已知向量 $\vec{a}=(-3,4)$，$|\vec{b}|=10$，且 $\vec{a}/\!/\vec{b}$，则向量 $\vec{b}$ 等于（　　）.

（A）(−6,8)　　　　（B）(6,−8)

（C）(−6,8)或(6,−8)　　　　（D）(−12,16)

13. 若向量为$\vec{a}$与$\vec{b}$的长度分别等于4和3，其夹角为60°，则$|\vec{a}+\vec{b}|$的值是(　　).

（A）$\sqrt{37}$　　（B）$\sqrt{13}$　　（C）37　　（D）7

14. 已知$|\vec{a}|=4$，$|\vec{b}|=1$，$<\vec{a},\vec{b}>=60°$，则$|\vec{a}-2\vec{b}|$等于(　　).

（A）12　　（B）28　　（C）$2\sqrt{3}$　　（D）$2\sqrt{7}$

（二）**填空题**

15. 已知向量$\vec{a}$、$\vec{b}$满足$|\vec{a}|=|\vec{b}|=|\vec{a}+\vec{b}|=1$，则$|\vec{a}-\vec{b}|=$__________.

16. 已知$|\vec{a}|=\sqrt{34}$，$\vec{b}=(4,1)$，$\vec{a}\perp\vec{b}$，则$\vec{a}$的坐标为__________.

17. 已知向量$\vec{a}=(2,-1)$，$\vec{b}=(-1,m)$，$\vec{c}=(-1,2)$，若$(\vec{a}+\vec{b})//\vec{c}$，则$m=$______.

18. 已知$\overrightarrow{OA}=(-5,2)$，$\overrightarrow{OB}=(-2,m)$，且$\overrightarrow{OB}\perp\overrightarrow{OA}$，则$|\overrightarrow{OB}|=$__________.

（三）**解答题**

19. 已知$|\vec{a}|=2$，$|\vec{b}|=1$，且关于方程$x^2+|\vec{a}|x+\vec{a}\cdot\vec{b}=0$有两个相等的实数根．求向量$\vec{a}$与$\vec{b}$的夹角．

20. 已知$|\vec{a}|=3$，$|\vec{b}|=2$，$<\vec{a},\vec{b}>=\frac{\pi}{3}$. 求：(1)$\vec{a}\cdot\vec{b}$；(2)$(2\vec{a}+\vec{b})\cdot\vec{b}$；(3)$|\vec{a}+\vec{b}|$.

21. 已知向量$|\vec{a}|=(k,k+1)$，$|\vec{b}|=(2k,-2)$，求实数k的值，使得(1)$\vec{a}//\vec{b}$；(2)$\vec{a}\perp\vec{b}$.

情景8

三 角

习近平总书记在二十大报告中强调，坚持全面依法治国，推进法治中国建设.

迟序之数，非出神怪，有形可检，有数可推. ——祖冲之

考纲展示

1. 角的概念的推广，弧度制.
2. 任意角的三角函数(正弦、余弦和正切)的概念，同角三角函数的基本关系式.
3. 三角函数的诱导公式.
4. 正弦函数、余弦函数的图像和性质，正弦型函数的图像和性质.
5. 已知三角函数值求角.
6. 和角公式、倍角公式.
7. 正弦定理、余弦定理及三角形的面积公式.
8. 三角计算的应用.

要求

(1) 理解任意角的概念，理解终边相同的角的集合.

(2) 理解弧度制的概念，掌握弧度和角度的互化.

(3) 理解任意角的三角函数定义，掌握三角函数在各象限的符号.

(4) 掌握同角三角函数的基本关系.

(5) 会用诱导公式化简三角函数式.

(6) 掌握正弦函数、余弦函数的图像和性质.

(7) 掌握正弦型函数的图像和性质，会用“五点法”画正弦型函数在一个周期上的简图.

（8）会用计算器求三角函数值，会由三角函数（正弦和余弦）值求出指定范围内的角.

（9）掌握和角公式与倍角公式，会用它们进行计算、化简和证明.

（10）掌握正弦定理和余弦定理，会根据已知条件求三角形的面积.

（11）能综合运用三角知识解决实际问题.

情景目标

1. 理解任意角的概念，理解终边相同的角的集合.

2. 理解弧度的意义，掌握弧度和角度的互化.

3. 理解任意角三角函数的定义，掌握三角函数在各象限的符号，以及角的终边与单位圆的交点的坐标；掌握同角三角函数间的基本关系式.

4. 会用诱导公式化简三角函数式.

5. 掌握正弦函数、余弦函数的图像和性质.

6. 掌握正弦型函数的图像和性质，会用“五点法”画正弦型函数的简图.

7. 会用计算器求三角函数值，会由三角函数（正弦和余弦）值求出制定范围内的角.

8. 掌握和角公式与倍角公式，会用他们进行计算、化简和证明.

9. 会求以 $\sin x$ 或 $\cos x$ 为自变量的函数的最值.

10. 掌握正弦定理和余弦定理，会根据已知条件求三角形的面积.

11. 能综合运用三角知识解决实际问题.

任务1　角的概念的推广及弧度制

任务目标

1. 掌握终边相同的角的概念，能熟练地写出与各特殊角终边相同的角的集合.

2. 掌握弧度制的概念，会熟练地进行角度值和弧度制的互化，特别是特殊角的角度值和弧度制的互化.

抓主干
考点解密

一、任意角的概念

1. 角的概念.

（1）角：在平面内一条射线绕着它的端点__________而成的图形叫作角. 射线的端

点叫作角的__________，旋转开始的位置的射线叫作角的__________，旋转终止位置的射线叫作角的__________.

（2）角的推广：

① 正角：一条射线绕着它的端点，按__________方向旋转形成的角；

② 负角：一条射线绕着它的端点，按__________方向旋转形成的角；

③ 零角：一条射线绕着端点，__________的角.

2. 象限角.

角的顶点与坐标原点重合，角的始边与 x 轴的正方向重合，那么角的终边（除顶点外）在第几象限，就说这个角是__________.

注：如果角的终边落在坐标轴上，这样的角不属于任何象限，称这样的角是象限界角.

3. 终边相同的角.

所有与 α 角终边相同的角的集合为____________________.

注：终边相同的角是针对直角坐标系而言的，因此相等的角终边一定相同.

二、弧度制

1. 1 弧度角的定义.

把__________的圆弧所对的圆心角叫 1 弧度角，记作__________，通常省去__________，记作__________.

2. 角度与弧度的互化.

（1）互化公式：$1°=$__________；$1=$__________.

注：通常用 $\pi=180°$ 来进行互化.

特殊角的度与弧度的对应表：

周角的	0	$\frac{1}{12}$	$\frac{1}{8}$	$\frac{1}{6}$	$\frac{1}{4}$	$\frac{1}{2}$	$\frac{3}{4}$	1
度	0°	30°		60°		180°	270°	360°
弧度	0		$\frac{\pi}{4}$	$\frac{\pi}{3}$	$\frac{\pi}{2}$			

3. 用弧度制表示的相应的公式.

长为 l 的弧所对圆心角公式：__________；

弧长公式：__________；

扇形面积公式：$S=$__________.

注：上述公式均是采用弧度制，若给定的是角度制应先化为弧度，然后再进行计算.

基础训练

1. $\frac{5\pi}{3}=$________；$\frac{7\pi}{6}=$________；$\frac{7\pi}{4}=$________；$180°=$________；$135°=$________；$315°=$________；$-60°=$________；$330°=$________.

2. (1) 125° 是第________象限角；

(2) −25° 是第________象限角.

(3) 与 225° 终边相同的角的集合是________，它是第________象限角.

(4) 与 −225° 终边相同的角的集合是________，它是第________象限角.

研考向
要点探究

支线任务一　角的有关知识的判断

例 1　给出下列命题：

① −2 是第四象限角；

② π 是第二象限角；

③ 若始边相同，则相等的角的终边一定相同；

④ 一个正角的终边与一个负角的终边一定不同；

⑤ 零角不属于任何象限.

其中，正确命题的个数为(　　).

(A) 1　　(B) 2　　(C) 3　　(D) 4

任务拓展

下列各命题正确的是(　　).

(A) 终边相同的角一定相等　　(B) 第一象限角都是锐角

(C) 锐角都是第一象限角　　(D) 小于 90° 的角都是锐角

支线任务二　象限角的判断

例 2　(1) 已知 $A=\{$第一象限角$\}$，$B=\{$锐角$\}$，$C=\{$小于 90° 的角$\}$，那么 A、B、C 的关系是(　　).

(A) $B=A\cap C$　　(B) $C=B\cup C$　　(C) $A\subseteq C$　　(D) $A=B=C$

(2) 若 α 为锐角，则 $k\pi+\alpha\ (k\in\mathbf{Z})$ 是第(　　)象限角.

(A) 一　　(B) 二　　(C) 一或二　　(D) 一或三

任务拓展

1. 角$\frac{31\pi}{3}$是第(　　)象限角.

(A)一　　(B)二　　(C)三　　(D)四

2. 角 $-870°$ 是第(　　)象限角.

(A)一　　(B)二　　(C)三　　(D)四

支线任务三　终边相同的角

例 3　用弧度制表示:

(1)终边在 x 轴的正半轴上角的集合是__________;

(2)终边在 x 轴的负半轴上角的集合是__________;

(3)终边在 x 轴上角的集合是__________;

(4)在 $0°\sim360°$ 范围内,与角 $-1770°$ 终边相同的角是__________.

任务拓展

1. 若 α 是第一象限的角,则 $k\cdot360°+\alpha\ (k\in\mathbf{Z})$所在的象限角是(　　).

(A)一　　(B)二　　(C)三　　(D)四

2. 下列各角中,与 $-\frac{\pi}{3}$ 终边相同的角是(　　).

(A)$\frac{\pi}{3}$　　(B)$-\frac{13\pi}{3}$　　(C)$\frac{8\pi}{3}$　　(D)$\frac{\pi}{6}$

支线任务四　弧长公式、扇形面积公式的应用

例 4　已知扇形的半径为 2,圆心角为 60°,则该扇形的面积为______,弧长为____.

任务拓展

已知半径为 1 的扇形面积为$\frac{3\pi}{8}$,则扇形的中心角为(　　).

(A)$\frac{3\pi}{16}$　　(B)$\frac{3\pi}{8}$　　(C)135°　　(D)270°

悟习题
能力提升

尝试练习

1. 下列四个角中,第一象限角是(　　).

(A)$-405°$　　(B)$600°$　　(C)$\frac{26\pi}{3}$　　(D)$-\frac{23\pi}{3}$

2. 已知 30° 的圆心角所对的弧长等于 π,则这个圆的半径为(　　).

(A)30　　(B)6　　(C)$\frac{\pi}{30}$　　(D)$\frac{30}{\pi}$

3. 下列命题中正确的是(　　).

(A) 第二象限的角一定比第一象限的角大

(B)第一象限角一定不是负角

(C) 终边相同的角不一定相等

(D) 大于 $90°$ 的角一定不是第一象限的角

4. 与 $330°$ 角终边相同的角为(　　).

(A) $-60°$　(B) $390°$　(C) $-390°$　(D) $-45°$

5. 角 $-300°$ 化为弧度是(　　).

(A) $-\frac{4\pi}{3}$　(B) $-\frac{5\pi}{3}$　(C) $-\frac{7\pi}{4}$　(D) $-\frac{7\pi}{6}$

6. 角 $\frac{8\pi}{5}$rad 化为度数为(　　).

(A) $278°$　(B) $280°$　(C) $288°$　(D) $318°$

7. 若 $\alpha=k\cdot180°+45°\ (k\in\mathbf{Z})$,则 α 在(　　).

(A) 第一或第三象限　(B) 第一或第二象限

(C) 第二或第四象限　(D) 第三或第四象限

8. 若角 α 与 β 的终边互为反向延长线,则(　　).

(A) $\alpha=-\beta$　(B) $\alpha=\beta-k\cdot360°\ (k\in\mathbf{Z})$

(C) $\alpha=180°+\beta$　(D) $\alpha=k\cdot360°+180°+\beta\ (k\in\mathbf{Z})$

9. 已知 α 是锐角,则 2α 为(　　).

(A) 第一象限角　(B)第二象限角

(C)第一或第二象限角　(D)小于 $180°$ 的正角

10. 已知 θ 是第一象限角,则 $\frac{\theta}{2}$ 是第______象限角.

能力提升

1. 若 α 为第四象限角,则 $\pi-\alpha$ 是(　　).

(A) 第一象限角　(B) 第二象限角

(C) 第三象限角　(D) 第四象限角

2. 终边在 y 轴上的角的集合为__________.

真题再现

1. 角 -3rad 是第(　　)象限角.

(A) 一　(B) 二　(C) 三　(D) 四

2. 长度等于半径的弦对圆心角的弧度数是(　　).

(A) 1　(B) 3　(C) $\frac{\pi}{6}$　(D) $\frac{\pi}{3}$

任务2 任意角的三角函数

任务目标

1. 牢记三角函数的定义，会根据角 α 终边上一点的坐标，求出 α 的三角函数值.
2. 理解单位圆和正弦线、余弦线，能利用单位圆求特殊角的三角函数值.
3. 掌握三角函数在各象限的符号，并会应用.

抓主干
考点解密

一、任意角的三角函数

1. 三角函数的定义：设点 $P(x, y)$ 是角 α 终边上任一点，P 到原点的距离为 $r(r>0)$，则 $\sin\alpha=$__________；$\cos\alpha=$__________；$\tan\alpha=$__________.

2. 三角函数的定义域.

三角函数	定义域
$y=\sin\alpha$ $y=\cos\alpha$	
$y=\tan\alpha$	

二、单位圆与三角函数线

1. 单位圆：在直角坐标系中，我们称以原点为圆心，以__________为半径的圆为单位圆.

2. 如右图所示，我们把这三条与单位圆有关的有向线段________、________，分别叫作角 α 的________、__________

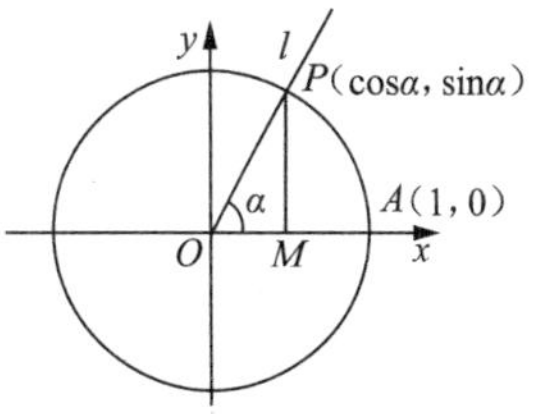

由此可知，角 α 的余弦值和正弦值分别等于角 α 终边与单位圆交点的__________坐标和__________坐标.

三、三角函数的象限的符号

（记忆口诀）一全正，二正弦，三正切，四余弦.

基础训练

1. 已知角 α 的终边经过点 $(3, -4)$，则 $\sin\alpha=$____________；$\cos\alpha=$____________；$\tan\alpha=$____________.

2. 写出下列特殊角的三角函数值.

α	角度	0°	30°	45°	60°	90°	120°	135°	150°	180°	270°	360°
	弧度											
$\sin\alpha$												
$\cos\alpha$												
$\tan\alpha$												

3. 已知 $\sin\alpha<0$，且 $\tan\alpha<0$，则 α 是第______象限角.

研考向
要点探究

支线任务一 利用三角函数的定义求三角函数值

例 1 已知角 α 终边上一点 $P(2,-3)$，则：

$\sin\alpha=$__________；$\cos\alpha=$__________；$\tan\alpha=$__________.

任务拓展

角 α 的终边经过点 $P(-b,4)$，且 $\cos\alpha=-\frac{3}{5}$，则 $b=$__________.

支线任务二 三角函数象限符号的判断

例 2 若 $\sin\alpha<0$，且 $\tan\alpha>0$，则 α 是第______象限角.

任务拓展

若 α 是第三象限角，则点 $P(\sin\alpha,\tan\alpha)$所在的象限是第(　　)象限.

(A) 一　　(B) 二　　(C) 三　　(D) 四

悟习题
能力提升

尝试练习

1. 设 $\alpha=\frac{2\pi}{3}$，则角 α 的终边与单位圆的交点 P 的坐标是(　　).

(A) $\left(\frac{1}{2},\frac{\sqrt{3}}{2}\right)$　(B) $\left(-\frac{1}{2},\frac{\sqrt{3}}{2}\right)$　(C) $\left(\frac{\sqrt{3}}{2},\frac{1}{2}\right)$　(D) $\left(-\frac{\sqrt{3}}{2},\frac{1}{2}\right)$

2. 若角 α 的终边经过点 $P(-1,1)$，则 $\sin\alpha$ 的值为(　　).

(A) 1　(B) -1　(C) $\frac{\sqrt{2}}{2}$　(D) $-\frac{\sqrt{2}}{2}$

3. 若角 α 的终边经过点 $P(-a, a)$且 $a<0$，则 $\cos\alpha$ 的值是（　　）.

（A）$\frac{\sqrt{2}}{2}$　（B）$-\frac{\sqrt{2}}{2}$　（C）$\frac{\sqrt{2}}{2}$或 $-\frac{\sqrt{2}}{2}$　（D）-1

4. 已知角 α 的终边经过点 $P(2, m)$，若 $\sin\alpha=-\frac{4}{5}$，则 m 的值为（　　）.

（A）$-\frac{8}{3}$　（B）$\frac{8}{3}$　（C）$\pm\frac{8}{3}$　（D）$-\frac{3}{8}$

5. 若 $\sin\alpha$ 与 $\tan\alpha$ 异号，则角 α 所在的象限为（　　）.

（A）第二象限　（B）第三象限

（C）第二或第三象限　（D）第四象限

6. 若角 α 的终边落在直线 $y=2x$ 上，则 $\sin\alpha$ 等于（　　）.

（A）$\pm\frac{1}{5}$　（B）$\pm\frac{1}{2}$　（C）$\pm\frac{\sqrt{5}}{5}$　（D）$\pm\frac{2\sqrt{5}}{5}$

7. 已知 $\cos\alpha\cdot\tan\alpha<0$，那么角 α 是（　　）.

（A）第一或第二象限角　（B）第二或第三象限角

（C）第一或第四象限角　（D）第三或第四象限角

8. 若点 P 在$\frac{2\pi}{3}$的终边上，且 $OP=2$，则点 P 的坐标是（　　）.

（A）$(1,\sqrt{3})$　（B）$(\sqrt{3},1)$　（C）$(-1,-\sqrt{3})$　（D）$(-1,\sqrt{3})$

9. 若 α 是第二象限角，则$\frac{|\sin\alpha|}{\sin\alpha}+\frac{|\cos\alpha|}{\cos\alpha}+\frac{|\tan\alpha|}{\tan\alpha}=$__________.

10. 已知角 α 是第四象限角，并且终边在 $y=-2x$ 上，则 $\sin\alpha=$________________，$\cos\alpha=$________________.

能力提升

1. 若 $\sin(\pi-\alpha)>0$，且 $\cos(3\pi+\alpha)<0$，则 α 所在象限为（　　）.

（A）第一象限角　（B）第二象限角

（C）第三象限角　（D）第四象限角

2. 已知点 $P(\sin\alpha, \cos\alpha)$在第三象限，则角 α 所在的象限为（　　）.

（A）第一象限角　（B）第二象限角

（C）第三象限角　（D）第四象限角

3. 设 α 的终边经过点 $P(m, n)$且 $m\neq0$，则 $\sin\alpha=$________.

真题再现

1. 设角 θ 的终边经过点 $P(-\sqrt{3},-1)$，则 $\cos\theta+\tan\theta$ 等于（　　）.

（A）$\frac{-1+\sqrt{3}}{2}$　（B）$\frac{-1-\sqrt{3}}{2}$　（C）$\frac{\sqrt{3}}{6}$　（D）$-\frac{\sqrt{3}}{6}$

2. 若角 α 终边上一点 P 的坐标是$(-3m,4m)$且 $m\neq0$，则 $\cos\alpha$ 的值是（　　）.

(A) $-\frac{4}{5}$　　(B) $-\frac{3}{5}$　　(C) $\pm\frac{4}{5}$　　(D) $\pm\frac{3}{5}$

3. 已知$\frac{\pi}{4}<\theta<\frac{\pi}{2}$,则下列关系正确的是(　　).

(A) $\sin\theta>\cos\theta>\tan\theta$　　(B) $\cos\theta>\sin\theta>\tan\theta$

(C) $\tan\theta>\sin\theta>\cos\theta$　　(D) $\tan\theta>\cos\theta>\sin\theta$

任务3　同角三角函数基本关系式

任务目标

1. 理解并掌握同角三角函数的两个基本关系:平方关系、商数关系.
2. 会用同角三角函数的基本关系进行求值、化简及证明.
3. 掌握三角函数式的变换:1的代换、弦切函数的转换.
4. 会根据已知三角函数值求其他三角函数值.

抓主干
考点解密

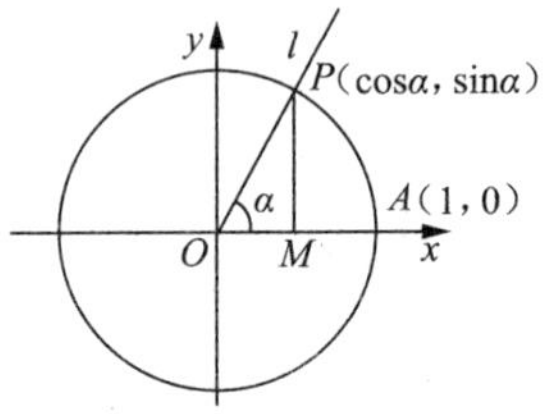

如右图所示,在以原点为圆心的单位圆中,角α的终边与单位圆的交点P的坐标为$(\cos\alpha,\sin\alpha)$,过点P做PM垂直于x轴,垂足为M,在$Rt\Delta POM$中,由勾股定理得$|MP|^2+|OM|^2=1$,即$\sin^2\alpha+\cos^2\alpha=1$. 显然,当角$\alpha$的终边与坐标轴重合时,此公式也成立.

由三角函数的定义,我们知道,当$\alpha\neq k\pi+\frac{\pi}{2}(k\in\mathbf{Z})$时,有$\tan\alpha=\frac{\sin\alpha}{\cos\alpha}$.

同角三角函数的基本关系:

(1) 平方关系:________________.

(2) 商数关系:________________.

注:“同角”是指三角关系式中的角必须是相同的。

基础训练

1. 已知$\sin\alpha=-\frac{3}{5}$,且α是第三象限角,则$\cos\alpha=$__________;$\tan\alpha=$__________.

2. 化简:(1) $(1-\sin\alpha)(1+\sin\alpha)=$__________;

(2) $\frac{2\cos^2\alpha-1}{1-2\sin^2\alpha}=$__________.

研考向
要点探究

支线任务一 已知弦函数值求其他的三角函数值

例 1 已知 $\sin\alpha=\frac{4}{5}$，且 α 是第二象限角，则 $\cos\alpha=$________；$\tan\alpha=$________.

任务拓展

已知 $\cos\alpha=-\frac{4}{5}\left(\pi<\alpha<\frac{3\pi}{2}\right)$，则 $\sin\alpha\cdot\tan\alpha$ 的值是(　　).

(A) $\frac{9}{20}$　　(B) $-\frac{9}{20}$　　(C) $\frac{7}{10}$　　(D) $-\frac{7}{10}$

支线任务二 已知切函数值求其他的三角函数值

例 2 已知 $\tan\alpha=-\frac{2}{3}$，且 α 是第四象限角，则 $\cos\alpha$ 的值为(　　).

(A) $\frac{\sqrt{13}}{13}$　　(B) $-\frac{3\sqrt{13}}{13}$　　(C) $\frac{3\sqrt{13}}{13}$　　(D) $-\frac{\sqrt{13}}{13}$

任务拓展

已知 $\tan\alpha=-2$，则(1) $\sin^2\alpha-2\cos^2\alpha=$________；

(2) $\frac{\cos\alpha-\sin\alpha}{\cos\alpha+\sin\alpha}=$________；

(3) $\frac{1}{\sin\alpha\cos\alpha}=$________.

支线任务三 已知一个关系式的值求其另一个关系式的值

例 3 若 $\sin\alpha+\cos\alpha=1$，则 $\sin\alpha\cdot\cos\alpha$ 等于(　　).

(A) 0　　(B) 1　　(C) $\frac{1}{2}$　　(D) $\frac{\sqrt{3}}{2}$

任务拓展

已知 $\sin\alpha+\cos\alpha=\frac{\sqrt{5}}{2}$，则(1) $\sin\alpha\cdot\cos\alpha=$________；(2) $\sin^4\alpha+\cos^4\alpha=$________.

悟习题
能力提升

尝试练习

1. 已知 $\sin\alpha=\frac{4}{5}$，且 α 是第二象限角，则 $\cos\alpha$ 的值为(　　).

(A) $\frac{4}{5}$　　(B) $-\frac{4}{5}$　　(C) $\frac{3}{5}$　　(D) $-\frac{3}{5}$

2. 已知 $\sin\alpha=-\frac{12}{13}$，且 α 是第三象限角，则 $\cos\alpha$ 的值为(　　).

(A) $\frac{5}{13}$　(B) $-\frac{5}{13}$　(C) $\pm\frac{5}{13}$　(D) $-\frac{5}{12}$

3. 已知 $\tan\alpha=-\frac{\sqrt{3}}{3}$，且 α 是第二象限角，则 $\sin\alpha$ 的值为(　　).

(A) $\frac{1}{2}$　(B) $-\frac{1}{2}$　(C) $\frac{\sqrt{3}}{2}$　(D) $-\frac{\sqrt{3}}{2}$

4. 若 $\tan\alpha=2$，则 $\frac{\sin\alpha-\cos\alpha}{2\sin\alpha+\cos\alpha}$ 的值为(　　).

(A) -5　(B) 5　(C) $\frac{1}{5}$　(D) $-\frac{1}{5}$

5. 若 α 是 ΔABC 的一个内角，且 $\sin\alpha=\frac{\sqrt{3}}{2}$，则 $\cos\alpha$ 的值为(　　).

(A) $\frac{1}{2}$　(B) $-\frac{1}{2}$　(C) $\pm\frac{1}{2}$　(D) 无法确定

6. 已知 $\tan\alpha=-2$，则 $\sin\alpha\cdot\cos\alpha$ 的值为(　　).

(A) $\frac{2}{5}$　(B) $-\frac{2}{5}$　(C) $\frac{3}{5}$　(D) $-\frac{3}{5}$

7. 若 α 是第二象限的角，化简 $\tan\alpha\cdot\sqrt{1-\sin^2\alpha}$ 等于(　　).

(A) $-\sin\alpha$　(B) $\sin\alpha$　(C) $\cos\alpha$　(D) $-\cos\alpha$

8. 若 $\sin\alpha+\cos\alpha=\sqrt{2}$，则 $\sin\alpha-\cos\alpha$ 的值为(　　).

(A) -1　(B) 0　(C) 1　(D) ±1

9. 已知 $\sin\alpha\cdot\cos\alpha=\frac{1}{8}$ 且 $\frac{\pi}{4}<\alpha<\frac{\pi}{2}$，则 $\cos\alpha-\sin\alpha$ 的值是(　　).

(A) $\frac{\sqrt{3}}{2}$　(B) $\frac{3}{4}$　(C) $-\frac{\sqrt{3}}{2}$　(D) $\pm\frac{\sqrt{3}}{2}$

10. 若 α 是 ΔABC 的一个内角，且 $\sin\alpha=\frac{12}{13}$，则 $\tan\alpha$ 的值为(　　).

(A) $\frac{12}{5}$　(B) $\pm\frac{12}{5}$　(C) $\pm\frac{5}{12}$　(D) $-\frac{12}{5}$

11. 已知 $\sin\alpha$ 和 $\cos\alpha$ 是方程 $x^2-(\sqrt{3}+1)x+m=0$ 的两个根，则 $m=$__________.

能力提升

已知 $\tan\alpha=2$，则 $\frac{\sin\alpha-4\cos\alpha}{2\sin\alpha-3\cos\alpha}$ 的值为__________.

真题再现

1. 已知 $\sin\alpha>0$，$\tan\alpha<0$，则化简 $\sqrt{1-\sin^2\alpha}$ 的结果为(　　).

(A) $\cos\alpha$　(B) $\tan\alpha$　(C) $-\cos\alpha$　(D) $\pm\cos\alpha$

2. 如果 $\frac{\sin\alpha-2\cos\alpha}{3\sin\alpha+5\cos\alpha}=-5$，那么 $\tan\alpha$ 的值为(　　).

(A) -2　　(B) 2　　(C) $\frac{23}{16}$　　(D) $-\frac{23}{16}$

任务4 诱导公式 已知三角函数值求角

任务目标

1. 熟练掌握诱导公式，会用公式进行化简、求值.
2. 能根据给出的三角函数值，求出对应的角.

抓主干
考点解密

1. α 与 $\alpha+2k\pi\ (k\in\mathbf{Z})$的三角函数间的关系：

$\cos(\alpha+2k\pi)=$__________; $\sin(\alpha+2k\pi)=$__________; $\tan(\alpha+2k\pi)=$__________.

2. α 与 $-\alpha$ 的三角函数间的关系：

$\cos(-\alpha)=$__________; $\sin(-\alpha)=$__________; $\tan(-\alpha)=$__________.

3. α 与 $\pi+\alpha$ 的三角函数间的关系：

$\cos(\pi+\alpha)=$__________; $\sin(\pi+\alpha)=$__________; $\tan(\pi+\alpha)=$__________.

4. α 与$\frac{\pi}{2}+\alpha$ 的三角函数的关系：

$\cos\left(\frac{\pi}{2}+\alpha\right)=$__________; $\sin\left(\frac{\pi}{2}+\alpha\right)=$__________.

基础训练

计算：

(1) $\sin\left(-\frac{8\pi}{3}\right)=$__________;

(2) $\cos\frac{19\pi}{3}=$__________;

(3) $\tan 405°=$__________;

(4) 若 $\cos\alpha=-\frac{1}{2}$，则 $\cos(\pi-\alpha)$的值为__________;

(5) 已知 $\sin\alpha=\frac{1}{2}$，且 $-\pi<\alpha<\pi$，则 $\alpha=$__________.

研考向
要点探究

支线任务一 求值

例 1 （1）若 $\cos(\pi+\alpha)=-\frac{1}{2}$，$\frac{3\pi}{2}<\alpha<2\pi$，则 $\sin(2\pi-\alpha)$的值是（　　）.

（A）$\frac{1}{2}$　　（B）$-\frac{1}{2}$　　（C）$\frac{\sqrt{3}}{2}$　　（D）$-\frac{\sqrt{3}}{2}$

（2）若 $\sin(\pi+\alpha)<\alpha$，$\cos[(2k+1)\pi+\alpha]>0$（$k\in\mathbf{Z}$），则 α 所在的象限是（　　）.

（A）第一象限　（B）第二象限　（C）第三象限　（D）第四象限

任务拓展

1. （1）$\cos(-1140°)=$__________；

（2）若 $\tan(\pi-\alpha)=2$，且 $\sin\alpha>0$，则 $\cos\alpha$ 的值是__________；

（3）若 $\sin(\frac{5\pi}{2}+\alpha)=\frac{3}{5}$，则 $\cos(\pi-\alpha)$的值为__________.

2. 已知 $\sin(\pi+\alpha)=-\frac{4}{5}$，且 α 是第二象限角，则 $\tan(3\pi+\alpha)$的值是__________.

支线任务二 化简

例 2 化简 $\frac{\sin(180°+2\alpha)}{1+\cos2\alpha}\cdot\frac{\cos^2\alpha}{\cos(90°+\alpha)}$.

任务拓展

已知为 α 第三象限角，且 $f(\alpha)=\frac{\sin(\pi-\alpha)\cos(2\pi-\alpha)\tan(-\alpha+\frac{3\pi}{2})}{\cot\alpha\sin(\pi+\alpha)}$，

（1）化简 $f(\alpha)$；

（2）若 $\alpha=-1860°$，求 $f(\alpha)$的值.

支线任务三 已知三角函数值求角

例3 满足 $\sin x=\frac{1}{2}$ 的 x 的集合是(　　).

(A) $\{x|x=\frac{\pi}{6}+2k\pi$ 或 $x=\frac{5\pi}{6}+2k\pi,\ k\in\mathbf{Z}\}$

(B) $\{x|x=\frac{\pi}{3}+2k\pi,\ k\in\mathbf{Z}\}$

(C) $\{x|x=-\frac{\pi}{6}+k\pi,\ k\in\mathbf{Z}\}$

(D) $\{x|x=\frac{\pi}{3}+k\pi$ 或 $x=-\frac{\pi}{6}+k\pi,\ k\in\mathbf{Z}\}$

任务拓展

若 $\sin x=-\frac{\sqrt{2}}{2}$，且 $-180°<x<0°$，则 x 的值为__________.

悟习题
能力提升

尝试练习

1. $\cos\left(\frac{\pi}{2}-\alpha\right)$等于(　　).

(A) $\cos\alpha$　(B) $-\sin\alpha$　(C) $\sin\alpha$　(D) $-\cos\alpha$

2. 若 A, B, C 为 ΔABC 的三个内角，则(　　).

(A) $\sin A=\sin(B+C)$　(B) $\cos A=\cos(B+C)$

(C) $\tan A=\tan(B+C)$　(D) $\sin A=-\sin(B+C)$

3. $\sin(-3\pi+\alpha)$等于(　　).

(A) $\sin\alpha$　(B) $\cos\alpha$　(C) $-\sin\alpha$　(D) $-\cos\alpha$

4. $\sin\left(\frac{\pi}{2}-\alpha\right)$等于(　　).

(A) $\cos\alpha$　(B) $-\sin\alpha$　(C) $\sin\alpha$　(D) $-\cos\alpha$

5. $\sin^2 10°+\sin^2 20°+\sin^2 30°+\sin^2 40°+\sin^2 50°+\sin^2 60°+\sin^2 70°+\sin^2 80°$ 的值为(　　).

(A) 5　(B) 4　(C) 3　(D) 2

6. 若 $0<\alpha<2\pi$，则满足 $\cos\alpha=\frac{1}{2}$ 的角 α 等于(　　).

(A) $\frac{\pi}{3}$　(B) $\frac{5\pi}{3}$　(C) $-\frac{\pi}{3}$ 或 $\frac{\pi}{3}$　(D) $\frac{\pi}{3}$ 或 $\frac{5\pi}{3}$

7. 式子 $\sin^2 23°+\sin^2 67°$ 的值为(　　).

(A) 1　(B) $\frac{1}{2}$　(C) -1　(D) $-\frac{\sqrt{3}}{2}$

8. 已知 $\cos\alpha=\frac{1}{2}$，且 $0<\alpha<2$，则 $\alpha=$__________.

9. 化简 $\frac{\cos(\pi-\alpha)\tan(2\pi-\alpha)\tan(\pi-\alpha)}{\sin(\pi-\alpha)}$

能力提升

1. 若 $\cos\alpha=-\frac{1}{2}$，则 $\cos(\pi+\alpha)$的值为(　　).

(A) $-\frac{1}{2}$　(B) $\frac{1}{2}$　(C) $\frac{\sqrt{3}}{2}$　(D) $-\frac{\sqrt{3}}{2}$

2. 若 $\tan(\pi+\alpha)=-1$，$\frac{3\pi}{2}<\alpha<2\pi$，则 $\sin(2\pi-\alpha)$的值是(　　).

(A) $\frac{1}{2}$　(B) $-\frac{1}{2}$　(C) $\frac{\sqrt{2}}{2}$　(D) $-\frac{\sqrt{2}}{2}$

3. 若 $\tan(\pi+\alpha)<0$，$\cos(5\pi+\alpha)>0$，则 α 所在的象限是(　　).

(A) 第一象限　(B)第二象限

(C)第三象限　(D)第四象限

4. 已知 $\cos(\pi+\alpha)=-\frac{4}{5}$，且 α 是第一象限角，则 $\tan(3\pi+\alpha)$的值是__________.

5. 已知 $\cos x=-\frac{\sqrt{3}}{2}$，且 $x\in[0,2\pi)$，则 $x=$__________.

真题再现

1. 若 $\sin(\pi+\alpha)>0$，$\tan(5\pi+\alpha)>0$，则 α 所在的象限是(　　).

(A) 第一象限　(B) 第二象限

(C) 第三象限　(D) 第四象限

2. 若 $\sin\alpha=\frac{1}{2}$ 且 $-180°<\alpha<180°$，则 α 的值为__________.

3. 化简 $\frac{\sin(2\pi-\alpha)\tan(\pi+\alpha)\tan(-\pi-\alpha)}{\tan(\alpha-3\pi)\cos(\pi-\alpha)}$

任务5　正弦函数、余弦函数

任务目标

1. 掌握正弦函数的图像、性质及其应用.
2. 了解余弦函数的图像、性质及其应用.

3. 掌握正弦函数、余弦函数的“五点作图法”.

4. 会由特殊的三角函数值求满足条件的角.

抓主干
考点解密

一、正弦函数的图像和性质

1. 正弦函数的图像：正弦函数__________的图像叫作正弦曲线，如下图所示.

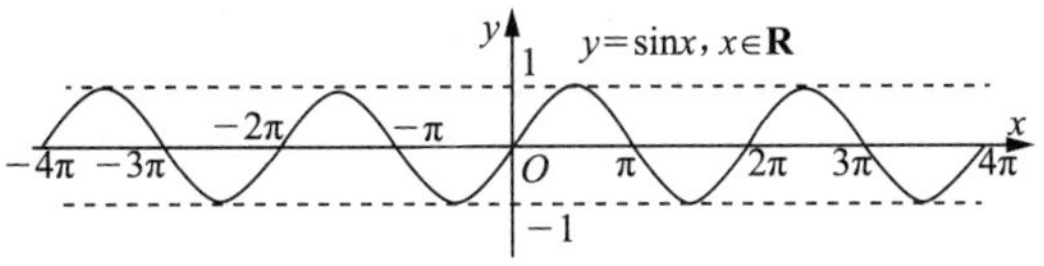

2. 正弦函数的性质.

(1) 定义域是__________；

(2) 值域是__________，函数 $y=\sin x$ 在 $x=\frac{\pi}{2}+2k\pi$ ($k\in\mathbf{Z}$)取__________，在 $x=-\frac{\pi}{2}+2k\pi$ ($k\in\mathbf{Z}$)取__________；

(3) 周期性：$T=$__________；

(4) 奇偶性：是__________. 函数图像关于__________对称；

(5) 单调性：在闭区间__________上是增函数；在闭区间__________上是减函数.

3. “五点法”作图：要作函数 $y=\sin x$，$x\in[0,2\pi]$ 的图像，必须掌握的五个关键点是：__________，__________，__________，__________，__________.

二、余弦函数的图像和性质

1. 余弦函数的图像：余弦函数__________的图像叫作余弦曲线，如下图所示.

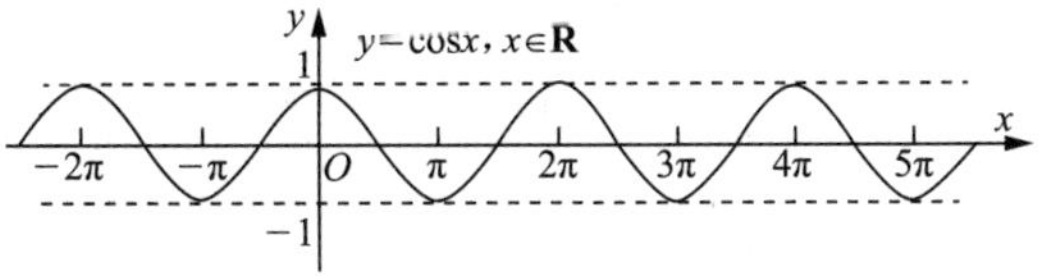

2. 余弦函数的性质.

(1) 定义域是__________；

(2) 值域是__________，函数 $y=\cos x$ 在 $x=2k\pi$ ($k\in\mathbf{Z}$)取__________，在 $x=-\pi+2k\pi$ ($k\in\mathbf{Z}$)取__________；

(3) 周期性：$T=$__________；

(4) 奇偶性：是__________，函数图像关于__________对称；

（5）单调性：在闭区间__________上是增函数；在闭区间__________上是减函数.

3. "五点法"作图：要作函数 $y=\cos x$，$x\in[0,2\pi]$ 的图像，必须掌握的五个关键点是：__________，__________，__________，__________，__________.

基础训练

1. 要得到 $y=2+\sin x$ 的图像，只需将 $y=\sin x$ 的图像向______平移______个单位.
2. 要得到 $y=2\sin x$，$x\in[0,2\pi]$ 的图像，其中五个关键点的坐标分别为__________.
3. $y=\sin x$ 与 $y=\sin(-x)$的图像关于______轴对称.

研考向
要点探究

支线任务一　求函数的最值、周期

例 1　（1）函数 $y=3\sin x$ 的周期是__________；最大值是__________，此时 x 的取值集合是__________.

（2）函数 $y=2+\cos x$ 的周期是__________；最小值是__________，此时 x 的取值集合是__________.

任务拓展

若 $\sin x=a-1$，则实数 a 的取值范围是（　　）.

（A）$[-1,1]$　　（B）$[0,1]$　　（C）$[-1,0]$　　（D）$[0,2]$

支线任务二　求函数的定义域

例 2　（1）函数 $y=\sqrt{\cos x}$ 的定义域是（　　）.

（A）$[k\pi,(k+1)\pi]$ $(k\in\mathbf{Z})$　　（B）$[k\pi-\frac{\pi}{2},k\pi+\frac{\pi}{2}]$ $(k\in\mathbf{Z})$

（C）$[2k\pi,2k\pi+\pi]$ $(k\in\mathbf{Z})$　　（D）$[2k\pi-\frac{\pi}{2},2k\pi+\frac{\pi}{2}]$ $(k\in\mathbf{Z})$

（2）函数 $y=\sqrt{\cos x-\frac{1}{2}}$ 的定义域是（　　）.

（A）$[-\frac{\pi}{3},\frac{\pi}{3}]$　　（B）$[k\pi-\frac{\pi}{3},k\pi+\frac{\pi}{3}]$ $(k\in\mathbf{Z})$

（C）$[2k\pi-\frac{\pi}{3},2k\pi+\frac{\pi}{3}]$ $(k\in\mathbf{Z})$　　（D）R

任务拓展

1. 函数 $y=\sqrt{\sin x-\frac{1}{2}}$ 的定义域是__________.
2. 函数 $y=\frac{1}{1-\cos x}$ 的定义域是__________.

支线任务三 “五点法”作简图

例3 画出 $y=-\sin x, x\in[0,2\pi]$ 的简图.

任务拓展

画出 $y=1-\cos x, x\in[0,2\pi]$ 的简图.

悟习题
能力提升

尝试练习

1. 已知 $\sin x=-\frac{\sqrt{2}}{2}, \frac{\pi}{2}<x<\frac{3\pi}{2}$,则角 x 的值等于(　　).

(A) $\frac{3\pi}{4}$　(B) $\frac{5\pi}{4}$　(C) $\frac{7\pi}{4}$　(D) $\frac{4\pi}{3}$

2. 函数 $y=-\sin\frac{x}{2}$ 取最大值时,x 的取值集合为(　　).

(A) $\{x\mid x=-\frac{\pi}{2}+2k\pi, k\in\mathbf{Z}\}$　(B) $\{x\mid x=-\pi+4k\pi, k\in\mathbf{Z}\}$

(C) $\{x\mid x=-\pi+2k\pi, k\in\mathbf{Z}\}$　(D) $\{x\mid x=-\frac{\pi}{2}+4k\pi, k\in\mathbf{Z}\}$

3. 已知函数 $f(x)=\sin x$,若 $f(a)=b$,则 $f(-a)$ 等于(　　).

(A) b　(B) $-b$　(C) $\frac{1}{b}$　(D) $-\frac{1}{b}$

4. 函数 $y=1-\sin x, x\in[0,\pi]$ 的值域是(　　).

(A) $[-1,1]$　(B) $[0,2]$　(C) $[-1,0]$　(D) $[0,1]$

5. 已知 α 是第三象限角,且 $\sin\alpha=4-m$,则 m 的取值范围是(　　).

(A) $(0,1)$　(B) $(4,5)$　(C) $(0,5)$　(D) $(0,2)$

6. 函数 $y=3-\sin x$ 的单调递增区间是(　　).

(A) $[2k\pi, 2k\pi-\pi]$ $(k\in\mathbf{Z})$　(B) $[2k\pi+\frac{\pi}{2}, 2k\pi+\frac{3\pi}{2}]$ $(k\in\mathbf{Z})$

(C) $[2k\pi-\frac{\pi}{2}, 2k\pi+\frac{\pi}{2}]$ $(k\in\mathbf{Z})$　(D) $[2k\pi+\pi, 2k\pi+2\pi]$ $(k\in\mathbf{Z})$

7. 函数 $y=3|\sin x|$ 最大值为__________，周期为__________.

8. 函数 $y=\frac{1}{1-\sin^2 x}$ 的定义域__________.

9. 函数 $y=a+b\sin x\ (b<0)$的最大值为$\frac{3}{2}$，最小值为 $-\frac{3}{2}$，则函数的解析式为________.

能力提升

1. 函数 $y=2-\sin x$ 的最大值、最小值和周期分别为(　　).

(A) $3,1,2\pi$　(B) $1,3,2\pi$　(C) $3,1,\pi$　(D) $1,3,\pi$

2. 已知偶函数 $f(x)$是定义在 **R** 上的周期函数，且周期为 2，若 $f(-1)=5$，则 $f(5)$ 的值是(　　).

(A) -5　(B) 5　(C) 25　(D) 7

3. 下列四个函数中，既是$(0,\frac{\pi}{2})$上的减函数，又是以 π 为周期的偶函数的是(　　).

(A) $y=\sin x$　(B) $y=|\sin x|$　(C) $y=\cos x$　(D) $y=|\cos x|$

4. 函数 $y=1-\cos x$，$x\in[0,\pi]$ 的值域是(　　).

(A) $[-1,1]$　(B) $[0,2]$　(C) $[-1,0]$　(D) $[0,1]$

5. 已知 $0\leqslant x\leqslant 2\pi$，则 $y=\sin x$ 与 $y=\cos x$ 都是增函数的区间是(　　).

(A) $[0,\frac{\pi}{2}]$　(B) $[\frac{\pi}{2},\pi]$　(C) $[\pi,\frac{3\pi}{2}]$　(D) $[\frac{3\pi}{2},2\pi]$

真题再现

1. 函数 $y=|\sin x|$ 的最小正周期为(　　).

(A) 2π　(B) π　(C) $\frac{\pi}{2}$　(D) $\frac{\pi}{4}$

2. 函数 $y=\sqrt{2\sin x-1}$ 的定义域是(　　).

(A) $[-\frac{\pi}{6},\frac{\pi}{6}]$　(B) $[\frac{\pi}{6}+2k\pi,\frac{5\pi}{6}+2k\pi]\ (k\in\mathbf{Z})$

(C) $[-\frac{\pi}{3},\frac{\pi}{3}]$　(D) $[-\frac{\pi}{3}+2k\pi,\frac{\pi}{3}+2k\pi]\ (k\in\mathbf{Z})$

3. 已知 $0\leqslant x\leqslant 2\pi$，则满足不等式 $\sin x\geqslant\cos x$ 的区间是(　　).

(A) $[0,\frac{\pi}{2}]$　(B) $[\frac{\pi}{4},\frac{5\pi}{4}]$　(C) $[\frac{5\pi}{4},2\pi]$　(D) $[0,\frac{\pi}{4}]$

4. 若 $\sin x=\cos x$，则 x 的值为__________.

任务6　正弦型函数 $y=A\sin(\omega x+\varphi)$

任务目标

1. 会用“五点作图法”画出正弦型函数在给定周期上的函数图像.
2. 掌握正弦型函数的性质.
3. 了解由正弦函数 $y=\sin x$ 到正弦型函数 $y=A\sin(\omega x+\varphi)$ 的变换过程.

抓主干
考点解密

1. 正弦型函数的定义：形如__________的函数，通常称为正弦型函数.

2. “五点法”画正弦型函数要作出 $y=A\sin(\omega x+\varphi)$ 的简图，必须掌握的五个关键点是：__________、__________、__________、__________、__________.

3. 正弦型函数的性质：正弦型函数 $y=A\sin(\omega x+\varphi)(A>0)$ 中，函数的值域为__________，最大值是__________，最小值是__________，周期是__________.

注：余弦型函数 $y=A\cos(\omega x+\varphi)(A>0)$ 的最大值是 A，最小值是 $-A$，周期为 $T=\frac{2\pi}{|\omega|}$。

基础训练

1. 函数 $y=5\sin x$ 的周期是______；最大值是______，此时 x 的取值集合是________.

2. $y=\sin 2x$ 的周期集合是______；最大值是______，此时 x 的取值集合是________.

3. $y=5\sin\left(2x-\frac{\pi}{3}\right)$ 的周期是______；最大值是______，此时 x 的取值集合是_______.

4. 用“五点法”画出（1）$y=\sin\left(x-\frac{\pi}{3}\right)$ 的简图；

（2）$y=\sin 2x$ 在长度为一个周期的闭区间上的简图.

研考向
要点探究

支线任务一　求正弦型函数的最值、周期

例 1　函数 $y=4\sin\left(3x-\frac{\pi}{3}\right)$的周期是______；最大值是______，此时 x 的取值集合是______；最小值是______，此时 x 的取值集合是______.

支线任务二　“五点法”画正弦型函数的简图

例 2　用“五点法”画出 $y=4\sin\left(2x-\frac{\pi}{3}\right)$在长度为一个周期的闭区间上的简图并求其单调区间.

支线任务三　求正弦型函数的解析

例 3　如右图所示，已知正弦型函数 $y=A\sin(\omega x+\varphi)$的一个周期上的函数图像，试确定函数的解析式.

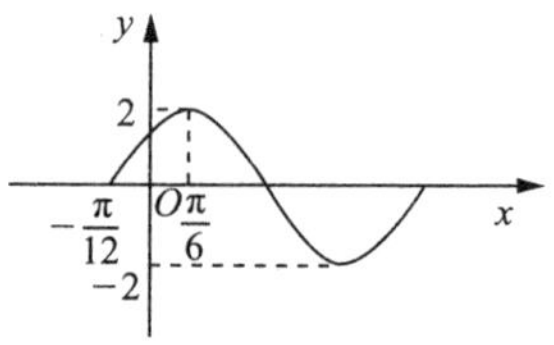

任务拓展

若正弦型曲线如右图所示，则它的解析式为(　　).

(A) $y=2\sin\left(x-\frac{\pi}{4}\right)+2$　　(B) $y=4\sin\left(x-\frac{\pi}{4}\right)+2$

(C) $y=2\sin\left(x+\frac{\pi}{4}\right)+2$　　(D) $y=4\sin\left(x+\frac{\pi}{4}\right)+2$

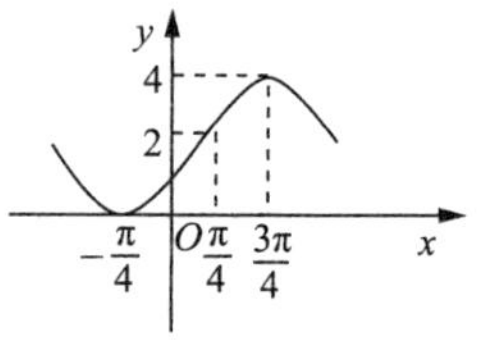

支线任务四　图形变换问题

例 4　为了得到 $y=\sin\frac{x}{2}$ 的图像，只需把 $y=\sin x$ 图像上所有点的(　　).

(A) 横坐标变为原来的 2 倍，纵坐标不变

(B) 横坐标变为原来的$\frac{1}{2}$倍，纵坐标不变

(C) 纵坐标变为原来的 2 倍，横坐标不变

(D) 纵坐标变为原来的$\frac{1}{2}$倍，横坐标不变

任务拓展

为了得到函数 $y=\sin(x+1)$ 的图像，只需把函数 $y=\sin x$ 的图像上所有的点(　　).

(A) 向左平行移动 1 个单位长度

(B) 向右平行移动 1 个单位长度

(C) 向左平行移动 π 个单位长度

(D) 向右平行移动 π 个单位长度

悟习题
能力提升

尝试练习

1. 函数 $y=\sin x$ 的图像向左平移 2 个单位后，函数的解析式为(　　).

(A) $y=\sin x-2$　　(B) $y=\sin(x+2)$

(C) $y=\sin x+2$　　(D) $y=\sin(x-2)$

2. 设函数 $f(x)=\sin\left(2x-\frac{\pi}{2}\right)$, $x\in\mathbf{R}$ 则 $f(x)$ 是(　　).

(A) 最小正周期 π 的奇函数　　(B) 最小正周期 π 的偶函数

(C) 最小正周期 $\frac{\pi}{2}$ 的奇函数　　(D) 最小正周期 $\frac{\pi}{2}$ 的偶函数

3. 已知函数 $y=A\sin(\omega x+\varphi)$ 的最小正周期为 $\frac{\pi}{2}$, ω 的值是(　　).

(A) 1　　(B) 2　　(C) 3　　(D) 4

4. 函数 $y=3\sin\left(2x-\frac{\pi}{4}\right)$ 取得最大值 3 时，自变量 x 的取值为(　　).

(A) $\{x\,|\,x=\frac{\pi}{4}+2k\pi,\ k\in\mathbf{Z}\}$　　(B) $\{x\,|\,x=\frac{3\pi}{8}+2k\pi,\ k\in\mathbf{Z}\}$

(C) $\{x\,|\,x=\frac{\pi}{4}+k\pi,\ k\in\mathbf{Z}\}$　　(D) $\{x\,|\,x=\frac{3\pi}{8}+k\pi,\ k\in\mathbf{Z}\}$

5. 函数 $y=2\sin\left(\frac{1}{2}x+\frac{\pi}{6}\right)$ 在一个周期上的函数草图为(　　).

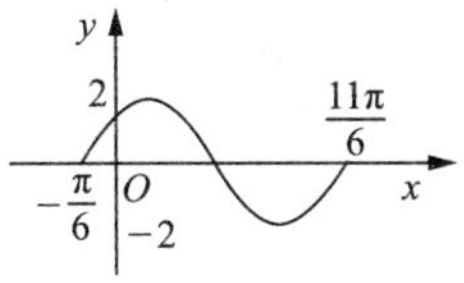

(A)

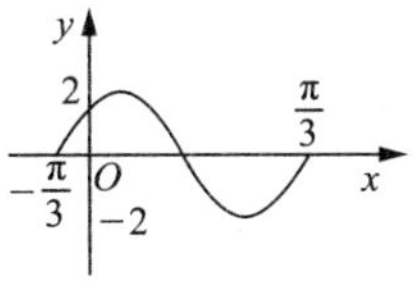

(B)

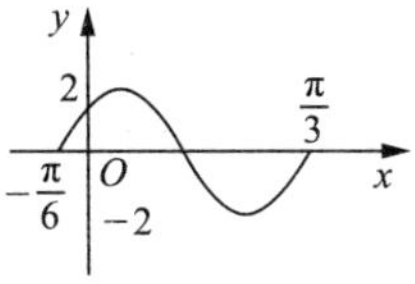

(C)

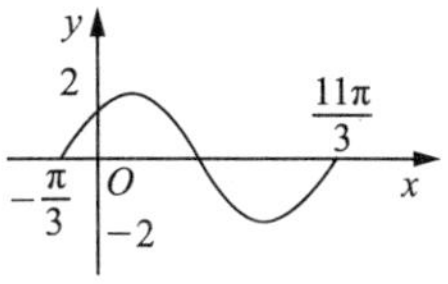

(D)

6. 函数 $y=A\sin(\omega x+\varphi)$ 在同一周期内，当 $x=\frac{\pi}{12}$ 时取得最大值 $y=4$，当 $x=\frac{7\pi}{12}$ 时，取得最小值 $y=-4$，则此函数是(　　).

(A) $y=4\sin\left(2x-\frac{\pi}{3}\right)$　　(B) $y=4\sin\left(4x-\frac{\pi}{3}\right)$

(C) $y=4\sin\left(2x+\frac{\pi}{3}\right)$　　(D) $y=4\sin\left(4x+\frac{\pi}{3}\right)$

7. 函数 $y=5\cos(\pi x+2)$的最大值和周期分别是(　　).

(A) $-5,2\pi$　　(B) $5,2\pi$　　(C) $-5,2$　　(D) $5,2$

8. 函数 $y=4\cos\left(4x-\frac{\pi}{6}\right)$的周期为(　　).

(A) π　　(B) $\frac{\pi}{2}$　　(C) 4π　　(D) $\frac{\pi}{4}$

能力提升

1. 把函数 $y=\sin\left(2x+\frac{\pi}{6}\right)$的图像向左平移 $\frac{\pi}{6}$,所得图像对应的解析式为(　　).

(A) $y=\sin\left(2x+\frac{\pi}{3}\right)$　　(B) $y=\sin 2x$

(C) $y=\sin\left(2x-\frac{\pi}{6}\right)$　　(D) $y=\cos 2x$

2. 已知函数 $y=a-b\cos 3x\ (b>0)$的最大值为$\frac{3}{2}$,最小值为 $-\frac{1}{2}$,求函数 $y=-4a\sin 3bx$ 的单调区间、最大值和最小正周期.

真题再现

1. 若正弦型曲线如右图所示,则它的解析式是(　　).

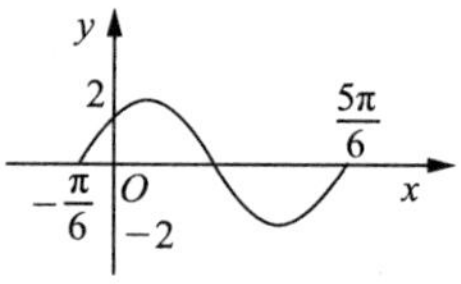

(A) $y=2\sin\left(2x+\frac{\pi}{6}\right)$　　(B) $y=2\sin\left(2x+\frac{\pi}{3}\right)$

(C) $y=2\sin\left(x+\frac{\pi}{3}\right)$　　(D) $y=2\sin\left(x+\frac{\pi}{6}\right)$

2. 已知函数 $f(x)=2\sin x\cos x-2\sqrt{3}\cos^2 x-\sqrt{3}$,

(1) 求函数的周期;

(2) 求最大值,并求取得最大值时 x 的值;

(3) 求函数的单调增区间;

(4) 画出函数在一个周期上的图像.

任务7 和角、差角、倍角公式(一)

任务目标

1. 了解公式的推导过程,并能熟练记住各公式.
2. 能熟练应用各公式进行计算、化简和证明.
3. 能对公式会"正用""逆用",并了解在解题中"角的演变"规律与技巧.

抓主干
考点解密

1. 两角和的三角函数公式

(1) $S_{\alpha+\beta}$: $\sin(\alpha+\beta)=$________________;

(2) $C_{\alpha+\beta}$: $\cos(\alpha+\beta)=$________________;

(3) $T_{\alpha+\beta}$: $\tan(\alpha+\beta)=$________________.

2. 两角差的三角函数公式

(1) $S_{\alpha-\beta}$: $\sin(\alpha-\beta)=$________________;

(2) $C_{\alpha-\beta}$: $\cos(\alpha-\beta)=$________________;

(3) $T_{\alpha-\beta}$: $\tan(\alpha-\beta)=$________________.

2. 二倍角公式

(1) $S_{2\alpha}$: $\sin2\alpha=$________________;

(2) $C_{2\alpha}$: $\cos2\alpha=$________$=$________$=$________;

(3) $T_{2\alpha}$: $\tan2\alpha=$________________.

基础训练

1. 化简求值.

(1) $\sin(60°+45°)=$________________;

$\sin(60°-45°)=$________________.

(2) $\cos20°\cos25°-\sin20°\sin25°=$________________;

$\sin13°\cos25°-\cos13°\sin25°=$________________;

$\dfrac{\tan75°-\tan15°}{1+\tan75°\tan15°}=$________________;

$\cos^2\dfrac{\pi}{8}-\sin^2\dfrac{\pi}{8}=$________________;

$2\sin\frac{\pi}{8}\cos\frac{\pi}{8}=$________；

$\frac{2\tan15°}{1-\tan^2 15°}=$________.

研考向
要点探究

支线任务一　利用各公式化简求值

例 1　求下列各式的精确值

（1）$\cos75°=$________；

（2）$\cos35°\cos25°-\cos55°\sin25°=$________；

（3）$\cos(13°+\alpha)\cos(17°-\alpha)-\sin(13°+\alpha)\sin(17°-\alpha)=$________；

（4）$\cos^2 15°-\sin^2 15°=$________；

（5）$\sin15°\sin75°=$________；

（6）$\frac{\tan\frac{\pi}{8}}{1-\tan^2\frac{\pi}{8}}=$________.

任务拓展

1. $\frac{\cos15°-\sin15°}{\cos15°+\sin15°}=$________.

2. $\tan20°+\tan40°+\sqrt{3}\tan20°\cdot\tan40°=$________.

支线任务二　给定三角函数值求有关三角函数值问题

例 2　已知 α、β 为锐角，$\cos\alpha=\frac{1}{7}$，$\cos(\alpha+\beta)=-\frac{11}{14}$，求 $\cos\beta$ 及角 β 的值.

任务拓展

1. 已知 $\sin\alpha=\frac{3}{5}$，$\cos\beta=-\frac{5}{13}$，且 α 是锐角，β 是钝角，求 $\sin(\alpha-\beta)$的值.

2. 已知 $\cos\alpha=\frac{3}{5}$，$\alpha\in\left(0,\frac{\pi}{2}\right)$，求 $2\cos^2\left(\frac{\pi}{8}-\frac{\alpha}{2}\right)-1$ 的值.

悟习题
能力提升

尝试练习

1. $\sin\left(x-\frac{\pi}{4}\right)=\frac{1}{3}$，则 $\cos\left(\frac{\pi}{4}+x\right)$等于（　　）.

（A）$-\frac{1}{3}$　　（B）$\frac{1}{3}$　　（C）$\frac{2\sqrt{3}}{3}$　　（D）$-\frac{2\sqrt{3}}{3}$

2. 化简 $1+2\cos^2\theta-\cos2\theta$ 的结果为（　　）.

（A）1　　（B）2　　（C）3　　（D）4

3. 已知 $\tan(\alpha+\beta)=\frac{1}{3}$，$\tan\beta=-2$，则 $\tan\alpha$ 的值是（　　）.

（A）$-\frac{1}{7}$　　（B）$\frac{1}{7}$　　（C）7　　（D）-7

4. 若 $\tan\alpha=\lg(20a)$，$\tan\beta=\lg\frac{1}{a}$，$\alpha+\beta=\frac{\pi}{4}$，则实数 a 的值为（　　）.

（A）1　　（B）$\frac{1}{10}$　　（C）1 或$\frac{1}{10}$　　（D）1 或 10

5. $\sin(\alpha-\beta)\cos(\beta-\alpha)-\cos(\alpha-\beta)\sin(\beta-\alpha)$等于（　　）.

（A）1　　（B）-1　　（C）±1　　（D）0

6. 若 $\tan(\alpha+\beta)=3$，$\tan(\alpha-\beta)=5$，则 $\tan2\alpha$ 等于（　　）.

（A）$\frac{4}{7}$　　（B）$-\frac{4}{7}$　　（C）$\frac{1}{2}$　　（D）$-\frac{1}{2}$

7. 若 $\sin\alpha=\frac{3}{5}$，且 α 为钝角，则 $\sin2\alpha$ 的值等于（　　）.

（A）$\frac{4}{5}$　　（B）$\frac{24}{25}$　　（C）$-\frac{4}{5}$　　（D）$-\frac{24}{25}$

8. 已知 $\sin\alpha+\cos\alpha=\frac{1}{2}$，则 $\sin2\alpha$ 等于（　　）.

（A）$\frac{3}{4}$　　（B）$-\frac{3}{4}$　　（C）$\frac{1}{4}$　　（D）$-\frac{1}{4}$

9. 已知$\frac{\pi}{4}<x<\frac{\pi}{2}$，且 $\sin2x=\frac{3}{4}$，则 $\cos x-\sin x$ 的值为（　　）.

（A）$-\frac{\sqrt{3}}{2}$　　（B）$\frac{\sqrt{3}}{2}$　　（C）$-\frac{1}{2}$　　（D）$\frac{1}{2}$

10. 已知 $\sin\alpha=\frac{5}{13}$，$\alpha\in\left(\frac{\pi}{2},\pi\right)$，则 $\sin2\alpha=$________，$\cos2\alpha=$________，$\tan2\alpha=$________，$\sin\left(\alpha+\frac{\pi}{6}\right)=$________，$\cos\left(\alpha+\frac{\pi}{6}\right)=$________.

能力提升

1. 设$\frac{\pi}{4}<x<\frac{\pi}{2}$，则$\sqrt{1-\sin 2x}$等于(　　).

(A) $\cos x-\sin x$　　(B) $\sin x-\cos x$

(C) $\cos x+\sin x$　　(D) $\cos 2x$

2. 已知 $\cos\left(x-\frac{\pi}{4}\right)=\frac{\sqrt{2}}{6}$，则 $\sin 2x$ 等于(　　).

(A) $\frac{2}{3}$　　(B) $-\frac{2}{3}$　　(C) $-\frac{8}{9}$　　(D) $\frac{8}{9}$

3. 已知 $\sin 2x=\frac{1}{4}$，且$\frac{\pi}{4}<x<\frac{\pi}{2}$，则 $\sin x-\cos x=$__________.

真题再现

1. 已知 $\tan\alpha$，$\tan\beta$ 是方程 $x^2-11x-10=0$ 的两个根，则 $\tan(\alpha+\beta)$的值为(　　).

(A) $\frac{\sqrt{3}}{2}$　　(B) $\frac{1}{2}$　　(C) 1　　(D) $\frac{3}{2}$

2. 已知 $\cos\alpha=\frac{3}{5}$，$\cos\beta=-\frac{5}{13}$，且 α 是锐角，β 是钝角，求 $\cos(\alpha-\beta)$的值.

3. 已知点 P 的坐标是 $P(4,3)$，将有向线段 $\overrightarrow{OP}$ 绕原点按逆时针旋转 $60°$ 到 $\overrightarrow{OP'}$ 的位置，求点 P' 的坐标.

任务8　和角、差角、倍角公式(二)

任务目标

1. 掌握化一公式在函数求最值、周期中的应用.
2. 会利用配方法求形如函数 $y=a\sin^2x+b\sin x+c$（或 $y=a\cos^2x+b\cos x+c$）的最值.

抓主干
考点解密

一、化一公式

1. 将形如 $y=a\sin x+b\cos x$ 的函数化为正弦型函数：函数 $y=a\sin x+b\cos x=$__________（其中 $\cos\varphi=\dfrac{a}{\sqrt{a^2+b^2}}$，$\sin\varphi=\dfrac{b}{\sqrt{a^2+b^2}}$）.

2. 应用 .

（1）求函数 $y=a\sin x+b\cos x$ 的最值；

（2）求函数 $y=a\sin x+b\cos x$ 的周期；

（3）求函数 $y=a\sin x+b\cos x$ 的单调区间；

（4）画出函数 $y=a\sin x+b\cos x$ 在一个周期上的函数图像.

二、利用配方法求 $y=f(\sin x)$的最值问题

求形如函数 $y=a\sin^2x+b\cos x+c$（或 $y=a\cos^2x+b\cos x+c$）的最值，其步骤是：

（1）首先将给定的式子化为关于 $\sin x$ 或 $\cos x$ 的二次函数的形式；

（2）然后配方，观察二次函数的对称轴与区间的位置关系；

（3）分析确定函数的最大值或最小值.

基础训练

1. 函数 $y=\sin x+\cos x$ 的周期是（　　）.

（A）2π　　（B）π　　（C）$\dfrac{\pi}{4}$　　（D）$\dfrac{\pi}{2}$

2. 函数 $y=\sin^2x+\sin x$ 的最小值是（　　）.

（A）$-\dfrac{1}{4}$　　（B）0　　（C）$\dfrac{1}{4}$　　（D）$-\dfrac{3}{4}$

研考向
要点探究

支线任务一　利用化一公式求函数的最值、周期、单调区间

例 1　求函数 $y=\sin x-\cos x$ 的最值、周期、单调区间.

任务拓展

函数 $y=2\sqrt{3}\sin x-2\cos x$，$x\in[0,\frac{\pi}{2}]$ 的最大值和最小值.

支线任务二 利用配方求函数的最值

例 2 求函数 $y=2\cos^2x+2\sin x-3$ 的最值及取得最值时的 x 值.

任务拓展

求函数 $y=\sin^2x+2\cos x-3$ 最值及取得最值时的 x 值.

悟习题
能力提升

尝试练习

1. 函数 $y=\sin x-\cos x$ 的值域是（　　）.

（A）$[-\sqrt{2},\sqrt{2}]$　　（B）$[-\sqrt{2},1]$

（C）$[-1,\sqrt{2}]$　　（D）$[-1,1]$

2. 函数 $y=\cos^2x+\sin x$ 的最大值是（　　）.

（A）2　　（B）$\frac{5}{4}$　　（C）$\frac{3}{4}$　　（D）$\frac{7}{4}$

3. 如果 $\sin\alpha-\sqrt{3}\cos\alpha=2a-3$，则实数 a 的取值范围是（　　）.

（A）$(\frac{1}{2},\frac{5}{2})$　　（B）$[\frac{1}{2},\frac{5}{2}]$　　（C）$[\frac{1}{2},\frac{3}{2}]$　　（D）$(\frac{1}{2},\frac{3}{2})$

4. 函数 $y=\sin x\cos 2x+\sin(\frac{\pi}{2}-x)\sin 2x$ 的最小正周期是（　　）.

（A）$\frac{\pi}{2}$　　（B）$\frac{2\pi}{3}$　　（C）π　　（D）2π

5. 函数 $y=\sin 2x+\cos 2x$ 的最大值和最小值分别为（　　）.

（A）$2,-2$　　（B）$\sqrt{2},-2$　　（C）$2,-\sqrt{2}$　　（D）$\sqrt{2},-\sqrt{2}$

6. 已知函数 $y=\sin x-\cos x$，若 $x\in[0,\pi]$，则函数的值域是（　　）.

(A) $[-\sqrt{2},\sqrt{2}]$　　(B) $[-\sqrt{2},1]$

(C) $[-1,\sqrt{2}]$　　(D) $[-1,1]$

7. 函数 $y=\cos^2x+\sin x$ 的最大值(　　).

(A) 2　　(B) $\frac{5}{4}$　　(C) $\frac{3}{4}$　　(D) $\frac{7}{4}$

8. 函数 $y=2\sin^2x+4\sin x+2$ 的最大值和最小值分别为(　　).

(A) 6,0　　(B) 6, −1　　(C) 8,0　　(D) 8, −1

9. 函数 $y=2\cos^2x+4\sin x+2$ 的最大值和最小值分别为(　　).

(A) 6, −2　　(B) 6,0　　(C) 8,0　　(D) 8, −2

10. 已知函数 $y=\cos^2x+2\sin x\cos x-\sin^2x$,求该函数的最大值和最小值.

能力提升

1. 函数 $y=3\sin3x+4\cos3x$ 的最大值和周期分别是(　　).

(A) $5,\frac{\pi}{3}$　　(B) $5,\frac{2\pi}{3}$　　(C) $5,\pi$　　(D) $7,\frac{2\pi}{3}$

2. 函数 $y=\cos2x+\cos x$ 的最小值为(　　).

(A) −1　　(B) −2　　(C) 0　　(D) $-\frac{9}{8}$

3. 函数 $y=2\cos^2\frac{x}{2}-\sqrt{3}\sin x$ 的最大值和周期分别是(　　).

(A) $3,\pi$　　(B) $3,4\pi$　　(C) $3,2\pi$　　(D) $2+\sqrt{3},2\pi$

4. 若角 x 满足条件: $\sin2x<0$, $\cos x-\sin x<0$,则 x 在(　　).

(A) 第一象限 (B) 第二象限　　(C)第三象限　　(D) 第四象限

5. 函数 $y=\sin^2x+2\sin x$ 的最大值为________.

6. 求 $y=\cos2x+\sin x$ 的最值及取得最值时的 x 的值.

真题再现

1. 已知 $\vec{a}=(\sin x,3)$, $\vec{b}=(\sin x,\sin x)$,若 $f(x)=\vec{a}\cdot\vec{b}$,则函数 $f(x)$ 的最大值是(　　).

(A) 4　　(B) 1　　(C) 2　　(D) 3

2. 函数 $y=\cos^2x+\sin x$, $x\in[-\frac{\pi}{4},\frac{\pi}{4}]$ 的最小值是(　　).

(A) $\frac{1-\sqrt{2}}{2}$　(B) $-\frac{5}{4}$　(C) $-\frac{3}{4}$　(D) -1

任务 9　解三角形

任务目标

1. 熟记正弦定理、余弦定理，了解两个定理的推导过程.
2. 掌握正弦定理、余弦定理在解三角形中的应用.
3. 掌握三角形的面积公式及其应用.

抓主干
考点解密

一、余弦定理

1. 三角形任何一边长的平方等于其他两边长的平方和减去这两边的长与它们的夹角的余弦乘积的2倍.

2. 数学表达式：__________；__________；__________.

3. 应用：① 已知三边求角；② 已知两边及其夹角，求其他边和角；③ 判定三角形的形状.

二、正弦定理

1. 在任一个三角形中，各边和它所对的角的正弦的比值相等.

2. 数学表达式：______$=$______$=$______$=2R$（其中 R 为三角形外接圆的半径）.

3. 应用：① 已知两角和任意一边，求其他元素；② 已知两边及其中一边对角，求其他元素；③ 判定三角形的形状.

三、三角形面积公式

$S_{\triangle ABC}=$________$=$________$=$________.

基础训练

1. 在 $\triangle ABC$ 中，已知 $a=5$，$b=7$，$c=4$，则 $\cos A=$________.

2. 在 $\triangle ABC$ 中，已知 $a=6$，$b=3$，$\angle C=120°$，则 $c=$________.

3. 在 $\triangle ABC$ 中，若 $\sin A:\sin B:\sin C=4:3:2$，则它的三边之比 $a:b:c=$________.

4. 在 $\triangle ABC$ 中，若 $\angle B=45°$，$\angle C=75°$，$b=12$，则 $a=$________.

研考向
要点探究

支线任务一 利用正弦定理、余弦定理解三角形

例1 在 ΔABC 中，$AB=5$，$AC=3$，$\angle BAC$ 的余弦值是方程 $2x^2-3x-2=0$ 的根，则边 BC 的长是（　　）.

（A）4　　（B）5　　（C）6　　（D）7

任务拓展

1. 在 ΔABC 中，若 $a^2-b^2=c(b+c)$，则内角 $A=$__________.
2. 在 ΔABC 中，已知 $a=\sqrt{3}$，$b=\sqrt{2}$，$\angle B=45°$，则 $\angle A=$__________.
3. 在 ΔABC 中，A 为钝角，$\sin A=\frac{3}{5}$，$AB=5$，$AC=4$，则 $BC=$__________.

支线任务二 面积公式的应用

例2 （1）在 ΔABC 中，$b=3\sqrt{3}$，$c=2$，$\angle A=150°$，则三角形的面积 $S=$__________.

（2）在 ΔABC 中，$A=45°$，$b=1$，$S_{\Delta ABC}=\sqrt{2}$，则 c 的值等于__________.

任务拓展

1. 在 ΔABC 中，已知 $AB=4$，$AC=\sqrt{3}$，$\angle A=60°$，则 ΔABC 的面积等于__________.
2. 在 ΔABC 中，若 $a=4$，$b=5$，$c=7$，则三角形的面积 $S=$__________.

悟习题
能力提升

尝试练习

1. 在 ΔABC 中，$a=2$，$b=\sqrt{2}$，$\angle A=45°$，则 $\angle B$ 等于（　　）.

（A）30°　　（B）60°　　（C）30° 或 150°　　（D）60° 或 120°

2. 在 ΔABC 中，若 $b=1$，$c=\sqrt{3}$，$\angle C=\frac{2\pi}{3}$，则 a 等于（　　）.

（A）2　　（B）1　　（C）2 或 1　　（D）-2 或 1

3. 在 ΔABC 中，$a=3$，$b=4$，$c=\sqrt{37}$，则三角形的最大角为（　　）.

（A）60°　　（B）90°　　（C）120°　　（D）150°

4. 在 ΔABC 中，若 $a=3$，$b=\sqrt{7}$，$c=2$，则 $S_{\Delta ABC}$ 等于（　　）.

（A）$\frac{3\sqrt{3}}{2}$　　（B）$\frac{3}{2}$　　（C）3　　（D）$3\sqrt{3}$

5. 在 ΔABC 中，若 $a=3$，$b=4$，$a^2+b^2=c^2+ab$，则 ΔABC 的面积为(　　).

(A) $3\sqrt{3}$　　(B) $6\sqrt{3}$　　(C) 3　　(D) 6

6. 在 ΔABC 中，若 $b\sin B=c\sin C$，则三角形的形状为(　　).

(A) 直角三角形　　(B) 锐角三角形

(C)等腰三角形　　(D) 等边三角形

7. 在 ΔABC 中，若 $ab=60$，$S_{\Delta ABC}=15$，$\sin B=\sin C$，则 A 等于(　　).

(A) $30°$　　(B) $150°$　　(C) $60°$　　(D) $120°$

8. 在 ΔABC 中，$AB=3$，$AC=2$，$BC=\sqrt{10}$ 则 $\overrightarrow{AB}\cdot\overrightarrow{AC}=$ (　　).

(A) $-\frac{3}{2}$　　(B) $-\frac{2}{3}$　　(C) $\frac{2}{3}$　　(D) $\frac{3}{2}$

9. 在 ΔABC 中，若 $a=3\sqrt{2}$，$\cos C=\frac{1}{3}$，$S_{\Delta ABC}=4\sqrt{3}$，则 $b=$__________.

10. 边长为 5,7,8 的三角形的最大角与最小角的和是__________.

能力提升

1. 在 ΔABC 中，若 $AB=4$，$AC=6$，$2\cos(B+C)-1=0$，那么 BC 的长度是(　　).

(A) 8　　(B) $2\sqrt{7}$　　(C) $2\sqrt{10}$　　(D) $2\sqrt{19}$

2. 已知在 ΔABC 中，$\sin A:\sin B:\sin C=3:5:6$，那么 $\cos C$ 的值为(　　).

(A) $-\frac{1}{4}$　　(B) $-\frac{1}{15}$　　(C) $\frac{2}{3}$　　(D) $\frac{5}{18}$

真题再现

1. 在 ΔABC 中，已知三边 a，b，c 成等比数列，且 $\angle B=60°$，则 ΔABC 是(　　).

(A)直角三角形　(B) 锐角三角形　(C) 等腰三角形　(D) 等边三角形

2. 在 ΔABC 中，$(a+b+c)(b+c-a)=3bc$，则 $\angle A=$__________.

情景 8 综合训练

一、知识网络

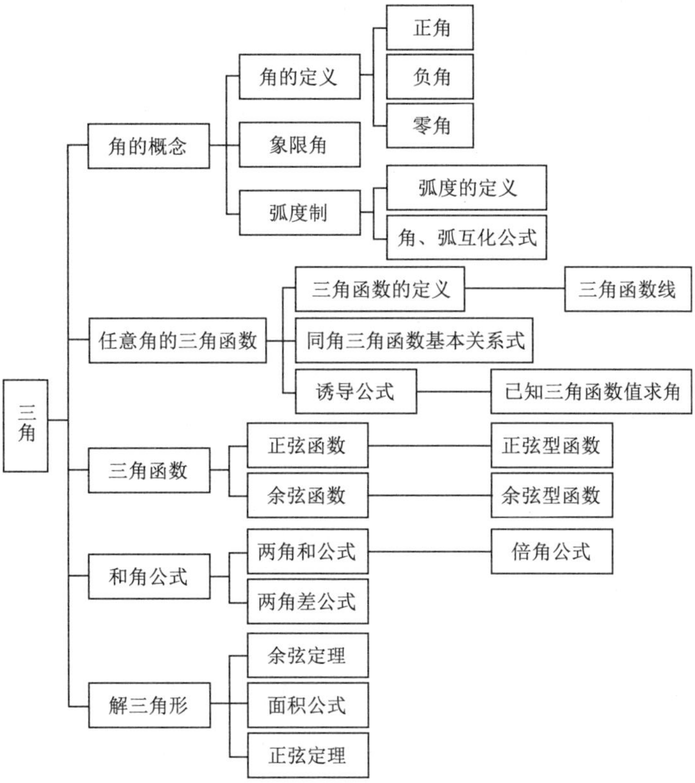

图 8-1 知识网络

二、考点剖析

三角是整个函数理论的一个重要组成部分，跨学科应用是它的显著特点，它是解决几何问题的常用工具，也最容易与其他的知识点综合．它是春季高考的必考内容，本身具有变化规律多、变换形式复杂等特点．

（一）任意角的三角函数

1. 若 $\sin\theta>0$，$\cos\theta<0$，则 θ 是（　　）．

（A）第一象限角　　（B）第二象限角

（C）第三象限角　　（D）第四象限角

2. 若点 $P(\sin\alpha, \tan\alpha)$ 在第三象限内，则角 α 是（　　）．

（A）第一象限角　　（B）第二象限角

（C）第三象限角　　（D）第四象限角

3. 若角 α 的终边过点 $P(-6,8)$，则角 α 的终边与圆 $x^2+y^2=1$ 的交点坐标是(　　).

(A) $(-\frac{3}{5},\frac{4}{5})$　　(B) $(\frac{4}{5},-\frac{3}{5})$

(C) $(\frac{3}{5},-\frac{4}{5})$　　(D) $(-\frac{4}{5},-\frac{3}{5})$

4. 已知角 α 终边上一点 $P(3k,-4k)$，其中 $k\neq0$，则 $\tan\alpha$ 等于(　　).

(A) $-\frac{4}{3}$　　(B) $-\frac{3}{4}$　　(C) $-\frac{4}{5}$　　(D) $-\frac{3}{5}$

5. 已知角 α 终边上一点 $P(5,12)$，则 $\tan\alpha$ 的值是(　　).

(A) $\frac{12}{5}$　　(B) $\frac{5}{12}$　　(C) $\frac{5}{13}$　　(D) $\frac{12}{13}$

(二)三角公式的应用

1. 若 $\sin\alpha=\frac{3}{5}$，$\alpha\in(\frac{\pi}{2},\pi)$，则 $\cos(\alpha-30°)$的值是(　　).

(A) $-\frac{3+4\sqrt{3}}{10}$　　(B) $\frac{3+4\sqrt{3}}{10}$

(C) $-\frac{3-4\sqrt{3}}{10}$　　(D) $\frac{3-4\sqrt{3}}{10}$

2. 若 $\cos\alpha=-\frac{5}{13}$，$\frac{\pi}{2}<\alpha<\pi$，则 $\sin(\frac{\pi}{3}-\alpha)$等于(　　).

(A) $-\frac{12+5\sqrt{3}}{26}$　　(B) $-\frac{12-5\sqrt{3}}{26}$

(C) $\frac{12+5\sqrt{3}}{26}$　　(D) $\frac{12-5\sqrt{3}}{26}$

3. 已知角 α 终边落在直线 $y=-3x$ 上，则 $\cos(\pi+2\alpha)$的值是(　　).

(A) $\frac{3}{5}$　　(B) $\frac{4}{5}$　　(C) $\pm\frac{3}{5}$　　(D) $\pm\frac{4}{5}$

4. 已知 $\cos\alpha=-\frac{4}{5}$，且 α 是第二象限角，则 $\tan\alpha$ 等于__________.

5. 已知 $\sin\alpha=\frac{1}{3}$，则 $\cos2\alpha$ 的值是(　　).

(A) $\frac{8}{9}$　　(B) $-\frac{8}{9}$　　(C) $\frac{7}{9}$　　(D) $-\frac{7}{9}$

6. 已知 $\tan\alpha=3$，则 $\frac{\sin\alpha+\cos\alpha}{\sin\alpha-\cos\alpha}$ 等于__________.

7. 已知 $\theta\in(-\frac{\pi}{2},0)$，若 $\cos\theta=\frac{\sqrt{3}}{2}$，则 $\sin\theta$ 等于__________.

8. 已知 $\sin2\alpha=\frac{1}{4}$，且 $\frac{\pi}{4}<\alpha<\frac{\pi}{2}$，则 $\sin\alpha-\cos\alpha=$__________.

9. 已知点 $P(3,4)$在角的终边上，将有向线段 $\overrightarrow{OP}$ 绕坐标原点 $\theta+30°$ 到 $\overrightarrow{OP'}$ 的位置，求点 P' 的坐标(x',y').

10. 已知点 $P(4,3)$ 是角 α 终边上一点，如图所示，求 $\sin\left(\frac{\pi}{6}-2\alpha\right)$ 的值.

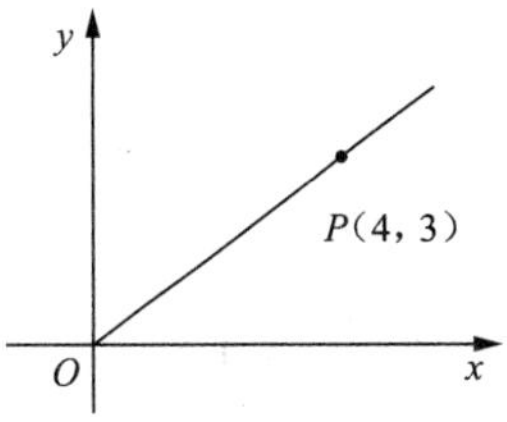

（三）三角函数的图像与性质

1. 若由函数 $y=\sin\left(2x+\frac{\pi}{2}\right)$ 的图像变换得到 $y=\sin\left(\frac{x}{2}+\frac{\pi}{3}\right)$ 的图像，则可以通过以下两个步骤完成：第一步，把 $y=\sin\left(2x+\frac{\pi}{2}\right)$ 图像上所有点的横坐标变为原来的 4 倍，纵坐标不变；第二步，可以把所得图像沿 x 轴（　　）.

（A）向右平移 $\frac{\pi}{3}$ 个单位　　（B）向右平移 $\frac{5\pi}{12}$ 个单位

（C）向左平移 $\frac{\pi}{3}$ 个单位　　（D）向左平移 $\frac{5\pi}{12}$ 个单位

2. 下列周期函数中，最小正周期为 2π 的是（　　）.

（A）$y=\sin\frac{x}{2}$　（B）$y=\frac{1}{2}\cos x$　（C）$y=2\cos^2 x$　（D）$y=\sin x\cos x$

3. 若函数 $y=2\sin\left(\omega x+\frac{\pi}{3}\right)$ 的最小正周期为 π，则 ω 的值为（　　）.

（A）1　（B）2　（C）$\frac{1}{2}$　（D）4

4. 函数 $y=\sin\left(2x+\frac{\pi}{4}\right)$ 在同一个周期内的图像可能是（　　）.

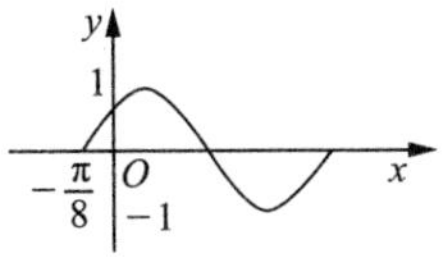

（A）

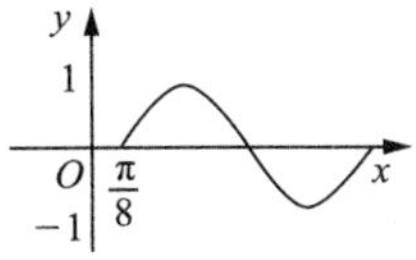

（B）

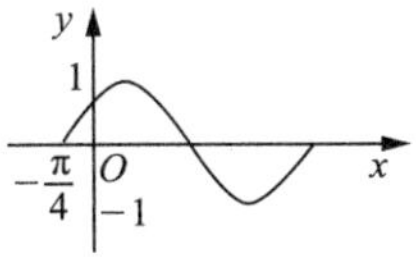

（C）

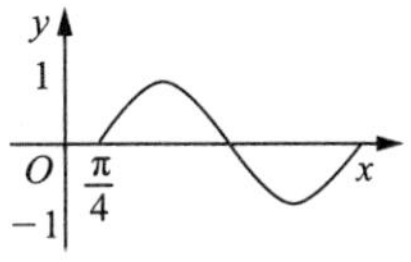

（D）

5. 若坐标原点 $(0,0)$ 到直线 $x-y+\sin 2\theta=0$ 的距离等于 $\frac{\sqrt{2}}{2}$，则角 θ 的取值集合是（　　）.

（A）$\{\theta \mid \theta=k\pi\pm\frac{\pi}{4}, k\in\mathbf{Z}\}$　　（B）$\{\theta \mid \theta=k\pi\pm\frac{\pi}{2}, k\in\mathbf{Z}\}$

（C）$\{\theta \mid \theta=2k\pi\pm\frac{\pi}{4}, k\in\mathbf{Z}\}$　　（D）$\{\theta \mid \theta=2k\pi\pm\frac{\pi}{2}, k\in\mathbf{Z}\}$

6. 使函数 $y=2\sin(\pi-x)\cdot\cos x$ 取得最大值的 x 的取值集合是（　　）.

（A）$\{x \mid x=\frac{\pi}{4}+2k\pi, k\in\mathbf{Z}\}$　　（B）$\{x \mid x=\frac{\pi}{4}+k\pi, k\in\mathbf{Z}\}$

（C）$\{x \mid x=\frac{\pi}{2}+2k\pi, k\in\mathbf{Z}\}$　　（D）$\{x \mid x=\frac{\pi}{2}+k\pi, k\in\mathbf{Z}\}$

7. 函数$f(x)=\sin x+\sqrt{3}\cos(\pi-x)$的单调递增区间是(　　).

(A)$[-\frac{5\pi}{6}+2k\pi,\frac{\pi}{6}+2k\pi,k\in\mathbf{Z}]$　(B)$[-\frac{\pi}{6}+2k\pi,\frac{5\pi}{6}+2k\pi,k\in\mathbf{Z}]$

(C)$[-\frac{2\pi}{3}+2k\pi,\frac{\pi}{3}+2k\pi,k\in\mathbf{Z}]$　(D)$[-\frac{\pi}{3}+2k\pi,\frac{2\pi}{3}+2k\pi,k\in\mathbf{Z}]$

8. 已知函数$y=3(\sin2x\cdot\cos\frac{\pi}{6}-\cos2x\cdot\sin\frac{\pi}{6})$,

(1)求该函数的最小正周期;

(2)求该函数的单调递减区间;

(3)用"五点法"作出该函数在长度为一个周期的闭区上的简图.

9. 已知函数$y=2\sin(2x+\theta)$,$x\in\mathbf{R}$,$0<\varphi<\frac{\pi}{2}$,函数的部分图像如右图所示,求:

(1)函数最小正周期T及φ的值;

(2)函数的单调递增区间.

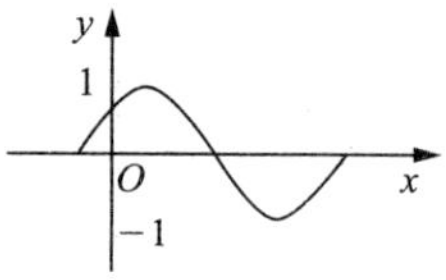

10. 已知函数$f(x)=A\sin(\omega x+\varphi)$,其中$A>0$,$\omega>0$,$|\varphi|<\frac{\pi}{2}$,此函数的部分图像如右图所示.

求:(1)函数$f(x)$的解析式;

(2)当$f(x)\geqslant1$时,求实数x的取值范围.

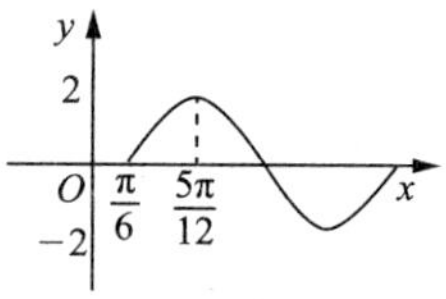

11. 已知$f(x)=2\sin\frac{x}{2}(\sin\frac{x}{2}+\cos\frac{x}{2})-1$

(1)将$f(x)$化成正弦型函数,并写出函数的值域.

(2)若α是三角形的一个内角,且$f(\alpha+\frac{\pi}{4})$,求出α的值.

（四）解三角形

1. 已知 ΔABC 的内角 A，B，C 的对边分别是，a，b，c，若 $a=6$，$\sin A=2\cos B\sin C$，向量 $\vec{m}=(a,\sqrt{3}b)$，$\vec{n}=(-\cos A,\sin B)$，且 $\vec{m}//\vec{n}$，则 ΔABC 的面积是（　　）.

（A）$18\sqrt{3}$　（B）$9\sqrt{3}$　（C）$3\sqrt{3}$　（D）$\sqrt{3}$

2. 在 ΔABC 中，已知 $a=3$，$b=4$，$c=\sqrt{37}$，则 ΔABC 的面积是（　　）.

（A）$\frac{\sqrt{3}}{2}$　（B）$\sqrt{3}$　（C）$2\sqrt{3}$　（D）$3\sqrt{3}$

3. 在 ΔABC 中，$\angle A=105°$，$\angle C=45°$，$AB=2\sqrt{2}$，则 $BC=$__________.

4. 已知 ΔABC 中，$b=\sqrt{3}$，$c=\sqrt{2}$，$\angle C=45°$，则 $\angle B$ 等于__________.

5. 在 ΔABC 中，$a=2$，$b=3$，$\angle B=2\angle A$，则 $\cos A=$__________.

6. 在 ΔABC 中，若 $AC=5$，$\angle A=120°$，三角形的面积为 $\frac{15\sqrt{3}}{4}$，则 BC 的长度为__________.

7. ΔABC 中，$\angle B=\frac{2\pi}{3}$，$a=4\sqrt{3}$，$b=12$，则 ΔABC 的面积是__________.

8. 如下图所示，甲，乙两船同时从港口 O 处出发，甲船以 25 海里 / 小时的速度向东行驶，乙船以 15 海里 / 小时的速度沿着北偏西 30° 的方向行驶，2 小时后，甲船到达 A 处，乙船到达 B 处.

（1）甲、乙两船间的距离 AB 是多少海里？

（2）此时乙船位于甲船北偏西多少度的方向上？

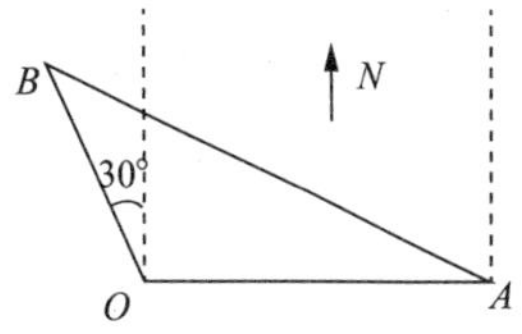

9. 如下图所示，在 ΔABC 中，$BC=7$，$2AB=3AC$，点 P 在 BC 上，且 $\angle BAP=\angle PAC=30°$. 求线段 AP 的长.

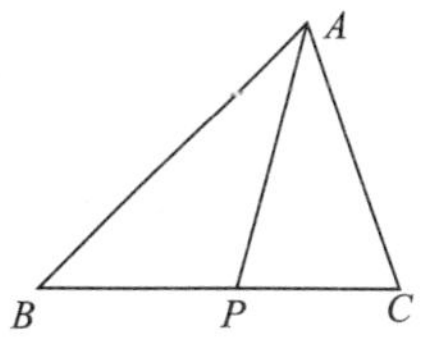

三、考点练兵

（一）选择题

1. 已知角 α 的终边经过点 $P(-1,3)$，则 $\sin\alpha$ 的值是（　　）.

（A）$-\frac{1}{3}$　（B）$\frac{3}{10}$　（C）$-\frac{\sqrt{10}}{10}$　（D）$\frac{3\sqrt{10}}{10}$

2. 已知角 α 终边过点 $P(3,4)$，则 $\sin\alpha+\cos\alpha+\tan\alpha=$（　　）.

（A）$\frac{33}{20}$　（B）$\frac{43}{20}$　（C）$\frac{41}{15}$　（D）$\frac{7}{4}$

3. 已知 $\sin\frac{x}{2}-\cos\frac{x}{2}=\frac{1}{3}$，则 $\sin x$ 的值为（　　）.

（A）$\frac{2}{3}$　　（B）$\frac{8}{9}$　　（C）$\pm\frac{8}{9}$　　（D）$\pm\frac{2}{3}$

4. 若$\frac{\sin\alpha+\cos\alpha}{\sin\alpha-\cos\alpha}=\frac{1}{2}$，则 $\tan2\alpha=$（　　）.

（A）$-\frac{3}{4}$　　（B）$\frac{3}{4}$　　（C）$-\frac{4}{3}$　　（D）$\frac{4}{3}$

5. 已知 $\tan\left(\alpha+\frac{\pi}{4}\right)=-3$，则 $\sin2\alpha$ 的值为（　　）.

（A）$\frac{\sqrt{2}}{2}$　　（B）$\frac{2}{3}$　　（C）$\frac{2\sqrt{2}}{4}$　　（D）$\frac{4}{5}$

6. 已知 $\cos\alpha=\frac{\sqrt{2}}{2}$，且 $\alpha\in(\pi,2\pi)$，则 α 等于（　　）.

（A）$\frac{\pi}{4}$　　（B）$-\frac{\pi}{4}$　　（C）$\frac{7\pi}{4}$　　（D）$-\frac{7\pi}{4}$

7. 已知函数 $f(x)=\cos^2\frac{x}{2}-\sin^2\frac{x}{2}$ 的最大值和周期分别是（　　）.

（A）$1, 2\pi$　　（B）$2, 2\pi$　　（C）$1, \pi$　　（D）$2, \pi$

8. 若函数 $f(x)=\sin^2x-\frac{1}{2}(x\in\mathbf{R})$，则 $f(x)$是（　　）.

（A）周期为 $\frac{\pi}{2}$ 的奇函数　　（B）周期为 π 的奇函数

（C）周期为 2π 的偶函数　　（D）周期为 π 的偶函数

9. 若 α,β 均为锐角，且 $\cos\alpha=\frac{1}{7}$，$\cos(\alpha+\beta)=-\frac{11}{14}$，则角 β 为（　　）.

（A）$\frac{\pi}{3}$　　（B）$\frac{2\pi}{3}$　　（C）$\frac{\pi}{6}$　　（D）$\frac{5\pi}{6}$

10. 函数 $y=3\sin\left(2x-\frac{\pi}{3}\right)$，则（　　）.

（A）$y_{max}=3$，$x\in\{x\mid x=\frac{\pi}{2}+2k\pi, k\in\mathbf{Z}\}$

（B）$y_{max}=3$，$x\in\{x\mid x=\frac{2\pi}{3}+2k\pi, k\in\mathbf{Z}\}$

（C）$y_{max}=-3$，$x\in\{x\mid x=-\frac{\pi}{2}+2k\pi, k\in\mathbf{Z}\}$

（D）$y_{max}=3$，$x\in\{x\mid x=\frac{5\pi}{12}+k\pi, k\in\mathbf{Z}\}$

11. $3\sin2\alpha=\sin\alpha$，则 $\cos(\alpha-\pi)$等于（　　）.

（A）$\frac{1}{3}$　　（B）$-\frac{1}{3}$　　（C）$\frac{1}{6}$　　（D）$-\frac{1}{6}$

12. 已知 $\overrightarrow{OP}(0,4)$，把向量 $\overrightarrow{OP'}=3\overrightarrow{OP}$ 绕坐标原点旋转 45° 到 $\overrightarrow{OP_1}$，则点 P_1 的坐标为（　　）.

（A）$(6\sqrt{2},6\sqrt{2})$　　（B）$(-2\sqrt{2},2\sqrt{2})$

（C）$(-6\sqrt{2},-6\sqrt{2})$　　（D）$(-6\sqrt{2},6\sqrt{2})$

13. 已知函数 $y=\sin(\omega x+\varphi)(\omega>0, |\varphi|<\frac{\pi}{2})$ 的部分图像如右图所示,则(　　).

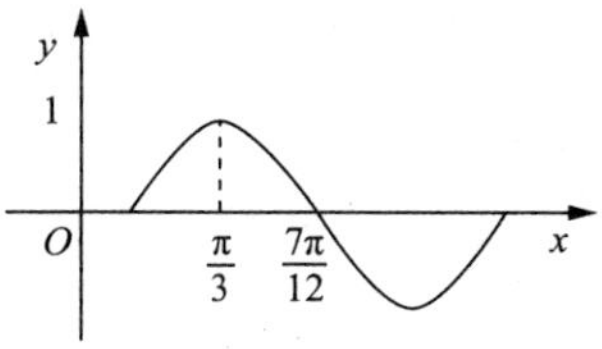

(A) $y=\sin(x+\frac{\pi}{6})$　　(B) $y=\sin(x-\frac{\pi}{6})$

(C) $y=\sin(2x+\frac{\pi}{6})$　　(D) $y=\sin(2x-\frac{\pi}{6})$

14. 已知锐角 ΔABC 的面积为 $3\sqrt{3}$, $BC=4$, $CA=3$,则角 C 的大小为(　　).

(A) 75°　(B) 60°　(C) 45°　(D) 30°

15. 若函数 $y=\sin(\omega x+\varphi)(\omega>0)$ 的部分图像如右图所示,则 $\omega=$(　　).

(A) 5　　(B) 4

(C) 3　　(D) 2

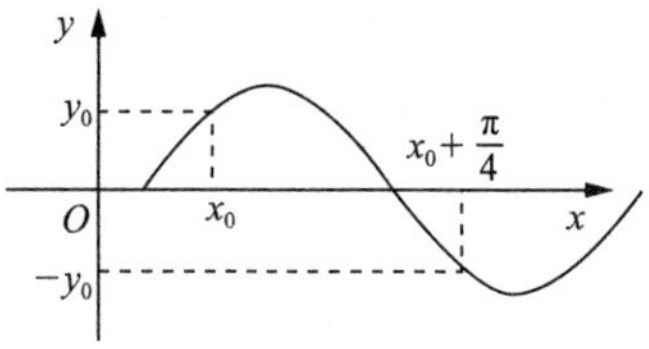

(二)**填空题**

16. 弧度制与角度制的换算: $\frac{3}{5}rad=$__________.

17. 角 α 的终边经过 $P(-b,4)$ 且 $\cos\alpha=-\frac{3}{5}$,则 $b=$__________.

18. 函数 $f(x)=\sqrt{3}\sin x+\sin(\frac{\pi}{2}+x)$ 的最大值是__________.

19. $f(x)=(\sin x-\cos x)\sin x$ 的最小正周期为__________.

20. 在 ΔABC 中, $AB=5$, $AC=10$, $BC=13$,则 $\overrightarrow{AC}\cdot\overrightarrow{AB}=$__________.

(三)**解答题**

21. 已知向量 $\vec{a}=(\sin x,\frac{1}{3})$, $\vec{b}=(\cos x,-1)$.

(1) 当 $\vec{a}//\vec{b}$ 时,求 $2\cos^2x-\sin2x$ 的值;

(2) 求 $f(x)=(\vec{a}+\vec{b})\cdot\vec{b}$ 的最大值和最小值、周期.

22. 求函数 $y=2\cos^2x+5\sin x-4$ 的最大值与最小值.

23. 在 ΔABC 中, $\cos\frac{A}{2}=\frac{2\sqrt{5}}{5}$, $\overrightarrow{AB}\cdot\overrightarrow{AC}=3$

(1) 求 ΔABC 的面积 S;(2) 若 c=1,求 a 的值.

24. 设向量 $\vec{a}=(\cos x,-\sin x)$，$\vec{b}=(2\sin x,2\sin x)$，且函数 $f(x)=\vec{a}\cdot\vec{b}+m$ 的最大值是 $\sqrt{2}$.

（1）求实数 m 的值；

（2）若 $x\in(0,\frac{\pi}{2})$，且 $f(x)=1$，求 x 的值.

25. 如下图所示，要测量河两岸 P，Q 两点之间的距离，在与点 P 同侧的岸边选取了 A，B 两点（A，B，P，Q 四点在同一平面内），并测得 $AP=20\ m$，$BP=10\ m$，$\angle APB=60°$，$\angle PAQ=105°$，$\angle PBQ=135°$，试求 P，Q 两点之间的距离.

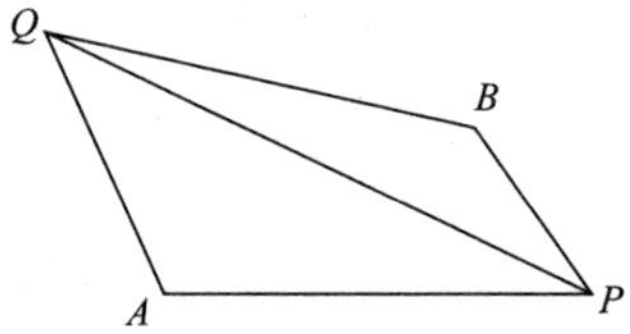

情景 9
平面解析几何

习近平总书记在二十大报告中强调,增进民生福祉,提高人民生活品质.

夫尺有所短,寸有所长;物有所不足,智有所不用;数有所不逮,神有所不通.

——屈原

考纲展示

1. 直线的方向向量与法向量的概念,直线的点向式方程及点法式方程.
2. 直线斜率的概念,直线的点斜式方程及斜截式方程.
3. 直线的一般式方程.
4. 两条直线的位置关系,点到直线的距离.
5. 线性规划问题的有关概念,二元一次不等式(组)表示的平面区域.
6. 线性规划问题的图解法.
7. 线性规划问题的实际应用.
8. 圆的标准方程和一般方程.
9. 待定系数法.
10. 椭圆的标准方程和性质.
11. 双曲线的标准方程和性质.
12. 抛物线的标准方程和性质.

要求

(1) 理解直线的方向向量和法向量的概念,掌握直线的点向式方程和点法式方程.

(2) 理解直线的倾斜角和斜率的概念,会求直线的斜率,掌握直线的点斜式方程、斜截式方程以及一般式方程.

(3) 会求两曲线的交点坐标.

(4) 会求点到直线的距离,掌握两条直线平行与垂直的条件.

(5) 了解线性约束条件、目标函数、线性目标函数、线性规划的概念.

(6) 掌握二元一次不等式(组)表示的平面区域.

(7) 掌握线性规划问题的图解法,并会解决简单的线性规划应用问题.

(8) 掌握圆的标准方程、一般方程,掌握直线与圆的位置关系,能灵活运用它们解决有关问题.

(9) 了解待定系数法的概念,会用待定系数法解决有关问题.

(10) 掌握圆锥曲线(椭圆、双曲线、抛物线)的概念、标准方程和性质,能灵活运用它们解决有关问题.

情景目标

1. 理解直线的方向向量和法向量的概念,掌握直线的点向式方程和点法式方程.

2. 理解直线的倾斜角度和斜率的概念,会求直线的斜率,掌握直线的点向式方程、斜截式方程以及一般式方程.

3. 会求两曲线的交点坐标.

4. 会求点到直线的距离,掌握两条直线平行与垂直的条件.

5. 掌握圆的标准方程和一般方程以及直线与圆的位置关系,能灵活运用它们解决有关问题.

6. 了解待定系数法的概念,会用待定系数法解决有关问题.

7. 掌握圆锥曲线(椭圆、双曲线、抛物线)的概念,标准方程和性质,能灵活运用它们解决有关问题.

8. 了解线性约束条件、目标函数、线性目标函数、线性规划的概念;掌握二元一次不等式(组)表示的区域;掌握线性规划问题的图解法并会解决简单的线性规划应用问题.

任务1　直线方程的有关概念

任务目标

1. 理解直线的方向向量、法向量的概念,并会由直线方程求出直线的方向向量、法向量.

2. 了解直线的倾斜角的概念,掌握倾斜角的范围.

3. 理解直线的斜率和概念,并掌握斜率的几种基本求法.

抓主干
考点解密

1. 直线的向量.

(1) 直线的方向向量:__________.

(2) 直线的法向量:__________.

(3) 对于直线 $Ax+By+C=0$,则它的一个法向量是__________,一个方向向量是__________.

2. 直线的倾斜角、斜率.

(1) 直线的倾斜角:__________,其范围是__________.

(2) 直线的斜率:__________.

(3) 斜率 k 的两种基本求法:

① 已知直线的倾斜角为 α,则 $k=$__________;

② 已知直线过 $A(x_1, y_1)$, $B(x_2, y_2)$两点,则 $k=$__________.

3. 直线的方向向量与斜率的关系.

(1) 如果直线 l 的斜率为 k,则直线 l 的一个方向向量为__________.

(2) 如果直线 l 的一个方向向量为 $\vec{v}=(v_1, v_2)$,则直线的斜率 $k=$__________.

4. 直线在坐标轴上的截距.

(1) 在 y 轴上的截距:直线 l 与 y 轴交点 $(0, b)$ 的__________.

(2) 在 x 轴上的截距:直线 l 与 x 轴交点 $(a, 0)$ 的__________.

基础训练

1. 直线 $2x-y-8=0$ 的一个方向向量是(　　).

(A) $(1,2)$　　(B) $(1,-2)$　　(C) $(-2,7)$　　(D) $(7,-2)$

2. 直线 $x+3y+9=0$ 的一个法向量是(　　).

(A) $(1,3)$　　(B) $(1,-3)$　　(C) $(3,-1)$　　(D) $(3,1)$

研考向
要点探究

支线任务一　由直线方程求直线的方向向量、法向量

例1　(1) 已知直线过两点 $(1,2)$, $(2,3)$,则此直线的一个法向量是______,一个方向向量是______.

(2) 已知直线 $2x+3y+1=0$ 平行于向量 $\vec{v}=(m,-1)$，则 $m=$__________.

任务拓展

1. 已知直线方程为 $2x+y-7=0$，则它的一个法向量是__________，一个方向向量是__________.

2. 已知直线的斜率为 2，则直线的一个方向向量是__________.

支线任务二 求直线的斜率、倾斜角

例 2 若直线 的倾斜角 $\alpha=60°$，则直线 l 的斜率 $k=$__________；若直线 l 的斜率 k 是 $-\frac{\sqrt{3}}{3}$，则直线 l 的倾斜角 $\alpha=$__________.

任务拓展

1. 已知直线方程的倾斜角为 30°，则直线的斜率 $k=$__________.
2. 已知直线过两点(1,2)，(2,3)，则此直线的斜率 $k=$______，倾斜角为________.
3. 已知直线的一个方向向量为(1,2)，则此直线的斜率 $k=$__________.

悟习题

能力提升

尝试练习

1. 已知直线过两点 $A(1,\sqrt{3})$，$B(m,0)$，且此直线的倾斜角为 $\frac{\pi}{6}$，则 m 的值为( ).

(A) -2 (B) 4 (C) 0 (D) 2

2. 已知直线过两点 $A(-5,0)$，$B(-5,3)$，则此直线的倾斜角是( ).

(A) 45° (B) 90° (C) 135° (D) 150°

3. 经过 $A(2,0)$，$B(5,-3)$两点的直线的斜率 k 等于( ).

(A) 1 (B) -1 (C) $\frac{1}{5}$ (D) $-\frac{1}{5}$

4. 已知直线 l 的一个法向量为$(2,-3)$，则直线 l 的斜率 k 为( ).

(A) $\frac{3}{2}$ (B) $-\frac{3}{2}$ (C) $\frac{2}{3}$ (D) $-\frac{2}{3}$

5. 已知直线 l 的倾斜角是 150°，则它的一个方向向量是( ).

(A) $(3,-\frac{\sqrt{3}}{3})$ (B) $(1,-\sqrt{3})$

(C) $(1,\frac{\sqrt{3}}{3})$ (D) $(3,-\sqrt{3})$

6. 直线 $\sqrt{3}x+y+1=0$ 的倾斜角为( ).

(A) 30° (B) 60° (C) 120° (D) 150°

7. 已知直线 l 的方程为 $3x-2y=6$，则直线 l 在 y 轴上的截距为(　　).

(A) -3　　(B) 2　　(C) 3　　(D) -2

8. 若直线 l 平行于 x 轴，则倾斜角 $\alpha=$______，斜率 $k=$______；若直线 l 垂直于 x 轴，其倾斜角 $\alpha=$______，斜率______.

9. 直线 $2x-y+2=0$ 在 y 轴上的截距为______，在 x 轴上的截距为______.

10. 已知直线 $(2m^2-7m+3)x+(m^2-9)y+3m^2=0$ 在 y 轴上的截距为 -4，则 $m=$______.

能力提升

1. 已知直线 $kx+2y+1=0$ 平行于向量 $(2,-1)$，则 k 的值为(　　).

(A) -1　　(B) 1　　(C) 4　　(D) -4

2. 已知直线 $ax+(1-a)y+7=0$ 的倾斜角是直线 $2x-y+1=0$ 的倾斜角的 2 倍，则 a 的值为(　　).

(A) -3　　(B) -4　　(C) 3　　(D) 4

3. 已知直线 l 上两点 $A(-4,1)$，$B(x,-3)$，且直线 l 的倾斜角为 $45°$，则 x 值是(　　).

(A) -8　　(B) -4　　(C) 4　　(D) 8

真题再现

1. 经过 $A(-2,0)$，$B(-5,3)$ 两点的直线的斜率 k 和倾斜角 α 分别是(　　).

(A) $1,\frac{\pi}{4}$　　(B) $1,\frac{3\pi}{4}$　　(C) $-1,\frac{\pi}{4}$　　(D) $-1,\frac{3\pi}{4}$

2. 已知 $A(1,5)$，点 $B(-2,-1)$ 和点 $C(3,a)$ 共线，则 a 的值等于__________.

3. 直线 $x+y+1=0$ 的斜率 $k=$__________，倾斜角为__________.

任务2　直线方程

任务目标

1. 掌握直线方程的几种形式，并能熟练运用已知条件求出相应的直线方程.

2. 掌握直线方程的一般式及一般式与其他形式的互化.

抓主干
考点解密

1. 直线方程的形式

（1）点向式：__________；

（2）点法式：__________；

（3）点斜式：__________；

（4）斜截式：__________；

（5）一般式：__________.

2. 几种特殊的直线的方程

（1）过点 $P_0(x_0, y_0)$ 且垂直于 x 轴的直线方程：__________；

（2）垂直于 y 轴的直线方程：__________.

3. 直线关于特殊直线对称的直线方程

已知曲线 $f(x, y)$，则它：

（1）关于 x 轴对称的直线方程为__________；

（2）关于 y 轴对称的直线方程为__________；

（3）关于原点对称的直线方程为__________；

（4）关于 $y=x$ 对称的直线方程为__________.

基础训练

求满足下列条件的直线方程：

（1）过点(2，1)，平行于 x 轴的直线方程为__________；

（2）过点(−1，3)，且倾斜角 $\alpha=45°$ 的直线方程为__________；

（3）过点(2，3)，且一个方向向量为 $\vec{v}=(0,2)$ 的直线方程为__________；

（4）过点(2，3)，且一个法向量为 $\vec{v}=(0,2)$ 的直线方程为__________；

（5）斜率为 2，且过原点的直线方程为__________.

研考向
要点探究

支线任务一　求直线方程

例 1　（1）过点(1，2)，方向向量为 $\vec{v}=(-1,-2)$ 的直线方程为__________.

（2）过点(1，2)，法向量为 $\vec{n}=(3,4)$ 的直线方程为__________.

(3) 过点(1,2)，斜率为 -2 的直线方程为__________.

(4) 斜率为 -2，在 y 轴的截距为 2 的直线方程为__________.

任务拓展

1. 过点 $A(-2,1)$，$B(3,4)$两点的直线方程为__________.

2. 过点 $A(1,-3)$，且倾斜角等于直线 $x-2y+4=0$ 的倾斜角的 2 倍的直线方程为__________.

3. 倾斜角为 $135°$，在 x 轴上的截距为 -6 的直线方程为__________.

4. 过点(1,2)，且倾斜角的余弦值为$\frac{3}{5}$的直线方程为__________.

支线任务二　由直线方程求概念

例 2　(1) 已知直线 l 的方程为 $2x-3y+6=0$，则直线与两坐标轴围成的三角形的面积等于(　　).

(A) 6　　(B) 3　　(C) 12　　(D) 24

(2) 直线 $l: ax+y-2-a=0$ 在 x 轴和 y 轴上的截距相等，则 a 的值是(　　).

(A) 1　　(B) -1　　(C) -2 或 -1　　(D) -2 或 1

任务拓展

1. 直线 $5x-4y+3=0$ 的斜率和在 y 轴上的截距分别为(　　).

(A) $-\frac{5}{4}, \frac{3}{4}$　　(B) $\frac{4}{5}, \frac{3}{4}$　　(C) $\frac{5}{4}, \frac{4}{3}$　　(D) $\frac{5}{4}, \frac{3}{4}$

2. 直线 $y=kx$ 过点$(3,-3)$，则直线 $y=kx$ 的倾斜角为(　　).

(A) $-\frac{2\pi}{3}$　　(B) $\frac{\pi}{4}$　　(C) $\frac{\pi}{3}$　　(D) $\frac{3\pi}{4}$

悟习题
能力提升

尝试练习

1. 直线 l 经过 $A(-5,1)$，$B(3,-3)$，则直线 l 的方程为(　　).

(A) $x+2y+3=0$　　(B) $x+2y-7=0$

(C) $2x+y+3=0$　　(D) $2x+y-7=0$

2. 已知 $A(3,3)$，$B(-1,-5)$，过线段 AB 的中点且倾斜角为 $135°$ 的直线方程为(　　).

(A) $y-1=-(x-1)$　　(B) $y-1=-(x+1)$

(C) $y+1=-(x-1)$　　(D) $y+1=-(x+1)$

3. 过点$(2,-1)$，且平行于向量$\vec{v}=(3,2)$的直线方程为(　　).

(A) $3x+2y-4=0$　　(B) $3x-2y-8=0$

(C) $2x+3y-1=0$　　(D) $2x-3y-7=0$

4. 过点(1, −3)，且与向量$\vec{n}=(-4,3)$垂直的直线方程为(　　).

(A) $4x-3y-13=0$　　(B) $4x-3y+13=0$

(C) $3x-4y-15=0$　　(D) $3x-4y+13=0$

5. 过点$A(5,1)$，在x轴上的截距为-2的直线方程为(　　).

(A) $x-4y+2=0$　　(B) $4x+y+8=0$

(C) $x+4y+2=0$　　(D) $x=-2$

6. 已知$A(3,-2)$，$B(-3,4)$，则线段AB的垂直平分线的方程为(　　).

(A) $x+y+1=0$　　(B) $x+y-1=0$

(C) $x-y+1=0$　　(D) $x-y-1=0$

7. 直线$ax-y+a=0$ ($a\neq 0$)在两坐标轴上的截距之和是(　　).

(A) $a-1$　　(B) $1-a$　　(C) $a+1$　　(D) 0

8. 若$AC<0$，$BC<0$，那么直线$Ax+By+C=0$不通过(　　).

(A) 第一象限 (B) 第二象限　　(C) 第三象限　　(D) 第四象限

9. 平行于x轴，且经过点$A(1,3)$的直线方程是(　　).

(A) $x=-2$　　(B) $x=5$　　(C) $y=-2$　　(D) $y=3$

10. 垂直于x轴，且经过点$A(1,3)$的直线方程是(　　).

(A) $y=1$　　(B) $y=3$　　(C) $x=1$　　(D) $x=3$

11. 已知直线l: $3x+by+12=0$，在y轴上的截距是3.

(1) 求b的值；(2) 求直线l与x轴的交点坐标；(3) 画出直线l.

12. 已知ΔABC的三个顶点$A(0,5)$，$B(2,1)$，$C(4,7)$，则BC边上的中线所在的直线方程为__________.

13. 将直线方程$2x-3y-3=0$化为斜截式为__________.

14. 直线$y-3=k(x+2)$恒过定点__________.

能力提升

1. 直线的斜率为$-\frac{4}{3}$，且直线不通过第一象限，则直线方程可能是(　　).

(A) $3x+4y+7=0$　　(B) $4x+3y+7=0$

(C) $4x+3y-42=0$　　(D) $3x+4y-42=0$

2. 直线$3x-2y+3=0$关于y轴对称的直线方程为__________.

3. 已知$A(-3,1)$，$B(1,-1)$，$C(a,0)$三点在同一条直线上，则a的值是_______.

真题再现

1. 已知点$A(-3,2)$，$B(1,-4)$，则AB的垂直平分线方程为__________.

2. 已知直线l的法向量$\vec{n}=(-3,2)$，并且与x轴、y轴围成的三角形面积为12，则直线l的方程为__________.

任务3　两直线的位置关系

任务目标

1. 了解两直线重合与相交的条件，掌握两直线平行与垂直的条件，并能熟练运用条件解决有关问题.
2. 会求两条直线的交点.
3. 掌握点到直线的距离公式，并能熟练应用公式解决有关问题.

抓主干
考点解密

1. 两条直线的位置关系.

	一般式	斜截式
直线	$l_1:A_1x+B_1y+C_1=0$ $l_2:A_2x+B_2y+C_2=0$	$l_1:y=k_1x+b_1$ $l_2:y=k_2x+b_2$
平行		
重合		
相交		
垂直		

注：设直线$l:Ax+By+C=0$，则与直线l平行的直线为______；垂直的直线为______.

2. 求两条直线的交点：联立直线方程解方程组.

3. 点到直线的距离公式__________.

注：两平行线$Ax+By+C_1=0$与$Ax+By+C_2=0$之间的距离为__________.

基础训练

1. 直线$2x-y-5=0$与$x-3y-10=0$的交点坐标是__________.

2. 两平行线 $x+3y-4=0$ 与 $x+3y+6=0$ 的距离为__________.

3. 点 P(1, −2)到直线 $4x-3y+5=0$ 的距离为__________.

研考向
要点探究

支线任务一 两直线的位置关系的判定

例 1 已知直线 l_1: $x+my+9=0$, l_2: $(m-2)x+3y+3m=0$.

(1) 若 $l_1//l_2$ 时，则 $m=$__________;

(2) 若 $l_1\perp l_2$ 时，则 $m=$__________;

(3) 若 l_1 与 l_2 重合时，则 $m=$__________.

任务拓展

1. 过点(1, −4)，且与直线 $2x+3y+5=0$ 平行的直线方程为__________.

2. 过点(1, 2)，且与直线 $2x+y-10=0$ 垂直的直线方程为__________.

支线任务二 求两直线的交点

例 2 直线 l_1: $2x+3y-7=0$ 与直线 l_2: $5x-2y-8=0$ 的交点为(　　).

(A) (2, −1)　　(B) (2, 1)　　(C) (1, 2)　　(D) (1, −2)

任务拓展

直线 $ax+4y-2=0$ 与 $2x-5y+c=0$ 垂直相交于点$(1, m)$，则 $a=$__________，$m=$__________，$c=$__________.

支线任务三 点到直线的距离公式的应用

例 3 (1) $P(2, 4)$到直线 $3x-4y+m=0$ 的距离是 2，则 m 的值是(　　).

(A) $m=0$　　(B) $m=20$

(C) $m=0$ 或 $m=20$　　(D) $m=-8$ 或 $m=12$

(2) 直线 $2x-y+1=0$ 与直线 $4x-2y+7=0$ 的距离为(　　)

(A) $\frac{6\sqrt{5}}{5}$　　(B) $\frac{2\sqrt{5}}{5}$　　(C) $\frac{\sqrt{5}}{2}$　　(D) $\sqrt{5}$

任务拓展

已知直线 $mx+ny+1=0$ 平行于直线 $4x+3y+5=0$ 且在 y 轴上的截距为$\frac{1}{3}$，则 m 和 n 的值分别为(　　)

(A) 4 和 3　　(B) −4 和 3　　(C) −4 和 −3　　(D) 4 和 −3

悟习题
能力提升

尝试练习

1. 直线 $x+ay=2a+2$ 与 $ax+y=a+1$ 平行(不重合)的充要条件是(　　).

(A) $a=0$　　(B) $a=1$ 或 $a=-1$

(C) $a=1$　　(D) $a=-1$

2. 已知过点 $A(-2,m)$,$B(m,4)$的直线与直线 $2x+y-1=0$ 平行,则 m 的值为(　　).

(A) 0　　(B) -8　　(C) 2　　(D) 10

3. 过点 $A(2,-4)$且垂直于 $3x-4y+1=0$ 的直线方程为(　　).

(A) $3x-4y-4=0$　　(B) $4x+3y-3=0$

(C) $4x+3y+4=0$　　(D) $3x-4y+4=0$

4. 已知直线 $l_1:y=x$,若直线 $l_1\perp l_2$,则直线 l_2 的倾斜角为(　　).

(A) $\frac{\pi}{4}$　　(B) $k\pi+\frac{\pi}{4}(k\in\mathbf{Z})$　　(C) $\frac{3\pi}{4}$　　(D) $k\pi+\frac{3\pi}{4}(k\in\mathbf{Z})$

5. 已知点 $P(2,a)$是第一象限内的点且到直线 $4x-3y+2=0$ 的距离等于 4,则 a 的值等于(　　).

(A) 4　　(B) 6　　(C) 8　　(D) 10

6. 直线 $4x-2y+c=0$ 与直线 $2x-y+2=0$ 的距离为$\sqrt{5}$,则 c 的值为(　　).

(A) -6　　(B) 14　　(C) -6 或 14　　(D) 6 或 14

7. 已知 ΔABC 中,BC 边在 x 轴上,AB 边所在的直线方程为 $x-y+1=0$,AC 边所在的直线方程为 $x+2y-5=0$,则 ΔABC 的面积为__________.

8. 求过直线 $x-y-1=0$ 与 $x+y-3=0$ 的交点,且与直线 $2x-y=0$ 平行的直线方程.

能力提升

1. 两直线 $l_1:x\cos\alpha-y\sin\alpha+1=0$ 和 $l_2:x\sin\alpha-y\cos\alpha-1=0$ 的位置关系(　　).

(A) 平行　　(B) 垂直　　(C) 重合　　(D) 相交但不垂直

2. 不论 m 取何值,直线 $3(m-1)x+2(m+1)y-12=0$ 恒过定点(　　).

(A) $(1,-\frac{1}{2})$　　(B) $(2,3)$　　(C) $(-2,3)$　　(D) $(2,0)$

3. 求倾斜角为45°，且与点(2，-1)的距离为$\frac{\sqrt{2}}{2}$的直线方程.

真题再现

1. 过点$A(-3,2)$且平行于直线$3x+y-5=0$的直线方程为(　　).

(A) $3x-y+9=0$　　(B) $3x+y-7=0$

(C) $3x+y+7=0$　　(D) $3x-y-9=0$

2. 若直线$ax+3y+1=0$与直线$x+(a-2)y+a=0$垂直，则a为(　　).

(A) $\frac{3}{2}$　　(B) 3　　(C) -1　　(D) 3或-1

3. 求与原点的距离为$\frac{\sqrt{2}}{2}$，斜率为1的直线方程.

任务4　简单的线性规划

任务目标

1. 了解线性规则的有关概念，掌握二元一次不等式(组)表示的区域.
2. 掌握线性规划问题的图解法，并会解决简单的线性应用问题.

抓主干
考点解密

1. 线性规划.

求线性目标函数在线性约束条件下的最大值或最小值的问题，统称为线性规划问题.

满足线性约束条件的解(x,y)叫作可行解，由所有可行解组成的集合叫作可行域，使目标函数取得最大值或最小值的可行解叫作最优解.

2. 二元一次不等式表示的区域.

直线$l:Ax+By+C=0$将直角坐标系平面内不在l上的点分为两部分，直线的l的一个法向量(A,B)指向的那一侧半平面内所有点的坐标都满足不等式$Ax+By+C>0$；而在直线l的另一侧，所有点的坐标都满足不等式$Ax+By+C<0$.

3. 线性规划问题的图解法.

(1) 根据题意，设出变量x,y；

（2）找出线性约束条件；

（3）确定线性目标函数；

（4）画出可行域；

（5）利用线性目标函数做出平行直线系$f(x,y)=t$（t为参数）；

（6）观察图形，找到直线$f(x,y)=t$在可行域上使t取得最值的位置，以确定最优解，给出答案.

基础训练

1. 有甲、乙两种食物的维生素含量及成本如下表：

项目	甲	乙
维生素（单位/千克）	400	600
维生素（单位/千克）	800	200
成本（单位/千克）	7	6

某人欲购买这两种食物不大于10千克，使之所含维生素A不少于4400单位，维生素B不少于4800单位. 假设购买甲食物x千克，乙食物y千克，购买成本为z元.

（1）变量x,y满足的线性约束条件为________________；

（2）成本z关于变量x,y的线性目标函数为________________.

2. 下列命题中正确的是（　　）.

（A）点$(0,0)$在区域$x+y\geqslant 0$内　（B）点$(0,0)$在区域$x+y+1<0$内

（C）点$(1,0)$在区域$y>2x$内　（D）点$(0,1)$在区域$x-y+1>0$内

3. 若变量x,y满足约束条件$\begin{cases} y\leqslant 1 \\ x+y\geqslant 0 \\ x-y-2\leqslant 0 \end{cases}$，则$z=x-2y$的最大值为（　　）.

（A）4　（B）3　（C）2　（D）1

研考向
要点探究

支线任务一　二元一次不等式（组）表示的区域

例1　（1）画出不等式$2x-y-6\geqslant 0$表示的平面区域.

（2）画出不等式组$\begin{cases}x-y+5\geqslant 0\\x+y>0\\x<3\end{cases}$表示的平面区域．

任务拓展

1．由直线$x+y+2=0$，$x+2y+1=0$和$2x+y+1=0$围成的三角形区域（包括边界）用不等式可表示为__________．

2．在不等式组$\begin{cases}x>0\\y>0\\4x+3y<12\end{cases}$表示的平面区域内的整点（横坐标和纵坐标都是整数的点）共有__________个．

支线任务二　线性规划的图解法

例2　已知x，y满足$\begin{cases}x-y+2\geqslant 0\\x+y\geqslant 0\\x\leqslant 1\end{cases}$，则$z=2x+4y$的最大值、最小值分别为（　　）．

（A）$z_{max}=16$，$z_{min}=-2$　　（B）$z_{max}=14$，$z_{min}=-2$

（C）$z_{max}=2$，$z_{min}=-2$　　（D）$z_{max}=2$，$z_{min}=-14$

任务拓展

若x，y满足$\begin{cases}x-y+5\geqslant 0\\x+y\geqslant 0\\x\leqslant 3\end{cases}$，则$z=2x+4y$的最小值为（　　）．

（A）6　　（B）-6　　（C）10　　（D）-10

悟习题
能力提升

尝试练习

1．已知$P_1(0,0)$，$P_2(1,1)$，$P_3(\frac{1}{2},\frac{3}{4})$，则在不等式$2x-3y-6\leqslant 0$表示的平面区域内的点是（　　）．

（A）P_1, P_2　　（B）P_2　　（C）P_2, P_3　　（D）P_3

2. 不在 $3x+2y-6<0$ 表示的平面区域内的点是（　　）.

（A）(0,0)　　（B）(1,1)　　（C）(0,2)　　（D）(2,0)

3. 不等式 $x+4y-9\geqslant 0$ 表示直线 $x+4y-9=0$（　　）.

（A）上方的平面区域

（B）下方的平面区域

（C）上方的平面区域（包括直线本身）

（D）下方的平面区域（包括直线本身）

4. 二元一次不等式组 $\begin{cases}4x+3y<1\\2x-y>-1\\y\geqslant 0\end{cases}$ 表示的平面区域内整点的个数是（　　）.

（A）2 个　　（B）4 个　　（C）5 个　　（D）8 个

5. 不等式组 $\begin{cases}x-y+5\geqslant 0\\x+y>0\\x<3\end{cases}$ 表示的平面区域是（　　）.

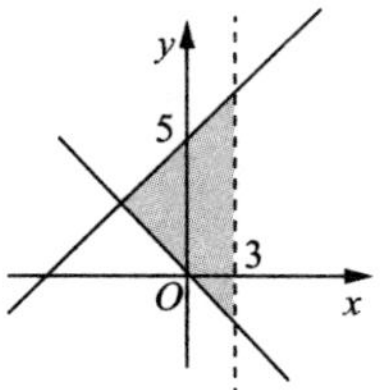

（A）

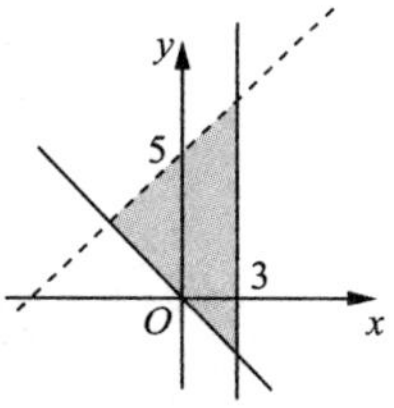

（B）

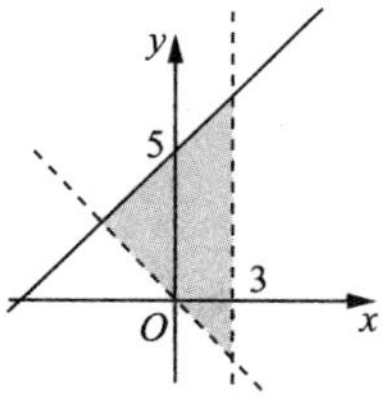

（C）

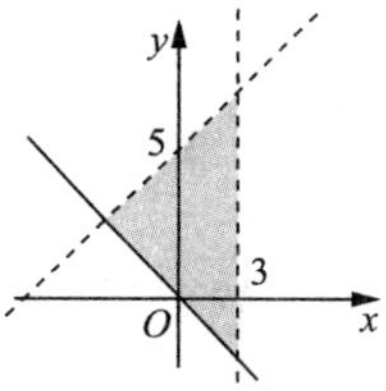

（D）

6. 若变量 x, y 满足约束条件 $\begin{cases}y\leqslant 1\\x+y\geqslant 0\\x-y-2\leqslant 0\end{cases}$，则 $z=x-2y$ 的最大值为（　　）.

（A）4　　（B）3　　（C）2　　（D）1

7. 不等式 $x-y+1>0$ 表示的区域是（　　）.

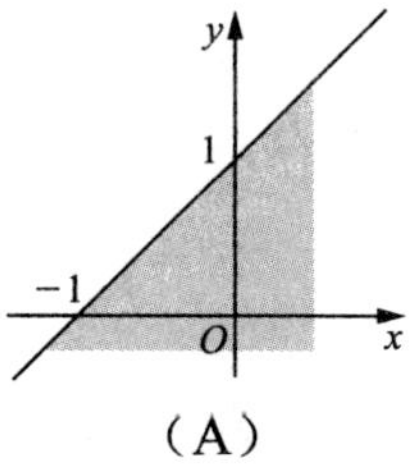

（A）

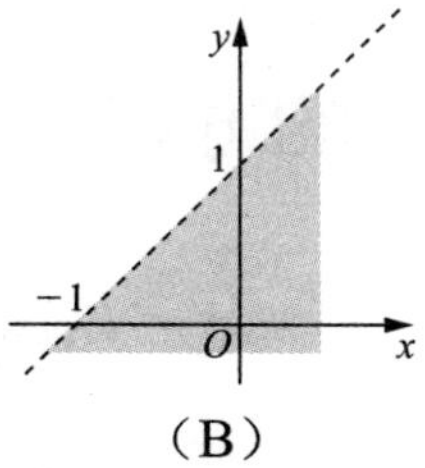

（B）

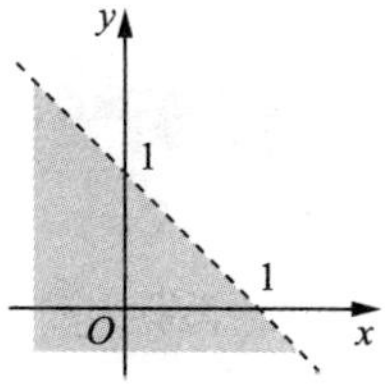

（C）

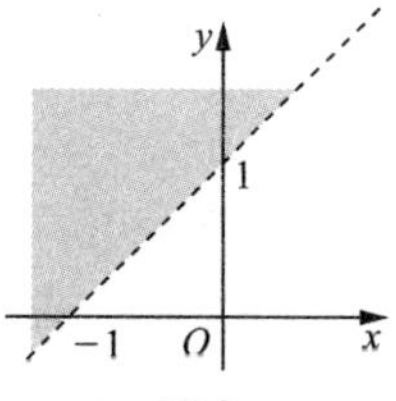

（D）

8. 设 R 为平面上以 $A(4,1)$，$B(-1,-6)$，$C(-3,2)$ 为顶点的三角形区域（包括边界），则 $z=4x-3y$ 的最大值与最小值分别是（　　）.

（A）14，−18　（B）−14，−18　（C）18，14　（D）18，−14

9. 设 x,y 满足约束条件 $\begin{cases}x+y-1\leqslant 0\\ y\leqslant x\\ y\geqslant 0\end{cases}$，则 $z=2x+y$ 的最大值是__________.

能力提升

1. 若 x,y 满足约束条件 $\begin{cases}2x-y\leqslant 0\\ x+y\leqslant 3\\ x\geqslant 0\end{cases}$，则 $2x+y$ 的最大值为(　　).

(A) 0　　(B) 3　　(C) 4　　(D) 5

2. 若 x,y 满足约束条件 $\begin{cases}x+y-2\geqslant 0\\ x\leqslant 2\\ y\leqslant 2\end{cases}$，则 $z=x+2y$ 的取值范围为(　　).

(A) $[2,6]$　　(B) $[2,5]$　　(C) $[3,6]$　　(D) $(3,5)$

3. 若 x,y 满足 $\begin{cases}x-y\geqslant -1\\ x+y\leqslant 3\\ x\geqslant 0\\ y\geqslant 0\end{cases}$，则 $\delta=x-2y$ 取得最小值的最优解为__________.

真题再现

1. 原点和点(1,1)在直线 $x+y-a=0$ 两侧，则 a 的取值范围为(　　).

(A) $a<0$ 或 $a>2$　　(B) $a=2$ 或 $a=0$

(C) $0<a<2$　　(D) $0\leqslant a\leqslant 2$

2. 不等式组 $\begin{cases}2x+y-6\leqslant 0\\ x+y-3\geqslant 0\\ y\leqslant 2\end{cases}$ 表示的平面区域的面积是(　　).

(A) 4　　(B) 1　　(C) 5　　(D) 无穷大

任务5　圆的方程

任务目标

1. 会根据已知条件求圆的标准方程和圆的一般方程.
2. 会由圆的方程确定圆心坐标和圆的半径.

抓主干
考点解密

1. 圆的定义：____________________.

2. 圆的标准方程：圆心为(a, b)，半径为 r 的圆的标准方程为__________. 特别地，圆心为$(0,0)$，半径为 r 的与圆的标准方程为__________.

3. 圆的一般方程：____________________.

(1) 特点：① __________；② __________.

(2) 利用配方法可以将圆的一般方程化为$\left(x+\frac{D}{2}\right)^2+\left(y+\frac{E}{2}\right)^2=\frac{D^2+E^2-4F}{4}$. 它的圆心坐标为__________，半径 $r=$__________.

(3) 方程 $x^2+y^2+Dx+Ey+F=0$ 表示圆的充要条件是__________.

基础训练

1. 圆的方程为$(x-2)^2+(y+1)^2=2$，则其圆心和半径分别为(　　).

(A) $(-2,1),\sqrt{2}$　　(B) $(2,-1),\sqrt{2}$

(C) $(-2,1),2$　　(D) $(2,-1),2$

2. 圆心在$(1,-3)$，半径为 2 的圆的方程为(　　).

(A) $(x-1)^2+(y+3)^2=4$　　(B) $(x-1)^2+(y-3)^2=4$

(C) $(x-1)^2+(y+3)^2=2$　　(D) $(x-1)^2+(y-3)^2=2$

3. 方程 $x^2+y^2+4x+a+3=0$ 表示圆的条件是__________.

研考向
要点探究

支线任务一　有已知条件确定圆的方程

例 1　(1) 过 $A(1,1)$、$B(-3,5)$，圆心在 y 轴上的圆的方程为__________.

(2) 过点 $A(5,2)$，圆心在直线 $x-y=0$ 上，半径为 3 的圆的方程为__________.

任务拓展

1. 圆心为$(0,3)$，过点$(3,1)$的圆的标准方程为__________.

2. 过点$(0,1)$和$(0,3)$，半径等于 1 的圆的标准方程为__________.

3. 已知点 $A(-2,4)$和 $B(6,-2)$，且以线段 AB 为圆的直径的标准方程为________.

4. 过 $A(0,5)$，$B(1,-2)$，$C(-3,-4)$三点的圆的方程为__________.

支线任务二 由圆的方程确定圆的圆心和半径

例 2 (1) $x^2+y^2-4x+8y-15=0$ 的圆心坐标为________，半径为________.

(2) 圆$(x+2)^2+(y-1)^2=2$ 的圆心坐标为________，半径为________.

任务拓展

1. 直线 $x-5y+3=0$ 经过圆 $x^2+y^2-mx+2y-\frac{m^2}{4}-1=0$ 的圆心，则 m 的值等于______.

2. 三角形的三个顶点为 $A(4,2)$，$B(1,1)$，$C(0,0)$，则三角形的外接圆的圆心坐标为________，半径为________.

3. 半径为 5，过点$(1,2)$且与 x 轴相切的圆的方程为________.

悟习题
能力提升

尝试练习

1. 圆 $x^2+y^2+2mx+my-4=0$ 的半径为 3，则 m 的值为(　　).

   (A) 2　　(B) -2　　(C) 4　　(D) ± 2

2. 以$(3,4)$为圆心，且过点$(0,0)$的圆的方程为(　　).

   (A) $x^2+y^2=25$　　(B) $x^2+y^2=5$

   (C) $(x-3)^2+(y-4)^2=25$　　(D) $(x+3)^2+(y+4)^2=25$

3. 圆 $x^2+y^2+Dx+Ey-4=0$ 的圆心$(-1,2)$，则圆的半径为(　　).

   (A) 3　　(B) 9　　(C) 6　　(D) 2

4. 若方程 $x^2+y^2+2ay+2-a=0$ 表示圆，则 a 的取值范围是(　　).

   (A) $a>-2$　　(B) $a<-1$　　(C) $-2<a<1$　　(D) $a<-2$ 或 $a>1$

5. 圆 $x^2+y^2-2x+2y=0$ 的周长为(　　).

   (A) 2π　　(B) 4π　　(C) $\sqrt{2}\pi$　　(D) $2\sqrt{2}\pi$

6. 圆 $x^2+y^2+Dx+Ey+F=0\ (D^2+E^2-4F>0)$关于 $y=x-1$ 对称，则(　　).

   (A) $D+E=2$　　(B) $D-E=-1$　　(C) $D-E=-2$　　(D) $D+E=1$

7. 以直线 $x+2y+1=0$ 和 $x-y-5=0$ 的交点为圆心，5 为半径的圆的标准方程是________.

8. 圆 $x^2+y^2-4x+4y+6=0$ 关于 x 轴对称的圆的方程为________.

9. 过直线 $x+3y+7=0$ 和 $3x-2y-12=0$ 的交点，圆心为$(-1,1)$的圆的方程是________.

10. 过圆 $x^2+y^2+4x-6y-3=0$ 的圆心且与直线 $x+y+7=0$ 垂直的直线方程为________.

能力提升

1. 已知圆 $x^2+y^2+4x-6y-3=0$ 与 $x^2+y^2+ax+by+4=0$ 是同心圆，则 $a=$__________，$b=$__________.

2. 已知 $2x+3y+3=0$ 与 $(x+1)^2+(y+2)^2=25$ 相交于 AB 两点，则线段 AB 的垂直平分线方程为__________.

真题再现

1. 设 P 是圆 $(x-3)^2+(y+1)^2=4$ 上的动点，Q 是直线 $x=-3$ 上的动点，则 $|PQ|$ 的最小值为（　　）.

(A) 6　　(B) 4　　(C) 3　　(D) 2

2. 已知圆 $x^2+y^2+ax+by=0$ 的圆心为(3,4)，则该圆的半径为__________.

任务6　直线与圆的位置关系

任务目标

1. 掌握直线与圆的位置关系，会求圆的切线关系.
2. 掌握直线与圆相切和相交的有关问题，并能解决有关实际问题.

抓主干
考点解密

1. 点与圆的位置关系.

设点到圆心的距离为 d，圆的半径为 r，则：当 $d>r$ 时，__________；当 $d=r$ 时，__________；当 $d<r$ 时，__________.

2. 直线与圆的位置关系：相交、相切、相离.

其判断方法有两种：

(1) 由直线和圆的方程联立方程组，然后得到关于 x 或 y 的一元二次方程，由判别式 Δ 来判断：

当 $\Delta=0$ 时，____________________；

当 $\Delta<0$ 时，____________________；

当 $\Delta>0$ 时，____________________；

(2) 由圆心到直线的距离 d 和圆的半径 r 的大小关系来判断：

当 $d=r$ 时，__________；当 $d<r$ 时，__________；当 $d>r$ 时，__________.

注：一般用第二种方法计算更为简便.

3. 直线与圆位置关系经常解决的问题.

（1）相切时.

① 求切线方程问题：

过圆上一点的切线方程：若圆的方程为 $x^2+y^2=0$，则过圆上一点 $M(x_0, y_0)$的圆的切线方程为____________________.

过圆外一点的切线方程：一定有两条. 一般情况下设切线的斜率为 k，采用待定系数法利用圆心到直线的距离等于半径求切线方程. 特别要注意，若有一解，则说明有一条切线垂直于 y 轴，必须找回.

② 求切线的长：解 $Rt\Delta$，即由半径、点到圆心的距离、切线长所构成的 $Rt\Delta$ 来解决有关问题.

（2）相交时.

弦长的求法：解 $Rt\Delta$，即由半径、弦心距、弦长之半所构成的 $Rt\Delta$ 来解决有关问题.

（3）相离时.

求最值问题：圆上的点到直线的距离的最大值和最小值一般由圆心到直线的距离 d 和圆的半径 r 的和与差来求显得更为简单.

基础训练

1. 点 $A(2,-2)$与 $x^2+y^2=9$ 的位置关系为__________.
2. 直线 $x-y-3=0$ 与圆$(x+1)^2+(y-2)^2=2$ 的位置关系为__________.
3. 圆的方程是 $x^2+y^2=9$，则过圆上一点 $M(1, 2\sqrt{2})$圆的切线方程为__________.
4. 圆心在点 $C(1,3)$，且与直线 $3x-4y-6=0$ 相切的圆的方程为__________.
5. 圆心为$(1,-2)$，半径为 $2\sqrt{2}$的圆截 x 轴所得的弦长为__________.

研考向
要点探究

支线任务一　直线与圆的位置关系的判定

例 1　直线 $2x-y+5=0$ 与圆 $x^2+y^2-4y+3=0$ 的位置关系为__________.

任务拓展

1. 直线 $x+2y+c=0$ 与圆 $x^2+y^2=1$ 相切，则 c 的值等于（　　）.

（A）± 5　　（B）$\pm\sqrt{5}$　　（C）$\sqrt{5}$　　（D）$-\sqrt{5}$

2. 直线 $x-y+m=0$ 与圆 $x^2+y^2=1$ 有两个交点，则 m 的取值范围为（　　）.

（A）$m<\sqrt{2}$　　（B）$m<-\sqrt{2}$

(C) $m<-\sqrt{2}$ 或 $m>\sqrt{2}$　　　(D) $-\sqrt{2}<m<\sqrt{2}$

支线任务二　求圆的切线方程

例 2

1. 圆的方程是 $(x-1)^2+(y+1)^2=5$，则过圆上一点 $M(3,0)$ 圆的切线方程为__________.

2. 圆的方程为 $(x-1)^2+(y+1)^2=4$，则过圆外一点 $M(3,2)$ 圆的切线方程为__________.

支线任务三　求切线长、弦长、最值问题

例 3　(1) 直线 $x+y+2=0$ 截圆 $x^2+y^2-4x-5=0$ 所得的弦长为(　　).

(A) 1　　(B) 2　　(C) $\sqrt{2}$　　(D) $2\sqrt{2}$

(2) 已知圆 $x^2+y^2+4x-6y-12=0$，过点 $P(4,-5)$ 作该圆的切线，切点为 A，则 PA 的长为(　　).

(A) 75　　(B) 10　　(C) $5\sqrt{3}$　　(D) $10\sqrt{3}$

(3) 圆 $x^2+y^2-2x+4y+4=0$ 上的点到直线 $3x-4y+9=0$ 的最大距离等于(　　).

(A) 4　　(B) 3　　(C) 5　　(D) 6

任务拓展

过原点且倾斜角为 60° 的直线被圆 $x^2+y^2-4x=0$ 所截得的弦长为__________.

支线任务四　利用直线与圆的位置关系求圆的方程

例 4　已知圆心在 $(-2,3)$ 且与 y 轴相切，则圆的方程为(　　).

(A) $(x-2)^2+(y+3)^2=4$　　(B) $(x-2)^2+(y-3)^2=9$

(C) $(x+2)^2+(y-3)^2=4$　　(D) $(x+2)^2+(y-3)^2=9$

任务拓展

1. 求圆心在直线 $2x+y=0$ 上，与直线 $x+y-1=0$ 且相切于点 $A(2,-1)$ 的圆的标准方程为__________.

2. 已知圆 C 的圆心是坐标原点，圆 C 截直线 $x-9y+41=0$ 所得的弦长为 $\sqrt{82}$，则圆 C 的方程为__________.

支线任务五　综合题

例 5　已知圆 $x^2+y^2+x-y+m=0$ 与直线 $x+y-3=0$ 相交于 P、Q 两点，O 为坐标原点，若 $OP\perp OQ$，求实数 m 的值.

悟习题
能力提升

尝试练习

1. 以点 $P(-4,3)$ 为圆心的圆与直线 $2x+y-5=0$ 相离，则圆的半径的取值范围是（　　）.

(A) $(0,2)$　(B) $(0,\sqrt{5})$　(C) $(0,2\sqrt{5})$　(D) $(0,10)$

2. 对任何实数 k，圆 $C: x^2+y^2-6x-8y+12=0$ 与直线 $l: kx-y-4k+3=0$ 的位置关系是（　　）.

(A) 相交　(B) 相切　(C) 相离　(D) 与 k 值有关

3. 过圆 $x^2+y^2=3$ 上一点 $(\sqrt{2},1)$ 与圆相切的直线方程为（　　）.

(A) $x+2y=3$　(B) $\sqrt{2}x-y=3$　(C) $\sqrt{2}x+y=3$　(D) $x+y=3$

4. 直线 $x+2y+1=0$ 被圆 $x^2+y^2-4x-2y-20=0$ 所截得的弦长为（　　）.

(A) $3\sqrt{5}$　(B) $4\sqrt{5}$　(C) $5\sqrt{5}$　(D) 10

5. 已知过点 $P(2,2)$ 的直线与圆 $(x-1)^2+y^2=5$ 相切，且与直线 $ax-y+1=0$ 垂直，则 $a=$（　　）.

(A) $-\frac{1}{2}$　(B) 1　(C) 2　(D) $\frac{1}{2}$

6. 直线 $2x-y+1=0$ 与圆 $x^2+y^2+2x-4=0$ 的位置关系是（　　）.

(A) 相切　(B) 相离

(C) 相交且不过圆心　(D) 相交且过圆心

7. 以点 $A(-5,4)$ 为圆心，且与 x 轴相切的圆的方程为（　　）.

(A) $(x+5)^2+(y-4)^2=16$　(B) $(x-5)^2+(y+4)^2=16$

(C) $(x+5)^2+(y-4)^2=25$　(D) $(x-5)^2+(y+4)^2=25$

8. 若 $3x+4y+k=0$ 与圆 $x^2+y^2-6x+5=0$ 相切，则 $k=$__________.

9. 过点 $P(0,4)$ 向圆 $x^2+y^2-4x-2y-5=0$ 所引的切线长为__________.

10. 已知圆 $x^2+y^2+x-6y+m=0$ 和直线 $x+2y-3=0$ 交于 P、Q 两点，且 $OP\perp OQ$（O 为坐标原点），求该圆的半径.

能力提升

1. 点 $M(3,-7)$ 与圆 $(x-2)^2+(y+4)^2=100$ 的位置关系是（　　）.

（A）在圆上　　　　（B）在圆外

（C）在圆内是圆心　　　　（D）在圆内但不是圆心

2. 与直线 $x+3y=10$ 垂直且与圆 $x^2+y^2=4$ 相切的直线方程为(　　).

（A）$x+3y\pm2\sqrt{10}=0$　　　　（B）$2x-3y+2\sqrt{10}=0$

（C）$3x-y\pm2\sqrt{10}=0$　　　　（D）$x+3y\pm\sqrt{10}=0$

真题再现

1. 圆 $x^2+y^2-4x+4y-1=0$ 截直线 $3x-4y-4=0$ 所得的弦长等于__________.
2. 已知圆 $x^2+y^2=9$，则过点(3，−1)且与圆相切的直线方程为__________.
3. 求斜率为 2 且与圆 $x^2+y^2=5$ 相切的直线方程.

任务 7　椭　圆

任务目标

1. 掌握椭圆的定义并会利用椭圆的定义解题.
2. 掌握椭圆的标准方程和几何性质，并能灵活运用它们解决有关问题.

抓主干
考点解密

1. 定义：平面内与两个__________(大于两定点间的距离)的点的轨迹叫作椭圆. 这两个定点叫作椭圆的__________，两焦点的距离叫作__________.

2. 椭圆的标准方程和几何性质.

标准方程	$\frac{x^2}{a^2}+\frac{y^2}{b^2}=1\ (a>b>0)$	$\frac{y^2}{a^2}+\frac{x^2}{b^2}=1\ (a>b>0)$
图形		
顶点		
焦点		
焦距		
a、b、c 的关系		
长轴、短轴		
离心率		

基础训练

1. 已知椭圆方程为$\frac{y^2}{36}+\frac{x^2}{16}=1$，则它的长轴长为______，短轴长为______，焦点坐标为______，离心率为______.

2. 已知椭圆$\frac{x^2}{36}+\frac{y^2}{16}=1$，则它的长轴长为______，短轴长为______，顶点坐标为______，焦点坐标为______，离心率为______.

研考向

要点探究

支线任务一　由椭圆的概念求椭圆方程

例 1　(1) 长轴与短轴的和是 20，焦距为 $4\sqrt{5}$的椭圆标准方程为(　　).

(A) $\frac{x^2}{16}+\frac{y^2}{36}=1$　　(B) $\frac{x^2}{36}+\frac{y^2}{16}=1$

(C) $\frac{x^2}{16}+\frac{y^2}{36}=1$ 或 $\frac{x^2}{36}+\frac{y^2}{16}=1$　　(D) $\frac{x^2}{6}+\frac{y^2}{4}=1$ 或 $\frac{x^2}{4}+\frac{y^2}{6}=1$

(2) 已知椭圆上一点到两焦点$(-2,0)$，$(2,0)$的距离之和等于 8，则椭圆的标准方程为(　　).

(A) $\frac{x^2}{12}+\frac{y^2}{4}=1$　　(B) $\frac{x^2}{16}+\frac{y^2}{12}=1$

(C) $\frac{x^2}{16}+\frac{y^2}{4}=1$　　(D) $\frac{y^2}{16}+\frac{x^2}{12}=1$

(3) 已知椭圆经过点 $A(0,-4)$，$B(5,0)$，则椭圆的标准方程为(　　).

(A) $\frac{x^2}{16}+\frac{y^2}{9}=1$　　(B) $\frac{x^2}{9}+\frac{y^2}{16}=1$

(C) $\frac{x^2}{25}+\frac{y^2}{16}=1$　　(D) $\frac{x^2}{16}+\frac{y^2}{25}=1$

任务拓展

椭圆的对称轴是坐标轴，离心率是$\frac{2}{3}$，长轴长为 6，则椭圆的方程为__________.

支线任务二　由椭圆方程求椭圆 a, b, c, e 等

例 2　(1) 椭圆 $x^2+my^2=1$ 的焦点在 y 轴上，且长轴长是短轴长的 2 倍，则 m 的值是(　　).

(A) $\frac{1}{4}$　　(B) $\frac{1}{2}$　　(C) 2　　(D) 4

(2) 已知焦点在 x 轴上的椭圆$\frac{x^2}{m}+\frac{y^2}{6}=1$ 的离心率为$\frac{1}{2}$，则 m 的值等于(　　).

(A) 16　　(B) 4　　(C) 7　　(D) 8

(3) 设椭圆$\frac{x^2}{m}+\frac{y^2}{9}=1$过点$(2,-\sqrt{6})$，则椭圆的焦距为(　　).

(A) $\sqrt{3}$　　(B) 3　　(C) 6　　(D) $2\sqrt{3}$

任务拓展

1. 已知椭圆方程为$\frac{x^2}{9}+\frac{y^2}{16}=1$，那么它的焦点是(　　).

(A) $(\pm\sqrt{7},0)$　　(B) $(0,\pm\sqrt{7})$

(C) $(\pm5,0)$　　(D) $(0,\pm5)$

2. 椭圆$\frac{x^2}{64}+\frac{y^2}{36}=1$的离心率为(　　).

(A) $\frac{4}{5}$　　(B) $\frac{3}{4}$　　(C) $\frac{\sqrt{7}}{4}$　　(D) $\frac{3}{5}$

支线任务三　用椭圆的定义解决的有关问题

例 3　(1) 过椭圆$\frac{x^2}{25}+\frac{y^2}{16}=1$的左焦点$F_1$的直线交椭圆于$A$、$B$两点且$|AB|=6$，$F_2$是右焦点，则$|AF_2|+|BF_2|=$(　　).

(A) 10　　(B) 14　　(C) 20　　(D) 16

(2) 已知椭圆的焦点是$F_1(-1,0)$，$F_2(1,0)$，P是椭圆上的一点，且$|F_1F_2|$是$|PF_1|$与$|PF_2|$的等差中项，则椭圆的方程为(　　).

(A) $\frac{x^2}{16}+\frac{y^2}{9}=1$　　(B) $\frac{x^2}{16}+\frac{y^2}{12}=1$

(C) $\frac{x^2}{4}+\frac{y^2}{3}=1$　　(D) $\frac{x^2}{3}+\frac{y^2}{4}=1$

任务拓展

1. 已知椭圆$\frac{x^2}{25}+\frac{y^2}{16}=1$的左焦点$F_1$的直线交椭圆于$A$、$B$两点，则三角形$ABF_2$的周长是(　　).

(A) 10　　(B) 20　　(C) 16　　(D) 8

2. 设F_1，F_2为定点，$|F_1F_2|=6$，动点M满足$|MF_1|+|MF_2|=8$，则动点M的轨迹是(　　).

(A) 椭圆　　(B) 直线　　(C) 圆　　(D) 线段

悟习题
能力提升

尝试练习

1. 已知椭圆的长轴长和短轴长分别为12和8，且焦点在x轴上，则椭圆方程为(　　).

(A) $\frac{x^2}{36}+\frac{y^2}{16}=1$ (B) $\frac{x^2}{9}+\frac{y^2}{4}=1$

(C) $\frac{x^2}{20}+\frac{y^2}{36}=1$ (D) $\frac{x^2}{16}+\frac{y^2}{36}=1$

2. 已知椭圆长轴长为 6，焦距为 4，焦点在 y 轴上，则椭圆方程为(　　).

(A) $\frac{x^2}{9}+\frac{y^2}{4}=1$ (B) $\frac{x^2}{9}+\frac{y^2}{5}=1$

(C) $\frac{x^2}{5}+\frac{y^2}{9}=1$ (D) $\frac{x^2}{16}+\frac{y^2}{36}=1$

3. 已知曲线$\frac{x^2}{k-4}+\frac{y^2}{6-k}=1$是焦点在 x 轴上的椭圆，则 k 的取值范围是(　　).

(A) $k<5$ (B) $k>6$ (C) $4<k<6$ (D) $5<k<6$

4. 椭圆$\frac{x^2}{4}+y^2=1$的两焦点为 F_1、F_2 且过 F_1 垂直于 x 轴的直线交椭圆于 P 点，则 $|PF_2|$ 等于(　　).

(A) $\frac{\sqrt{3}}{2}$ (B) $\sqrt{3}$ (C) $\frac{7}{2}$ (D) 4

5. 若点 P 在椭圆$\frac{x^2}{2}+y^2=1$上，F_1、F_2 分别是椭圆的两焦点，且$\angle F_1PF_2=90°$，则 ΔF_1PF_2 的面积是(　　).

(A) 2 (B) 1 (C) $\frac{\sqrt{3}}{2}$ (D) $\frac{1}{2}$

6. 若椭圆$\frac{x^2}{a^2}+\frac{y^2}{b^2}=1$的一个焦点和短轴的两端点构成一个正三角形，则该椭圆的离心率为(　　).

(A) $\frac{1}{2}$ (B) $\frac{\sqrt{3}}{2}$ (C) $\frac{\sqrt{2}}{2}$ (D) $\sqrt{3}$

7. 已知椭圆的长轴长恰好等于它的短轴长的 2 倍，则其离心率为(　　).

(A) $\frac{1}{2}$ (B) $\frac{3}{4}$ (C) $\frac{\sqrt{2}}{2}$ (D) $\frac{\sqrt{3}}{2}$

8. 已知椭圆$\frac{x^2}{100}+\frac{y^2}{49}=1$上的一点到左焦点的距离为 6，则该点到右焦点的距离等于(　　).

(A) 14 (B) 20 (C) 28 (D) 12

9. 已知椭圆$\frac{x^2}{a^2}+\frac{y^2}{b^2}=1$ $(a>b>0)$的离心率 $e=\frac{3}{5}$，长、短轴之和为 36，则 $a=$______，$b=$______.

能力提升

1. 如果方程 $x^2+ky^2=1$ 表示焦点在 y 轴上的椭圆，那么实数 k 的取值范围是(　　).

(A) $k>0$ (B) $k>1$ (C) $0<k<1$ (D) $0<k<2$

2. 以椭圆短轴为直径的圆恰好经过椭圆的两焦点，则椭圆的离心率为(　　).

(A) $\frac{1}{2}$　　(B) $\frac{\sqrt{3}}{2}$　　(C) $\frac{\sqrt{3}}{3}$　　(D) $\frac{\sqrt{2}}{2}$

3. 若方程 $\frac{x^2}{2m-1}+\frac{y^2}{3m}=1$ 表示椭圆，则 m 的取值范围是__________.

4. 从椭圆的一个焦点看短轴的两端的视角为 $60°$，则椭圆的离心率 $e=$__________.

真题再现

1. 椭圆 $\frac{x^2}{25}+\frac{y^2}{9}=1$ 上一点 M 到焦点 F_1 的距离为 2，A 是 MF_1 的中点，则 $|OA|$ 等于(　　).

(A) 2　　(B) 4　　(C) 8　　(D) $\frac{3}{2}$

2. 过椭圆 $\frac{x^2}{16}+\frac{y^2}{m}=1$ $(m<16)$ 的左焦点 F_1 交椭圆于 AB 两点，则 ΔABF_2 的周长为__________.

3. 求和椭圆 $9x^2+4y^2=36$ 有相同的焦点，并且经过点 $(2,-3)$ 的椭圆的方程.

任务8　双曲线

任务目标

1. 掌握双曲线的定义并会利用双曲线的定义解题.

2. 掌握双曲线的标准方程和几何性质，并能灵活运用它们解决有关问题.

抓主干
考点解密

1. 定义：平面内与两个定点 F_1，F_2 的距离________等于常数(小于 $|F_1F_2|$ 且不等于零)的点的轨迹叫作双曲线，这两个定点叫作双曲线的________，两焦点的距离叫作________.

2. 双曲线的标准方程和几何性质.

标准方程	$\frac{x^2}{a^2}-\frac{y^2}{b^2}=1\ (a>b>0)$	$\frac{y^2}{a^2}-\frac{x^2}{b^2}=1\ (a>b>0)$
图形		
对称中心		
对称轴		
焦点		
焦距		
实轴		
虚轴		
离心率		
a、b、c 的关系		
渐近线		

3. 等轴双曲线.

(1) 定义:________________的双曲线叫作等轴双曲线.

(2) 离心率:________________.

(3) 渐近线:________________.

基础训练

1. 双曲线 $16x^2-9y^2=144$ 的实轴长为__________,顶点坐标为__________,焦点坐标为__________,离心率为__________,渐近线为__________.

2. 双曲线 $9x^2-16y^2=144$ 的实轴长为__________,顶点坐标为__________,焦点坐标为__________,离心率为__________,渐近线为__________.

研考向
要点探究

支线任务一 双曲线的标准方程

例 1 已知方程 $\frac{x^2}{1+k}+\frac{y^2}{1-k}=1$ 表示双曲线,则 k 的取值范围是(　　).

(A) $-1<k<1$　(B) $k>0$　(C) $k\geqslant 0$　(D) $k>1$ 或 $k<-1$

任务拓展

1. 已知双曲线的一个焦点为(0,5),渐近线方程为 $y=\pm\frac{3}{4}x$,则双曲线的标准方程为(　　).

(A) $\frac{x^2}{16}-\frac{y^2}{9}=1$　(B) $\frac{y^2}{9}-\frac{x^2}{16}=1$

(C) $\frac{y^2}{16}-\frac{x^2}{9}=1$　　　　(D) $\frac{x^2}{9}-\frac{y^2}{16}=1$

2. 已知双曲线的对称轴为坐标轴，离心率 $e=\sqrt{2}$，且过点(3，−5)，则双曲线方程为(　　).

(A) $x^2-y^2=16$　　　　(B) $y^2-x^2=16$

(C) $x^2-y^2=4$　　　　(D) $y^2-x^2=4$

3. 在双曲线中，$e=\frac{\sqrt{5}}{2}$，且双曲线与椭圆 $4x^2+9y^2=36$ 有公共焦点，双曲线方程为(　　).

(A) $\frac{y^2}{4}-x^2=1$　　　　(B) $\frac{x^2}{4}-y^2=1$

(C) $x^2-\frac{y^2}{4}=1$　　　　(D) $y^2-\frac{x^2}{4}=1$

支线任务二　由双曲线方程求双曲线的概念

例2　双曲线 $4x^2-5y^2=20$ 的实半轴长，虚半轴长、离心率分别是(　　).

(A) $a=4, b=2\sqrt{5}, e=\frac{3}{2}$　　　　(B) $a=4, b=2\sqrt{5}, e=\frac{2}{3}$

(C) $a=\sqrt{5}, b=2, e=\frac{3\sqrt{5}}{5}$　　　　(D) $a=2\sqrt{5}, b=4, e=\frac{3}{2}$

任务拓展

1. 双曲线 $8kx^2-ky^2=8$ 的一个焦点是(0,3)，那么 k 的值是(　　).

(A) 1　　(B) −1　　(C) $\frac{\sqrt{65}}{3}$　　(D) $-\frac{\sqrt{65}}{3}$

2. 已知双曲线$\frac{x^2}{a^2}-\frac{y^2}{b^2}=1$ 的两条渐近线互相垂直，则双曲线的离心率为(　　).

(A) 2　　(B) 3　　(C) $\sqrt{2}$　　(D) $\sqrt{3}$

支线任务三　用双曲线的定义解决的有关问题

例3　双曲线$\frac{x^2}{16}-\frac{y^2}{9}=1$ 上一点 P 到它的一个焦点的距离等于15，则点 P 到另一个焦点的距离为(　　).

(A) 7　　(B) 23　　(C) 5 或 25　　(D) 7 或 23

任务拓展

1. 设 F_1、F_2 是双曲线$\frac{x^2}{4}-y^2=1$ 的两个焦点，点 P 在双曲线上且满足 $\angle F_1PF_2=\frac{\pi}{2}$，则 ΔF_1PF_2 的面积为__________，ΔF_1PF_2 的周长为__________.

2. 设 F_1、F_2 是双曲线$\frac{x^2}{4}-y^2=1$ 的两个焦点，点 P 在双曲线上且满足 $\angle F_1PF_2=60°$，则 ΔF_1PF_2 的面积为__________，ΔF_1PF_2 的周长为__________.

3. 设 F_1、F_2 是双曲线 C: $\frac{x^2}{a^2}-\frac{y^2}{b^2}=1$ ($a>0$, $b>0$)的两个焦点，若在 C 上存在一点 P，使 $PF_1\perp PF_2$，且 $\angle PF_1F_2=30°$，则 C 的离心率为__________.

悟习题
能力提升

尝试练习

1. 双曲线 $x^2-y^2=-4$ 的焦点坐标为(　　).

(A) $(\pm4,0)$　(B) $(\pm3,0)$　(C) $(\pm5,0)$　(D) $(0,\pm2\sqrt{2})$

2. 实轴长为 8，焦点坐标为 $F_1(-5,0)$，$F_2(5,0)$的双曲线方程为(　　).

(A) $\frac{x^2}{16}-\frac{y^2}{9}=1$　(B) $\frac{x^2}{16}-\frac{y^2}{36}=1$

(C) $\frac{x^2}{25}-\frac{y^2}{9}=1$　(D) $\frac{x^2}{9}-\frac{y^2}{16}=1$

3. 实轴长为 4 焦点为 $F_1(-3,0)$，$F_2(3,0)$的双曲线的标准方程是(　　).

(A) $\frac{x^2}{16}-\frac{y^2}{9}=1$　(B) $\frac{x^2}{4}-\frac{y^2}{5}=1$

(C) $\frac{y^2}{16}-\frac{x^2}{9}=1$　(D) $\frac{y^2}{4}-\frac{x^2}{5}=1$

4. 已知双曲线方程为$\frac{x^2}{20}-\frac{y^2}{5}=1$，那么它的焦距为(　　).

(A) 10　(B) 5　(C) $-\sqrt{15}$　(D) $2\sqrt{15}$

5. 双曲线 $9x^2-16y^2=144$ 的离心率为(　　).

(A) $\frac{4}{3}$　(B) $\frac{3}{4}$　(C) $\frac{5}{3}$　(D) $\frac{5}{4}$

6. 已知双曲线的渐近线方程为 $y=\pm\frac{1}{2}x$，焦距为 10，顶点在 x 轴上，则它的标准方程为(　　).

(A) $\frac{x^2}{20}-\frac{y^2}{5}=1$　(B) $\frac{x^2}{5}-\frac{y^2}{20}=1$

(C) $\frac{y^2}{5}-\frac{x^2}{20}=1$　(D) $\frac{y^2}{20}-\frac{x^2}{5}=1$

7. 已知方程$\frac{x^2}{4-k}-\frac{y^2}{k-1}=1$ 表示双曲线，则 k 的取值范围是__________.

8. F_1、F_2 是双曲线$\frac{x^2}{4}-y^2=1$ 的两个焦点，点 P 在双曲线上且满足 $\angle F_1PF_2=120°$，则 ΔF_1PF_2 的面积为__________.

9. 若直线过双曲线 $x^2-y^2=1$ 的左焦点 F_1 交双曲线左支于 A，B 两点，且 $|AB|=5$，连接 AF_2，BF_2，则 ΔABF_2 的周长为__________.

10. 已知双曲线的离心率 $e=2$，虚轴长为 6，F_1，F_2 分别是左、右焦点，过 F_1 的直线交双曲线左支于 A，B 两点，且 $|AF_2|$，$|AB|$，$|BF_2|$ 成等差数列，则 $|AB|=$__________.

能力提升

1. 双曲线$\frac{x^2}{3}-\frac{y^2}{m}=1$ 的离心率是方程 $2x^2-11x+5=0$ 的根，则 m 值为(　　).

(A) 72　　(B) -9　　(C) -4　　(D) -2

2. 中心在坐标原点，一个焦点坐标是(3,0)，一条渐近线方程为$\sqrt{5}x-2y=0$ 的双曲线方程为(　　).

(A) $\frac{x^2}{5}-\frac{y^2}{4}=1$　　(B) $\frac{x^2}{4}-\frac{y^2}{5}=1$

(C) $\frac{x^2}{5}-\frac{y^2}{3}=1$　　(D) $\frac{x^2}{3}-\frac{y^2}{12}=1$

3. 焦点为(0,6)，且与双曲线$\frac{x^2}{2}-y^2=1$ 有相同渐近线的双曲线方程是(　　).

(A) $\frac{x^2}{12}-\frac{y^2}{24}=1$　　(B) $\frac{y^2}{12}-\frac{x^2}{24}=1$

(C) $\frac{y^2}{24}-\frac{x^2}{12}=1$　　(D) $\frac{x^2}{24}-\frac{y^2}{12}=1$

4. 已知双曲线的方程为$\frac{x^2}{a^2}-\frac{y^2}{b^2}=1$，点 AB 在双曲线的右支上，且线段 AB 过双曲线的右焦点 F_2，$|AB|=m$，F_1 为左焦点，则 ΔABF_1 的周长为__________.

真题再现

1. 双曲线$\frac{x^2}{a^2}-\frac{y^2}{b^2}=1$ $(a>0, b>0)$的离心率为$\frac{\sqrt{5}}{2}$，其渐近线方程为(　　).

(A) $y=\pm\frac{1}{4}x$　(B) $y=\pm\frac{1}{3}x$　(C) $y=\pm\frac{1}{2}x$　(D) $y=\pm x$

2. 已知双曲线的渐近解方程为 $y=\pm\frac{3}{4}x$，则双曲线的离心率等于__________.

3. 双曲线 $x^2-\frac{y^2}{2}=1$ 的左焦点 F_1 到其渐近线的距离为__________.

任务9　抛物线

任务目标

1. 理解并掌握抛物线的定义并会利用抛物线的定义解题.
2. 熟练掌握抛物线的标准方程和几何性质，并能灵活运用它们解决有关问题.

抓主干
考点解密

1. 抛物线的定义：________________.

2. 抛物线的标准方程和几何性质.

标准方程	$y^2=2px(p>0)$	$y^2=-2px(p>0)$	$x^2=2py(p>0)$	$x^2=-2py(p>0)$
图形	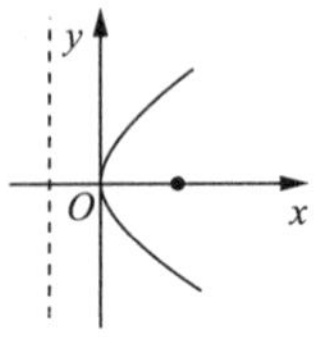	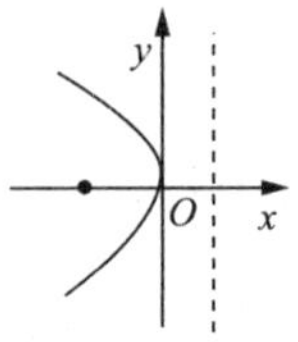	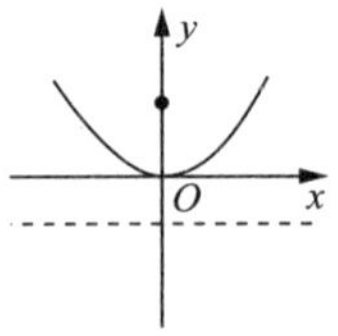	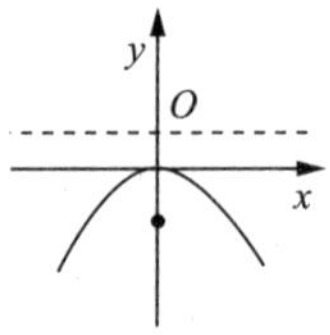
顶点	$O(0,0)$			
对称轴	x 轴		y 轴	
焦点	$F(\frac{p}{2},0)$	$F(-\frac{p}{2},0)$	$F(0,\frac{p}{2})$	$F(0,-\frac{p}{2})$
准线	$x=-\frac{p}{2}$	$x=\frac{p}{2}$	$y=-\frac{p}{2}$	$y=\frac{p}{2}$
离心率	$e=1$			

注意：抛物线标准方程中的 p 的几何意义是焦点 F 到准线 l 的距离.

其中，p 的几何意义是________________.

基础训练

1. 焦点在 x 轴上，焦点到准线的距离等于 2 的抛物线方程为__________.

2. 抛物线 $y^2=16x$ 的焦点坐标是__________，准线方程是__________，焦点到准线的距离是__________.

研考向
要点探究

支线任务一　由抛物线的概念求抛物线方程

例 1　根据下列条件求抛物线标准方程：

(1) 若抛物线的焦点在直线 $y=2x-4$ 上，则抛物线的标准方程为__________.

(2) 过点 $A(2,8)$的抛物线的标准方程为__________.

任务拓展

1. 顶点在原点，焦点 $F(0,\frac{1}{4})$的抛物线方程为________.

2. 顶点在原点，准线方程为 $x=3$ 的抛物线方程为________.

支线任务二　由抛物线方程求抛物线的概念

例 2　抛物线 $y^2=8x$ 的焦点到准线的距离为(　　).

(A) 2　　(B) 4　　(C) 16　　(D) 32

任务拓展

1. 若抛物线 $y^2=2px$ 的焦点坐标为(1,0)，则 $p=$________；准线方程为________.
2. 抛物线 $x^2=4y$ 的焦点坐标为________.
3. $y^2=-4x$ 的准线方程为________.

支线任务三　用抛物线的定义解决的有关问题

例 3　(1) 若抛物线 $y^2=2px\ (p>0)$上横坐标为 4 的点到焦点的距离为 7，则焦点到准线的距离为(　　).

(A) 1　　(B) 2　　(C) 4　　(D) 6

(2) 已知抛物线 $y^2+4x=0$ 上一点 P 到焦点的距离为 8，则点 P 的横坐标为(　　).

(A) -7　　(B) 3　　(C) 6　　(D) 7

任务拓展

1. 抛物线 $y^2=8x$ 上一点 A 到 y 轴的距离为 10，则点 A 到焦点的距离为(　　).

(A) 11　　(B) 13　　(C) 12　　(D) 14

2. 抛物线 $x^2=-2py\ (p>0)$上一点 $P\ (m,-2)$到焦点的距离为 4，则 m 的值为(　　).

(A) -2　　(B) 4　　(C) 2 或 -2　　(D) 4 或 -4

悟习题
能力提升

尝试练习

1. 抛物线的顶点在双曲线 $9x^2-4y^2=36$ 的中心，而焦点是双曲线的左顶点，则抛物线的方程为(　　).

(A) $y^2=-4x$　　(B) $y^2=-8x$　　(C) $x^2=-9y$　　(D) $y^2=-18x$

2. 抛物线 $x^2=8y$ 的焦点坐标是(　　).

(A) (1,0)　　(B) (0,1)　　(C) (0,2)　　(D) (2,0)

3. 抛物线 $y^2=4x$ 上一点到焦点的距离为 4，则它的横坐标是（　　）.

（A）3　　（B）-3　　（C）5　　（D）-5

4. 抛物线 $y^2=2py\ (p>0)$ 的焦点 F，准线为 l，则 p 表示（　　）.

（A）F 到直线 l 的距离　　（B）F 到 y 轴的距离

（C）F 点的横坐标　　（D）F 到直线 l 的距离的一半

5. 抛物线 $x^2=-16ky$ 的焦点到准线的距离为 2，则 k 的值是（　　）.

（A）$\frac{1}{4}$　　（B）$\pm\frac{1}{4}$　　（C）$\frac{1}{8}$　　（D）$\pm\frac{1}{8}$

6. 已知抛物线 $y^2=-8ax\ (a>0)$，则抛物线的焦点到准线的距离为（　　）.

（A）a　　（B）$2a$　　（C）$4a$　　（D）$8a$

7. 顶点在原点，焦点在 x 轴上，且过点$(-1,2)$的抛物线的标准方程为（　　）.

（A）$y^2=4x$　　（B）$y^2=-4x$　　（C）$x^2=\frac{1}{2}y$　　（D）$x^2=-\frac{1}{2}y$

能力提升

1. 抛物线 $y=-\frac{1}{8}x^2$ 的准线方程为（　　）.

（A）$y=\frac{1}{32}$　　（B）$y=2$　　（C）$y=\frac{1}{4}$　　（D）$y=4$

2. 抛物线的顶点在双曲线 $9x^2-4y^2=36$ 的中心，而焦点是双曲线的左顶点，则抛物线的方程为（　　）.

（A）$y^2=-4x$　　（B）$y^2=-8x$　　（C）$x^2=-9y$　　（D）$y^2=-18x$

3. 若抛物线 $y^2=2px$ 上的三点的纵坐标的平方成等差数列，则这三点到焦点的对应距离构成的数列是（　　）.

（A）等差数列

（B）等比数列

（C）既是等差数列又是等比数列

（D）以上都不是

4. 顶点在坐标原点，关于 x 轴对称，且过点$(5,-4)$，则抛物线的标准方程为（　　）.

（A）$y^2=\frac{16}{5}x$　　（B）$y^2=-\frac{16}{5}x$　　（C）$x^2=\frac{25}{4}y$　　（D）$x^2=-\frac{25}{4}y$

真题再现

1. 顶点在原点，关于坐标轴对称，且过点$(2,-3)$的抛物线方程为（　　）.

（A）$y^2=\frac{9}{2}x$　　（B）$x^2=-\frac{4}{3}y$

（C）$x^2=\frac{9}{2}y$ 或 $y^2=-\frac{4}{3}x$　　（D）$y^2=\frac{9}{2}x$ 或 $x^2=-\frac{4}{3}y$

2. 已知抛物线 $y^2=4x$ 上一点(x,y)到焦点的距离为 10，则该点到准线的距离是

__________，该点的坐标是__________.

3. 已知抛物线 $y^2=4x$ 与椭圆 $\frac{x^2}{9}+\frac{y^2}{b^2}=1$ ($b>0$)有共同焦点，则 b 的值为__________.

4. 已知圆 $x^2+y^2-6x-7=0$ 与抛物线 $y^2=2px$ ($p>0$)的准线相切，求抛物线的标准方程.

任务 10　直线与圆锥曲线

任务目标

直线与圆锥曲线的位置关系，并能结合向量、三角等有关知识解决一些问题.

抓主干
考点解密

1. 直线与圆锥曲线的位置关系及判断方法：直线 $Ax+By+C=0$ 与圆锥曲线的位置关系，可以通过联立方程组，消元后，得到一个关于 x 或 y 的一元二次方程，根据判别式 Δ 的取值范围来进行判断.

(1) 相离 $\Leftrightarrow$____________________.

(2) 相交 $\Leftrightarrow$____________________.

(3) 相切 $\Leftrightarrow$____________________.

2. 弦长公式：斜率为 k 的直线 l 交椭圆于 $A(x_1, y_1)$，$B(x_2, y_2)$两点，则弦长 $|AB|=\sqrt{(1+k^2)[(x_1+x_2)^2-4x_1x_2]}$.

基础训练

1. 过点 $P(2,-4)$与抛物线 $y^2=8x$ 仅有一个公共点的直线有(　　).

(A) 0 条　　(B) 1 条　　(C) 2 条　　(D) 无数条

2. 直线 $x-y+1=0$ 与椭圆 $\frac{x^2}{2}+y^2=1$ 相交于 A, B 两点，则 $|AB|$ 等于(　　).

(A) $\frac{1}{2}$　　(B) $\frac{4}{3}$　　(C) $\frac{4\sqrt{2}}{3}$　　(D) 0

3. 已知过椭圆 $\frac{x^2}{25}+\frac{y^2}{16}=1$ 的左焦点 F_1 平行于 y 轴的直线交椭圆于 A, B 两点，则 ΔABF_2 的面积为(　　).

(A) $\frac{24}{5}$　　(B) $\frac{48}{5}$　　(C) $\frac{192}{3}$　　(D) $\frac{96}{5}$

4. 抛物线 $y^2=-8x$ 中，以$(-1,1)$为中心的弦所在的直线方程为(　　).

(A) $x-4y-3=0$　　(B) $x+4y+3=0$

(C) $4x+y-3=0$　　(D) $4x+y+3=0$

研考向
要点探究

支线任务一　弦长问题

例 1　直线 $y=x-1$ 与抛物线 $y^2=2px$ $(p>0)$交于 A, B 两点，且 $|AB|=8$，求该抛物线方程.

任务拓展

已知椭圆$\frac{x^2}{4}+\frac{y^2}{3}=1$，过椭圆的左焦点 F_1 作倾斜角为60°的直线交椭圆于 A, B 两点，求弦 AB 的长.

支线任务二　中点弦问题

例 2　已知抛物线 $y^2=2px$ $(p>0)$与直线 $y=x-1$ 相交，若所截得弦的中点在圆 $x^2+y^2=5$ 上，求抛物线的方程.

任务拓展

若点(8, 1)平分双曲线 $x^2-4y^2=4$ 的一条弦，求这条弦所在的直线方程.

支线任务三　与三角知识的综合应用

例 3　已知 F_1, F_2 是椭圆$\frac{x^2}{100}+\frac{y^2}{64}$的两个焦点，$P$ 是椭圆上任一点，且$\angle F_1PF_2=\frac{\pi}{3}$,

求 ΔF_1PF_2 的面积.

任务拓展

已知双曲线 $16x^2-9y^2=144$，设 F_1，F_2 是它的两个焦点，且 $|PF_1|\cdot|PF_2|=32$，求 $\angle F_1PF_2$.

支线任务四 与向量知识的综合应用

例 4 直线 $y=kx+1$ 与双曲线 $3x^2-y^2=1$ 相交于 A，B 两点，当 k 为何值时，以 AB 为直径的圆经过坐标原点.

任务拓展

设抛物线 $x^2=y$ 与直线 $y=k(x+2)$ 交于 A，B 两点，O 为坐标原点，若 $OA\perp OB$，求直线 AB 的方程.

悟习题

能力提升

尝试练习

1. 直线 $x+y-2=0$ 与椭圆 $\frac{x^2}{16}+\frac{y^2}{9}=1$ 的位置关系是(　　).

(A) 相切　　(B) 相交　　(C) 相离　　(D) 以上都不对

2. 抛物线 $y=x^2$ 上到直线 $y=2x-2$ 的距离最小的点的坐标为(　　).

(A) $(-1,1)$　　(B) $(1,-1)$　　(C) $(1,1)$　　(D) $(-1,-1)$

3. 已知椭圆 $\frac{x^2}{4}+\frac{y^2}{3}=1$，过椭圆的左焦点且平行于向量 $\vec{v}=(1,1)$ 的直线交椭圆于 A，B 两点，求弦 AB 的长.

4. 已知椭圆$\frac{x^2}{4}+y^2=1$，点 $P\left(1,\frac{1}{2}\right)$，直线过点 P 与椭圆交于 MN 两点，若点 P 平分线段 MN，求直线 l 的方程.

5. 已知椭圆$\frac{x^2}{a^2}+\frac{y^2}{b^2}=1$（$a>b>0$）的短轴的一个端点 B 与两焦点 F_1，F_2 组成的三角形的周长为 $8+8\sqrt{2}$，且 $F_1B\perp F_2B$，求椭圆方程.

6. 求椭圆$\frac{x^2}{9}+\frac{y^2}{16}=1$ 上的点到直线 $x+y-7=0$ 的最短距离 .

能力提升

1. 直线 $y=x+m$ 与椭圆$\frac{x^2}{4}+y^2=1$ 相交于 A，B 两点，求当 m 为何值时，$|AB|$ 的值最大.

2. 已知双曲线 $ax^2-y^2=1$ 的焦点在 x 轴上，且与直线 $y=x+1$ 交于 A，B 两点，若 A，B 两点与坐标原点的连线互相垂直，求双曲线的标准方程.

3. 已知椭圆的中心为直角坐标系的原点，焦点在 x 轴上，它的一个顶点到两个焦点的距离分别是 3 和 1.

（1）求该椭圆的方程；

（2）设 F_1，F_2 为该椭圆的焦点，过椭圆中心 O 任作一直线与椭圆交于 P，Q 两点，求四边形 PF_1QF_2 的最大面积.

真题再现

1. 已知抛物线 $y^2=4x$ 和椭圆 $\frac{x^2}{9}+\frac{y^2}{m}=1$，它们有共同的焦点 F_2，并且相交于 P,Q 两点，F_1 是椭圆的另一个焦点，试求：

（1）m 的值；

（2）P,Q 两点的坐标；

（3）ΔF_1PF_2 的面积.

2. 已知双曲线的中心在原点，焦点在 x 轴上，离心率 $e=\sqrt{2}$，且过点 $(4,-\sqrt{10})$.

（1）求双曲线的方程；

（2）若点 $M(3,m)$ 在双曲线上，求证：$MF_1\perp MF_2$；

（3）求 ΔMF_1F_2 的面积.

情景9综合训练

一、知识网络

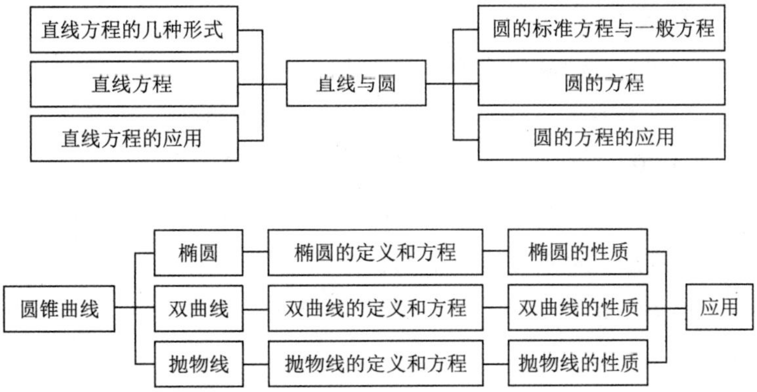

图 9-1　知识网络

二、考点剖析

解析几何是用代数方法来研究几何问题的一门数学学科，是数形结合的典范，也是历年高考的重点和热点，分值占 20% 左右，题型较全，选择题、填空题及解答题都有，小题重在考查基础，难度一般，解答题一般是直线与圆锥曲线的综合题，有一定的难度，常常作为试卷的压轴题．分析历年考试试题，其中考试热点归纳如下．

（一）直线

1. 过直线 $x+y+1=0$ 与 $2x-y-4=0$ 的交点，且一个方向向量是 $\vec{v}=(-1,3)$ 的直线方程是（　　）．

（A）$3x+y-1=0$　　（B）$x+3y-5=0$

（C）$3x+y-3=0$　　（D）$x+3y+5=0$

2. 如右图所示，直线 $l\perp OP$，则直线 l 的方程是（　　）．

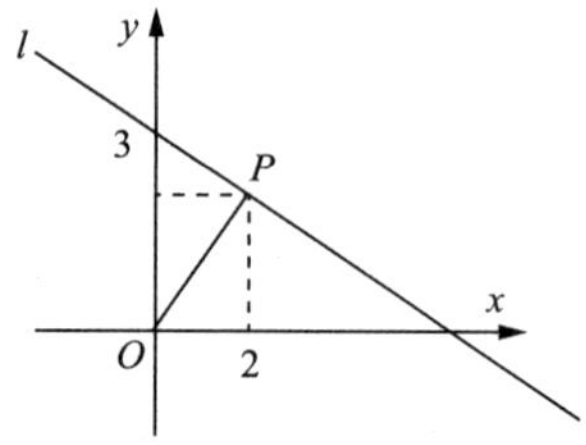

（A）$3x-2y=0$

（B）$3x+2y-12=0$

（C）$2x-3y+5=0$

（D）$2x+3y-13=0$

3. 直线 $2x-3y+4=0$ 的一个方向向量为（　　）．

（A）$(2,-3)$　　（B）$(2,3)$

（C）$(1,\frac{2}{3})$　　（D）$(-1,\frac{2}{3})$

4. 已知点 $M(-1,6)$，$N(3,2)$，则线段 MN 的垂直平分线方程为（　　）．

（A）$x-y-4=0$　　（B）$x-y+3=0$

（C）$x+y-5=0$　　（D）$x+4y-17=0$

5. 关于直线 $l:x-\sqrt{3}y+2=0$，下列说法正确的是（　　）．

（A）直线 l 的倾斜角为 $60°$

（B）向量 $\vec{v}=(\sqrt{3},1)$是直线 l 的一个方向向量

（C）直线 l 经过点$(1,-\sqrt{3})$

（D）向量 $\vec{n}=(1,\sqrt{3})$是直线 l 的一个法向量

6. 过点 $P(1,2)$且与直线 $3x+y-1=0$ 平行的直线方程为（　　）．

（A）$3x+y-5=0$　　（B）$x+3y-7=0$

（C）$x-3y+5=0$　　（D）$x-3y-5=0$

7. 如右图所示，直线 l 的方程是（　　）．

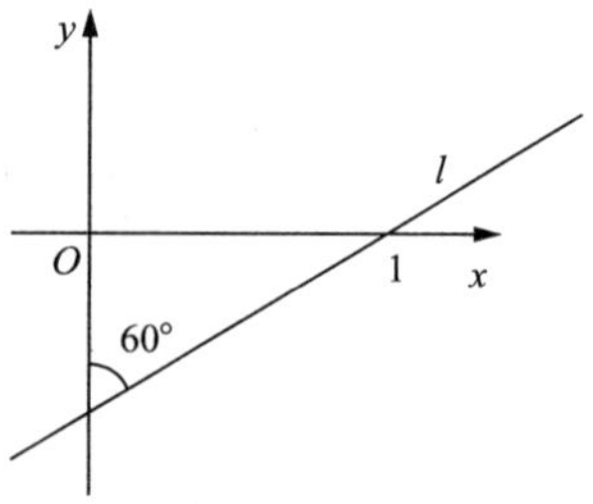

（A）$\sqrt{3}x-y-\sqrt{3}=0$

（B）$\sqrt{3}x-2y-\sqrt{3}=0$

（C）$\sqrt{3}x-3y-\sqrt{3}=0$

（D）$x-\sqrt{3}y-1=0$

8. 已知点 $M(2,-3)$到直线 $2x+y+c=0$ 的距离为 $\sqrt{5}$，则 c 的值为（　　）．

（A）4 或 -6　　（B）-4 或 6

（C）4　　　　　　　　　　　　（D）-6

9. 若直线 $ax-2y-3=0$ 与直线 $x+4y+1=0$ 互相垂直，则实数 a 的值是（　　）.

（A）8　　　（B）-8　　　（C）$\frac{1}{2}$　　　（D）$-\frac{1}{2}$

（二）二元一次不等式表示的区域及线性规则

1. 二元一次不等式 $2x-y>0$ 表示的区域（阴影部分）是（　　）.

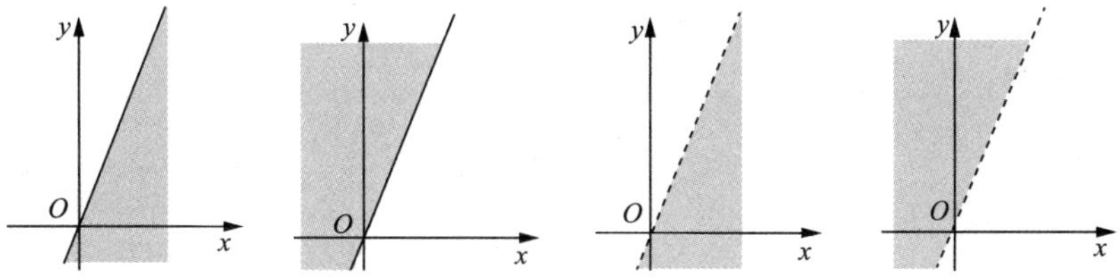

（A）　　（B）　　（C）　　（D）

2. 在直角坐标系中，关于 x,y 的不等式 $Ax+By+AB>0$ $(AB\neq0)$ 表示的区域（阴影部分）可能是（　　）.

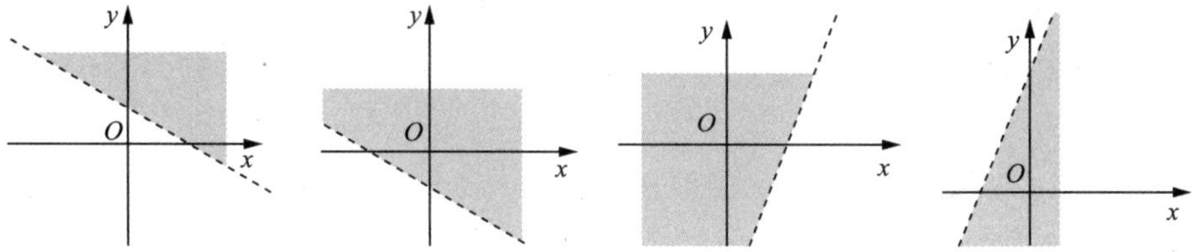

（A）　　（B）　　（C）　　（D）

3. 不等式组 $\begin{cases}x-y+1>0\\x+y-3<0\end{cases}$ 表示的区域（阴影部分）是（　　）.

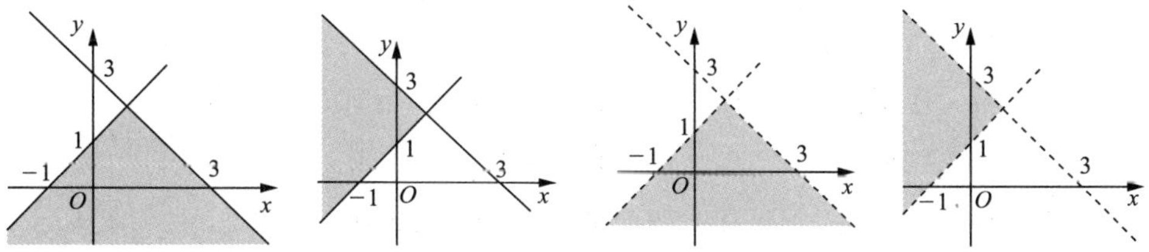

（A）　　（B）　　（C）　　（D）

4. 若 x,y 满足约束条件 $\begin{cases}x\geqslant0\\y\leqslant2\\x-y-1\leqslant0\\x-2y+2\geqslant0\end{cases}$，目标函数 $z=x+y$ 的最大值是（　　）.

（A）7　　　（B）4　　　（C）3　　　（D）1

5. 满足线性约束条件 $\begin{cases}x+y-2\leqslant0\\x\geqslant0\\y\geqslant0\end{cases}$ 的可行域，则线性目标函数 $z=2x-2y$ 取得最大值

时的最优解是(　　).

(A)(0,0)　(B)(1,1)　(C)(2,0)　(D)(0,2)

6. 如右图所示,若x,y满足线性约束条件$\begin{cases} x-y+2\geqslant 0 \\ x\leqslant 0 \\ y\geqslant 1 \end{cases}$,则线性目标函数$z=2x-y$取得最小值时的最优解是(　　).

(A)(0,1)

(B)(0,2)

(C)(−1,1)

(D)(−1,2)

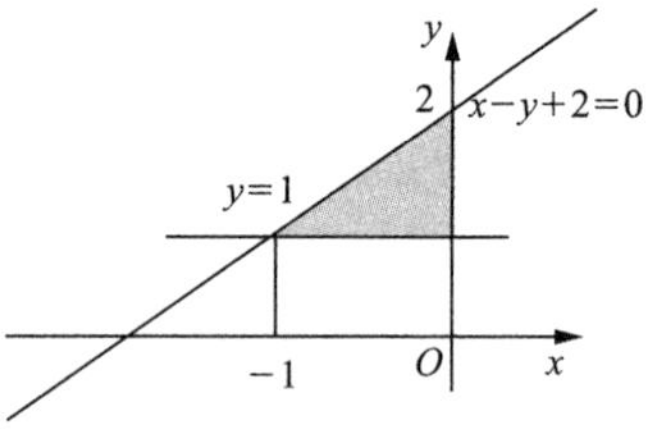

(三)圆

1. 过点$P(1,2)$与圆$x^2+y^2=5$相切的直线方程是(　　).

(A)$x-2y+3=0$　(B)$x-2y+5=0$

(C)$x+2y-5=0$　(D)$x+2y-\sqrt{5}=0$

2. 已知圆C_1和C_2关于直线$y=-x$对称,若圆C_1的方程是$(x+5)^2+y^2=4$,则C_2的方程是(　　).

(A)$(x+5)^2+y^2=2$　(B)$x^2+(y+5)^2=4$

(C)$(x-5)^2+y^2=2$　(D)$x^2+(y-5)^2=4$

3. 圆$(x+1)^2+(y-1)^2=1$的圆心在(　　).

(A)第一象限　(B)第二象限

(C)第三象限　(D)第四象限

4. 经过点$P(2,3)$且与圆$x^2+y^2-2x-9=0$相切的直线方程是(　　).

(A)$x+3y-11=0$　(B)$x+3y-11=0$或$x-3y+7=0$

(C)$x-3y+7=0$　(D)$x-3y-7=0$或$x+3y+11=0$

5. 已知O为坐标原点,点M在x轴正半轴上,若直线MA与圆$x^2+y^2=2$相切于点A,且$|OA|=|AM|$,则点M的横坐标是(　　).

(A)2　(B)$\sqrt{2}$　(C)$2\sqrt{2}$　(D)4

6. 已知椭圆的中心在坐标原点,右焦点与圆$x^2+y^2-6x-7=0$的圆心重合,长轴长等于圆的直径,则短轴长等于__________.

(四)圆锥曲线

1. 已知抛物线的顶点在坐标原点,对称轴为坐标轴,若该抛物线经过点$M(-2,4)$,则其标准方程是(　　).

(A)$y^2=-8x$　(B)$y^2=-8x$或$x^2=y$

(C)$x^2=y$　(D)$y^2=8x$或$x^2=-y$

2. 第一象限内的点 P 在抛物线 $y^2=12x$ 上，它到准线的距离为 7，则点 P 的坐标为（　　）.

（A）$(4,4\sqrt{3})$　　（B）$(3,6)$

（C）$(2,2\sqrt{6})$　　（D）$(1,2\sqrt{3})$

3. 已知 A_1,A_2 为双曲线 $\dfrac{x^2}{a^2}-\dfrac{y^2}{b^2}=1\ (a>b>0)$ 的两个顶点，以 A_1,A_2 为直径的圆与双曲线的一条渐近线交于 M,N 两点，若 ΔA_1MN 的面积为 $\dfrac{a^2}{2}$，则该双曲线的离心率是（　　）.

（A）$\dfrac{2\sqrt{2}}{3}$　　（B）$\dfrac{2\sqrt{3}}{3}$　　（C）$\dfrac{2\sqrt{5}}{3}$　　（D）$\dfrac{2\sqrt{6}}{3}$

4. 已知 F_1 是双曲线 $\dfrac{x^2}{a^2}-\dfrac{y^2}{b^2}=1(a>b>0)$ 的左焦点，点 P 在双曲线上，直线 PF_1 与 x 轴垂直，且 $|PF_1|=a$，则双曲线的离心率是（　　）.

（A）$\sqrt{2}$　　（B）$\sqrt{3}$　　（C）2　　（D）3

5. 双曲线 $4x^2-9y^2=1$ 的渐近线方程为（　　）.

（A）$y=\pm\dfrac{3}{2}x$　　（B）$y=\pm\dfrac{2}{3}x$

（C）$y=\pm\dfrac{9}{4}x$　　（D）$y=\pm\dfrac{4}{9}x$

6. 关于 x,y 的方程 $y=mx+n$ 和 $\dfrac{x^2}{m}+\dfrac{y^2}{n}=1$ 在同一坐标系中的图形大致是（　　）.

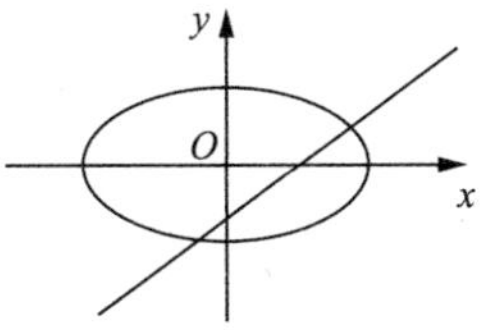

（A）

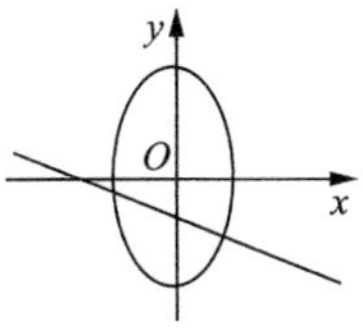

（B）

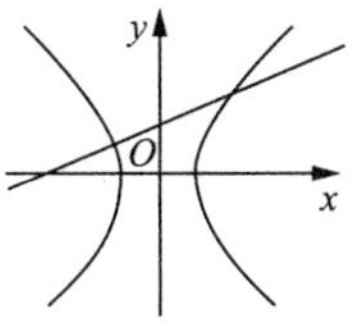

（C）

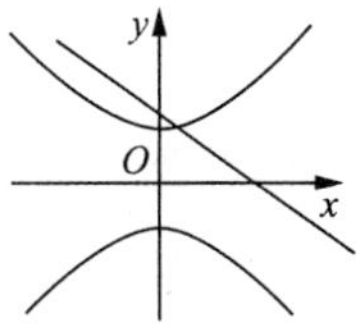

（D）

7. 关于 x,y 的方程 $x^2+ay^2=a^2(a\neq 0)$，表示的图形不可能是（　　）.

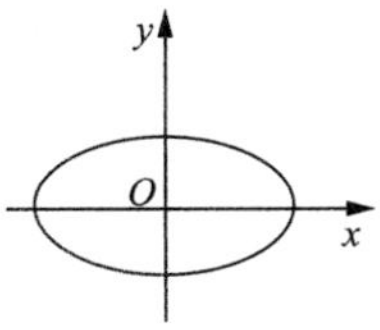

（A）

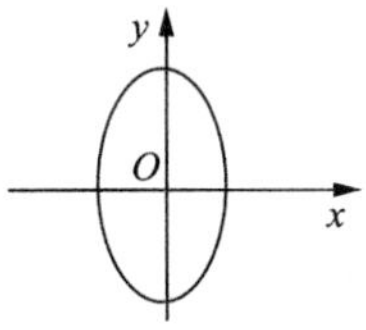

（B）

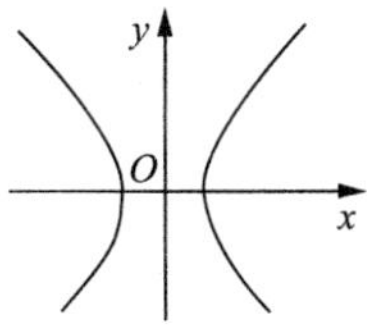

（C）

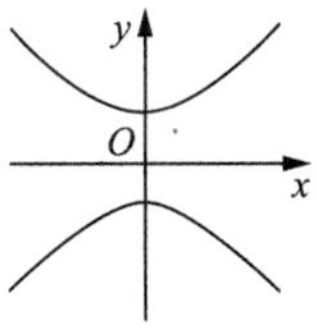

（D）

8. 已知抛物线 $x^2=ay(a\neq 0)$ 的焦点为 F，准线为 l，该抛物线上的点 M 到 x 轴的距离为 5，且 $|MF|=7$，则焦点 F 到准线 l 的距离是（　　）.

（A）2　　（B）3　　（C）4　　（D）5

9. 已知椭圆 C 的中心在坐标原点，一个焦点的坐标是 $(0,3)$，若点 $(4,0)$ 在椭圆 C 上，则椭圆 C 的离心率等于__________.

10. 已知 O 为坐标原点，双曲线$\frac{x^2}{a^2}-\frac{y^2}{b^2}=1$（$a>0$，$b>0$）的右支与焦点为 F 的抛物线 $x^2=2py$（$p>0$）交于 A，B 两点，若 $|AF|+|BF|=8|OF|$，则该双曲线的渐近线方程是________________.

11. 已知椭圆$\frac{x^2}{25}+\frac{y^2}{20}=1$ 的左焦点是 F_1，右焦点是 F_2，点 P 在椭圆上，如果线段 PF_1 的中点在 y 轴上，那么 $|PF_1|:|PF_2|$ 等于（　　）.

（A）3:2　（B）2:3　（C）9:1　（D）1:9

12. 如右图所示，点 P 是等轴双曲线上除顶点外的任一点，A_1，A_2 是双曲线的顶点，则直线 PA_1 与 PA_2 的斜率之积为（　　）.

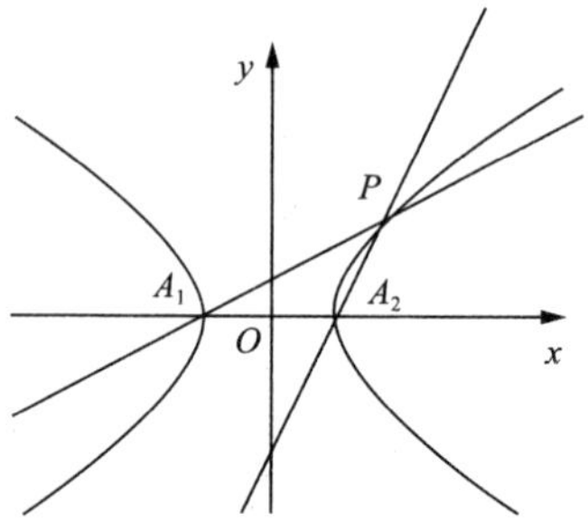

（A）1

（B）-1

（C）2

（D）-2

13. 已知抛物线的准线方程是 $x=2$，则该抛物线的标准方程是（　　）.

（A）$y^2=8x$　（B）$y^2=-8x$　（C）$y^2=4x$　（D）$y^2=-4x$

14. 已知椭圆$\frac{x^2}{2}+\frac{y^2}{6}=1$ 的焦点分别是 F_1，F_2，点 M 在椭圆上，如果$\overrightarrow{F_1M}\cdot\overrightarrow{F_2M}=0$，那么点 M 到 x 轴的距离是（　　）.

（A）$\sqrt{2}$　（B）$\sqrt{3}$　（C）$\frac{3\sqrt{2}}{2}$　（D）1

（五）解答题

1. 已知抛物线的顶点是坐标原点 O，焦点 F 在 x 轴的正半轴上，Q 是抛物线的点，点 Q 到焦点 F 的距离为 1，且到 y 轴的距离是$\frac{3}{8}$.

（1）求抛物线的标准方程；

（2）若直线 l 经过点 $M(3,1)$，与抛物线相交于 A，B 两点，且 $OA\perp OB$，求直线 l 的方程.

2. 如下图所示，已知双曲线的中心在坐标原点 O，焦点分别是 $F_1(-2,0)$，$F_2(2,0)$，且双曲线上的任意一点到两个焦点的距离之差的绝对值等于 2.

（1）求该双曲线的标准方程，离心率及渐近线方程；

（2）若直线 l 经过双曲线的右焦点 F_2，并与双曲线交于 M，N 两点，向量 $\vec{n}=(2,-1)$ 是直线 l 的法向量，点 P 是双曲线左支上一个动点，求 ΔPMN 面积的最小值．

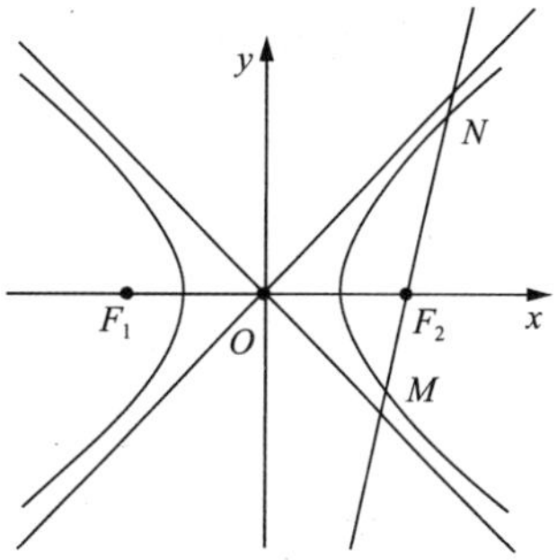

3. 双曲线 $\frac{x^2}{a^2}-\frac{y^2}{b^2}=1(a>0, b>0)$ 的左、右焦点分别是 F_1，F_2，抛物线 $y^2=2px(p>0)$ 的焦点与点 F_2 重合，点 $M(2,2\sqrt{6})$ 是抛物线与双曲线的一个交点，如下图所示．

（1）求双曲线及抛物线的标准方程；

（2）设直线 l 与双曲线的过一、三象限的渐近线平行，且交抛物线于 A，B 两点，交双曲线于点 C，若点 C 是线段 AB 的中点，求直线 l 的方程．

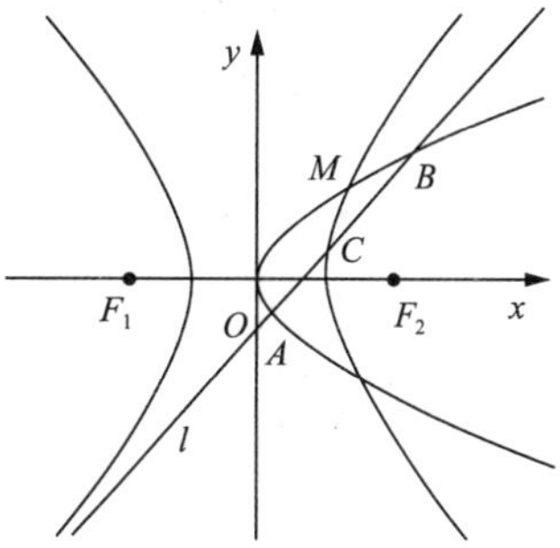

4. 如下图所示，已知椭圆 $\frac{x^2}{a^2}+\frac{y^2}{b^2}=1\ (a>b>0)$ 的两个焦点分别是 F_1，F_2，短轴的两个端点分别是 B_1，B_2，四边形 $F_1F_2B_1B_2$ 为正方形，且椭圆经过点 $P(1,\frac{\sqrt{2}}{2})$．

（1）求椭圆的标准方程；

（2）与椭圆有共同焦点的双曲线，其离心率 $e=\frac{3\sqrt{2}}{2}$，且与椭圆在第一象限交于点 M，求线段 MF_1，MF_2 的长度．

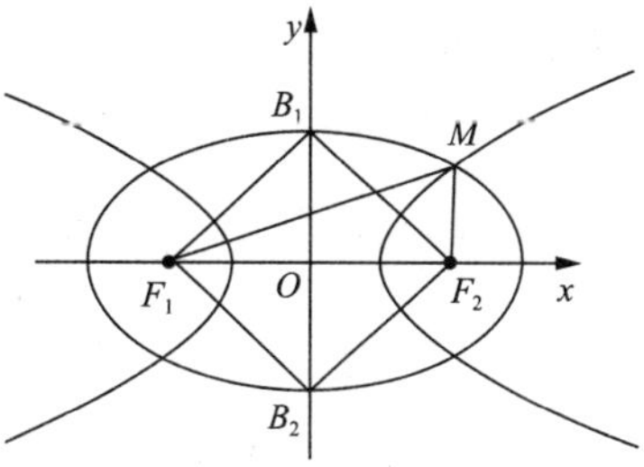

三、考点练兵

（一）选择题

1. 过点 $A(-2,1)$ 且平行于向量 $\vec{v}=(1,2)$ 的直线一定不过（　　）.

（A）第一象限　　（B）第二象限

（C）第三象限　　（D）第四象限

2. 双曲线的渐近线方程为 $y=\pm 2x$，则其离心率为（　　）.

（A）$\sqrt{5}$　　（B）$\frac{\sqrt{5}}{2}$　　（C）$\sqrt{5}$ 或 $\frac{\sqrt{5}}{2}$　　（D）$\sqrt{5}$ 或 $\frac{\sqrt{5}}{4}$

3. 如果抛物线的顶点在原点，对称轴为 x 轴，焦点在直线 $3x-4y-12=0$ 上，那么抛物线的方程是（　　）.

（A）$y^2=-16x$　　（B）$y^2=12x$

（C）$y^2=16x$　　（D）$y^2=-12x$

4. 经过点 $A(-2,3)$ 和 $B(2,-1)$ 两点的直线的斜率和倾斜角分别为（　　）.

（A）$1,45°$　　（B）$-1,135°$　　（C）$\sqrt{3},60°$　　（D）$-\sqrt{3},120°$

5. 若圆 $x^2+y^2-2x-4y=0$ 的圆心到直线 $x-y+a=0$ 的距离为 $\frac{\sqrt{2}}{2}$，则 a 的值为（　　）.

（A）-2 或 2　　（B）$\frac{1}{2}$ 或 $\frac{3}{2}$　　（C）2 或 0　　（D）-2 或 0

6. 如右图所示，直线 l_1, l_2, l_3 的斜率分别为 k_1, k_2, k_3，则（　　）.

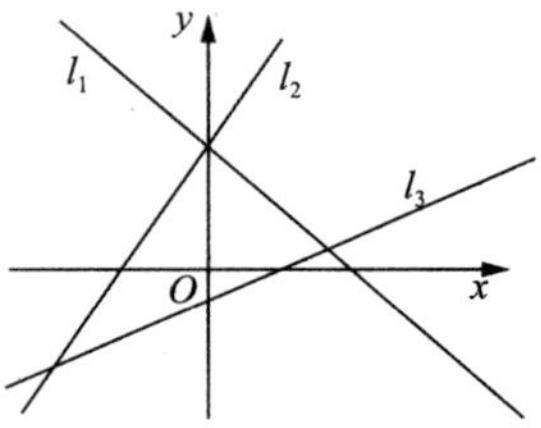

（A）$k_1<k_2<k_3$

（B）$k_1<k_3<k_2$

（C）$k_3<k_2<k_1$

（D）$k_3<k_1<k_2$

7. 斜率为 1 的直线过椭圆 $\frac{x^2}{2}+y^2=1$ 的右焦点 F_2，交椭圆于 A, B 两点，F_1 是左焦点，则 ΔABF_1 的面积为（　　）.

（A）$\frac{4}{3}$　　（B）$\frac{4\sqrt{6}}{3}$　　（C）$\frac{4\sqrt{2}}{3}$　　（D）$\frac{8\sqrt{3}}{3}$

8. 已知 P 是椭圆 $\frac{x^2}{41}+\frac{y^2}{16}=1$ 上的一点，F_1, F_2 是椭圆的两焦点，则 ΔPF_1F_2 面积的最大值是（　　）.

（A）16　　（B）8　　（C）20　　（D）18

9. 已知椭圆 C: $\frac{x^2}{a^2}+\frac{y^2}{4}=1$ 的一个焦点为 $(2,0)$，则 C 的离心率为（　　）.

（A）$\frac{1}{3}$　　（B）$\frac{1}{2}$　　（C）$\frac{\sqrt{2}}{2}$　　（D）$\frac{2\sqrt{2}}{3}$

10. 直线 $x-2y+1=0$ 关于直线 $x=1$ 对称的直线方程是（　　）.

(A) $x+2y-1=0$　　　　(B) $2x+y-1=0$

(C) $2x+y-3=0$　　　　(D) $x+2y-3=0$

(二)填空题

11. 若直线 l 过两点$(-2,0)$,$(0,1)$,则直线 l 的一般方程是__________.

12. 若点$(2,k)$到直线 $5x-12y+6=0$ 的距离为 4,则 k 的值是__________.

13. 若 $x,y\in\mathbf{R}$,且$\begin{cases}x\geqslant 1\\x-2y+3\geqslant 0\\y\geqslant x\end{cases}$,则 $z=x+2y$ 的最小值等于__________.

14. 焦点在 x 轴上,焦距为 4,且过点 $P(-\sqrt{6},2)$的椭圆方程为__________.

15. 椭圆$\dfrac{x^2}{k+9}+\dfrac{y^2}{9}=1$ 离心率为$\dfrac{1}{2}$,则 $k=$__________.

16. 圆$(x-1)^2+(y+1)^2=4$ 上的点到直线 $3x+4y-14=0$ 的距离的最大值是______.

17. 圆 $x^2+y^2-2x-8=0$ 的圆心到直线 $x+2y-2=0$ 的距离是__________.

18. 已知 F_1, F_2 是椭圆 $\dfrac{x^2}{16}+\dfrac{y^2}{36}=1$ 的两个焦点,过 F_1 的直线交椭圆于 P, Q 两点,则 ΔPQF_2 的周长等于__________.

(三)问答题

19. 求以 $P(2,-1)$为圆心且被直线 $x-y-1=0$ 截得的弦长为 $2\sqrt{2}$ 的圆的方程.

20. 如下图所示,从椭圆$\dfrac{x^2}{a^2}+\dfrac{y^2}{b^2}=1$ 上一点 M 向 x 轴作垂线,恰好通过双曲线的左焦点 F_1,且 $OM//AB$,试求椭圆的离心率.

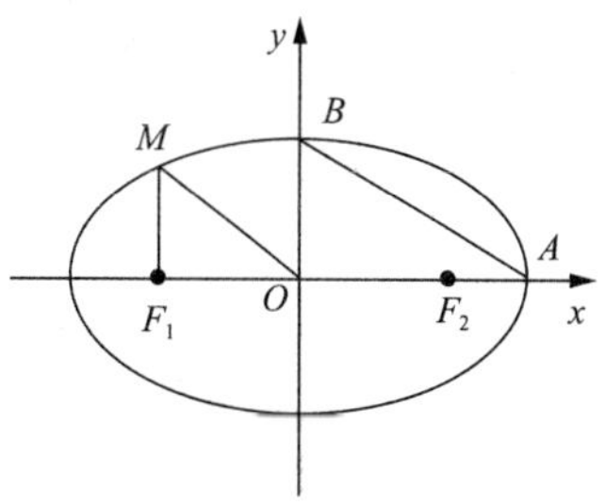

21. 已知点 $P(3,4)$ 是椭圆 $\frac{x^2}{a^2}+\frac{y^2}{b^2}=1\ (a>b>0)$ 上的一点，F_1，F_2 为椭圆的两焦点，若 $PF_1\perp PF_2$.

求：(1) 椭圆的方程；

(2) ΔPF_1F_2 的面积.

22. 抛物线 $x^2=2y$ 与过点 $M(0,1)$ 的直线 l 交于 A，B 两点，O 为坐标原点，直线 OA 和 OB 的斜率之和为 1.

求：(1) 直线 l 的方程；

(2) 线段 AB 的长.

23. 如下图所示，F_1，F_2 分别是椭圆 $\frac{x^2}{a^2}+\frac{y^2}{b^2}=1\ (a>b>0)$ 的左右两个焦点，且 $a=\sqrt{2}b$，M 为椭圆上一点，MF_2 垂直于 x 轴，过 F_2 且与 OM 垂直的直线交椭圆于 P，Q 两点.

求：(1) 求椭圆的离心率；

(2) 若三角形 PF_1Q 的面积为 $4\sqrt{3}$，求椭圆的标准方程.

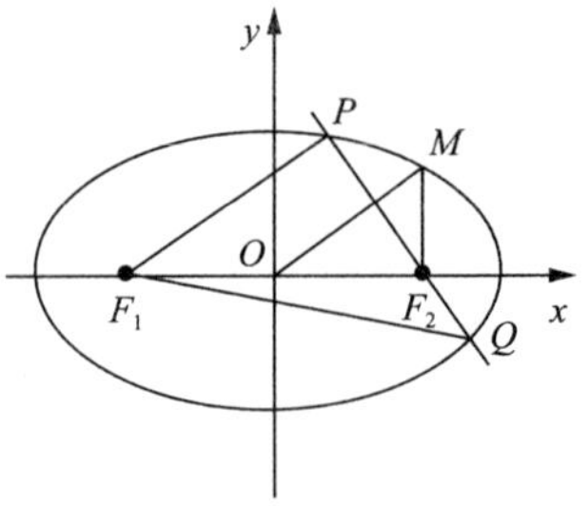

24. 已知椭圆$\frac{x^2}{a^2}+\frac{y^2}{b^2}=1$（$a>b>0$）的右焦点与抛物线$y^2=4x$的焦点$F$重合，且椭圆的离心率为$\frac{1}{2}$，如下图所示.

（1）求椭圆的标准方程；

（2）抛物线的准线与椭圆在第二象限相交于点A，过点A作抛物线的切线l与椭圆的另一个交点为B，求线段AB的长.

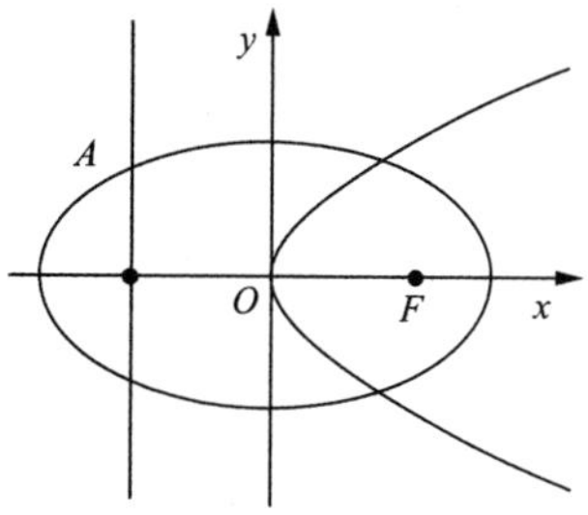

情景 10
立体几何

习近平总书记在二十大报告中强调，坚持和完善“一国两制”，推进祖国统一.

“难”也是如此，面对悬崖峭壁，一百年也看不见一条缝来，但用斧凿，能进一寸进一寸，得进一尺进一尺，不断积累，飞跃必来，突破随之.　　——华罗庚

考纲展示

1. 多面体、旋转体和棱柱、棱锥、圆柱、圆锥、球的概念.
2. 三视图，直观图的斜二测画法.
3. 柱体、锥体、球的表面积和体积公式.
4. 平面的表示方法，平面的基本性质.
5. 空间直线与直线、直线与平面、平面与平面的位置关系.
6. 直线与平面、平面与平面平行和垂直的判定与性质.
7. 点到平面的距离、直线到平面的距离、平行平面间的距离的概念.
8. 异面直线所成角、直线与平面所成角、二面角的概念.

要求

(1) 了解多面体、旋转体和棱柱、棱锥、圆柱、圆锥、球的概念，理解直棱柱、正棱锥的有关概念.

(2) 理解实物或空间图形的三视图，掌握直观图的斜二测画法.

(3) 会求直棱柱、圆柱、正棱锥、圆锥和球的表面积，会求柱体、锥体、球的体积，会求简单组合体的表面积和体积.

(4) 理解平面的基本性质.

(5) 理解空间直线与直线、直线与平面、平面与平面的位置关系.

(6) 掌握直线与直线、直线与平面、平面与平面平行和垂直的判定、性质.

(7) 理解点到平面的距离、直线到平面的距离、平行平面间的距离的概念，并会解决相关的距离问题.

(8) 理解异面直线所成角、直线与平面所成角，并会解决相关的简单问题；了解二面角的概念.

情景目标

1. 了解多面体、旋转体和棱柱、棱锥、圆柱、圆锥、球的概念. 理解正棱柱、正棱锥的有关概念.

2. 会求直棱柱、圆柱、正棱锥、圆锥和球的表面积，会求柱体、锥体、球的体积，并会求简单组合体的表面积和体积.

3. 理解平面的基本性质.

4. 理解空间直线与直线、直线与平面、平面与平面的位置关系.

5. 理解直线与直线、直线与平面、平面与平面的两种位置(平行、垂直)关系的判定与性质.

6. 理解点到平面的距离、直线到平面的距离、平行平面间的距离的概念，并会解决相关的距离问题.

7. 理解异面直线所成的角、直线与平面所成的角，并会解决相关的简单问题，了解二面角的概念.

任务 1　平面的基本性质

任务目标

1. 掌握平面的基本性质，会判断有关命题的真假.

2. 理解符号语言的表示，并会应用.

抓主干
考点解密

一、平面的基本性质

1. 三个公理.

公理 1：如果______，那么这条直线上的所有点都在这个平面内.

其作用是：用来判断一条直线是否在一个平面内．

公理 2：______，有且只有一个平面．

其作用是：给出了空间确定一个平面的理论依据．

公理 3：如果两个平面有一个公共点，那么______．

其作用是：给出了两个平面相交的条件和结论，同时也给出了交线的定义．

2．三个推论．

（1）推论 1：____________________．

（2）推论 2：____________________．

（3）推论 3：____________________．

二、符号语言

1．符号语言．

空间中的点是用大写英文字母______表示，空间中的直线也可用两个大写英文字母表示，空间中的平面是用希腊字母______表示．

2．空间看成点的集合，点是空间的基本元素；直线和平面是点的集合；直线是平面的子集．用适当的符号填写下表．

表示含义	记作
点 A 在直线 l 上	
点 A 不在直线 l 上	
点 A 在平面 α 内	
点 A 在平面 α 外	
直线 a 在平面 α 内	
直线 a 在平面 α 外	

注：直线与直线、直线与平面、平面与平面“相交”“平行”“垂直”分别用相应的符号“$\cap$”“$//$”“$\perp$”表示．

基础训练

判断下列命题是否正确．

（1）一个平面长 4 cm，宽 2 cm．

（2）点 A 在平面 α 的边界上．

（3）3 个平面叠在一起比 2 个平面重叠在一起厚．

（4）一个水平平面和一个竖直平面可能相交也可能不相交．

（5）两个相交平面把空间分成了四部分．

（6）若两个平面有三个公共点，则这两个平面重合．

（7）若四点不共面，则任意三点不共线．

（8）若点 $A\in$ 平面 α，点 $A\in$ 平面 β，且 $\alpha\cap\beta=l$，则 $A\in l$.

研考向
要点探究

支线任务一　应用三个公理判断命题的真假

例 1　不共面的四个点确定平面个数为（　　）.

（A）1 个　（B）3 个　（C）4 个　（D）无数个

任务拓展

下列四个条件中，能确定一个平面的是（　　）.

（A）空间任意三点　（B）一条直线和一个点

（C）空间两直线　（D）空间两相交直线

支线任务二　符号语言的应用

例 2　已知点 A，B 和平面 α，若 $A\in\alpha$，$B\in\alpha$ 则有（　　）.

（A）$AB\in\alpha$　（B）$AB\notin\alpha$　（C）$AB\subset\alpha$　（D）$AB\not\subset\alpha$

悟习题
能力提升

尝试练习

1. 下列四个条件中，不能确定唯一的一个平面的是（　　）.

（A）空间任意三点　（B）一条直线和和直线外的一个点

（C）两条平行线　（D）两相交直线

2. 下列命题正确的是（　　）.

（A）两组对边平行的四边形一定是平面图形

（B）四边相等的四边形一定是菱形

（C）梯形不是平面图形

（D）两组对边相等的四边形一定是平面图形

3. 经过一条直线和一个点的平面的个数为（　　）.

（A）1 个　（B）2 个　（C）3 个　（D）1 个或无数个

4. 三条直线互相平行，则三条直线确定平面的个数为（　　）.

（A）1　（B）2　（C）3　（D）1 或 3

5. 相交于一点的三条直线共可以确定平面的个数为(　　).

(A) 1 个　　(B) 3 个　　(C) 4 个　　(D) 1 个或 3 个

6. 三个平面两两相交,它们交线的条数为(　　).

(A) 1　　(B) 2　　(C) 3　　(D) 1 或 3

能力提升

1. 下列命题正确的是(　　).

(A) 若四点共面,则其中必有三点共线

(B) 若四点不共面,则其中可能有三点共线

(C) 若线段 AB 在平面 γ 内,则 AB 延长线上的一点 C 也在平面 γ 内

(D) 三条直线两两相交,则这三条直线共面

2. 四棱锥的五个顶点确定平面的个数为(　　).

(A) 4　　(B) 5　　(C) 6　　(D) 7

真题再现

下列命题不正确的是(　　).

① 空间不共线的 4 点可以确定 1 个或 4 个平面;

② 每两条都相交,但不共点的 4 条直线一定共面;

③ 两相交直线上的 3 个点确定 1 个平面;

④ 两条互相垂直的直线共面.

(A) ①②　　(B) ③④　　(C) ①③　　(D) ②④

任务 2　空间中两直线的位置关系

任务目标

1. 了解两条直线的位置关系并掌握两条直线平行关系,并会判断有关命题的真假.

2. 了解异面直线的定义及异面直线所成的角的概念,并会求异面直线所成的角.

抓主干
考点解密

一、空间中的两直线的位置关系

1. 平行:在同一个平面内,______公共点.

2. 相交：在同一个平面内，______公共点.

3. 异面：不同在任何一个平面内，______公共点.

二、平行直线

1. 平行公理：过直线外的一点______一条直线和这条直线平行.

2. 公理 4：平行于同一条直线的两条直线______.（也称为平行线的传递性）

三、异面直线

1. 异面直线：______称为异面直线.

2. 异面直线所成的角：已知两条异面直线 a、b，______，我们把______，叫作两条异面直线所成的角.

3. 异面直线所成的角的范围：______ $<\theta\leqslant$ ______，当 $\theta=$ ______时称两异面直线互相垂直.

注：(1) 作异面直线所成的角时，为方便和需要，通常点 O 取在两异面直线的一条上.

(2) 空间两异面直线所成的角的范围与空间两直线所成的角的范围不同，后者是 $0°\leqslant\theta\leqslant 90°$.

基础训练

1. 过直线外一点和这条直线平行的直线有（　　）.

(A) 1 条　　(B) 2 条　　(C) 无数条　　(D) 不存在

2. 如果两条直线没有公共点，则这两条直线的位置关系是（　　）.

(A) 平行　　(B) 异面　　(C) 共面　　(D) 平行或异面

3. 下列命题是真命题的是（　　）.

(A) 两条不相交的直线相互平行

(B) 垂直于同一条直线的两条直线相互平行

(C) 平行移动两条异面直线中的任意一条直线，它们所成的角不变

(D) 与已知直线平行且距离等于定长的直线只有两条

研考向
要点探究

支线任务一　判断有关命题的真假

例 1　(1) 分别和两条异面直线平行的两条直线的位置关系是（　　）.

(A) 一定相交　　(B) 一定异面　　(C) 一定平行　　(D) 相交或异面

(2) 两条直线分别在两个平面内是两条直线为异面直线的(　　).

(A) 充分而不必要条件　　(B) 必要而不充分条件

(C) 充分必要条件　　(D) 既不充分也不必要条件

任务拓展

1. 在空间中,平行于同一条直线的两条直线(　　).

(A) 相交　　(B) 垂直　　(C) 平行　　(D) 既不相交也不平行

2. 异面直线是指(　　).

(A) 空间无公共点的两条直线

(B) 不平行的两条直线

(C) 一个平面内的直线与这个平面外的直线

(D) 既不相交也不平行的两条直线

支线任务二　求异面直线所成的角

例 2　在长方体 $ABCD-A_1B_1C_1D_1$ 中,B_1C 和 C_1D 与底面所成角分别是 60° 和 45°,则异面直线 B_1C 和 C_1D 所成角的余弦值为(　　).

(A) $\frac{\sqrt{6}}{4}$　　(B) $\frac{\sqrt{6}}{3}$　　(C) $\frac{\sqrt{62}}{6}$　　(D) $\frac{\sqrt{3}}{6}$

任务拓展

如右图所示,正方体 $ABCD-A_1B_1C_1D_1$ 中,棱长为 a,则(1) AB 与 B_1C_1 所成的角为____;(2) AD_1 与 BD 所成的角______.

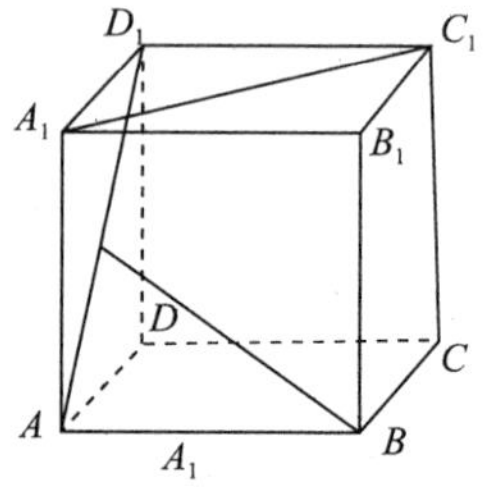

悟习题
能力提升

尝试练习

1. 已知 a, b 是异面直线,点 A、C 在直线 a 上,点 B、D 在直线 b 上,那么直线 AB 与直线 CD 一定是(　　).

(A) 平行直线　　(B) 相交直线

(C) 异面直线　　(D) 以上都不可能

2. 如下图所示,正四面体 $S-ABC$ 中,D 是 SC 的中点,则 BD 与 SA 所成角的余弦值为(　　).

(A) $\frac{\sqrt{3}}{3}$　　(B) $\frac{\sqrt{2}}{3}$

(C) $\frac{\sqrt{2}}{6}$　　(D) $\frac{\sqrt{3}}{6}$

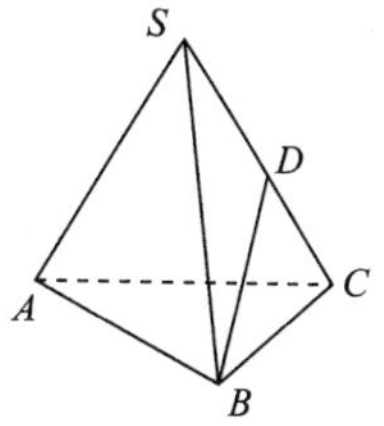

3. 已知 a,b 是异面直线，直线 c 平行直线 a，那么直线 c 与直线 b 的关系(　　).

(A) 一定是异面直线　　(B) 一定是相交直线

(C) 不可能是平行直线　　(D) 不可能是相交直线

4. 下列命题正确的是(　　).

(A) 过直线外一点可以作无数条直线与已知直线成异面直线

(B) 过直线外一点只可作一条直线与已知直线垂直

(C) 垂直于同一条直线的两直线平行

(D) 分别为两个平面内的两条直线一定是异面直线

5. 两条异面直线所成的角的范围是(　　).

(A) $[0,\frac{\pi}{2}]$　(B) $[0,\pi]$　(C) $(0,\pi)$　(D) $(0,\frac{\pi}{2}]$

6. 在正方体 $ABCD-A_1B_1C_1D_1$ 中，E、F 分别为 BC、BB_1 的中点，则下列直线中与直线 EF 相交的是(　　).

(A) 直线 AA_1

(B) 直线 A_1B_1

(C) 直线 A_1D_1

(D) 直线 B_1C_1

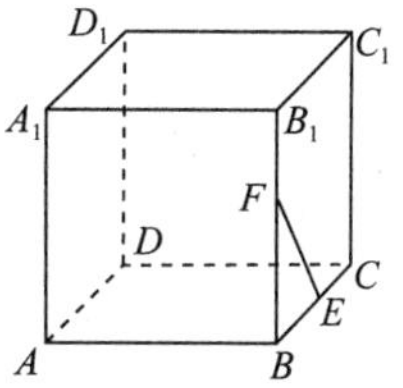

能力提升

1. 空间四边形 $ABCD$ 中 $AB=CD$，且 AB 与 CD 成 $60°$ 角，E，F 分别为 AC，BD 的中点，则 EF 与 AB 所成角的度数为(　　).

(A) $30°$　(B) $45°$　(C) $60°$　(D) $30°$ 或 $60°$

2. 在正方体 $ABCD-A_1B_1C_1D_1$ 中，E 和 F 分别为 BB_1 与 CD 的中点，则直线 AE 与 D_1F 所成角的大小是______.

真题再现

1. 在棱长为 1 的正方体 $ABCD-A_1B_1C_1D_1$ 中，M 和 N 分别是 A_1B_1 与 BB_1 的中点，那么直线 AM 与直线 CN 所成的角的余弦值为______.

任务3　直线和平面的位置关系

任务目标

1. 了解直线与平面的位置关系，并会应用判断有关命题的真假.
2. 理解直线与平面平行的判定定理及性质定理，并会应用判断有关命题的真假.
3. 理解直线与平面垂直的判定定理及性质定理，并会应用判断有关命题的真假.
4. 能求出直线与平面所成的角及简单的几何运算.

抓主干
考点解密

一、直线和平面的位置关系

1. 直线__________，有无数个公共点.

2. 直线与平面__________，没有公共点.

3. 直线与平面__________，有且只有一个公共点.

注：直线与平面平行和直线与平面相交统称直线在平面外.

二、直线与平面平行

1. 判定定理：如果__________，那么这条直线和这个平面平行.

2. 性质定理：如果__________，那么这条直线就和这两平面的交线平行.

3. 直线到平面的距离：如果一条直线与一个平面平行，则__________叫作这条直线到这个平面的距离.

三、直线与平面相交

1. 垂交.

(1) 直线与平面垂直：如果直线 l 与平面 α 内的任意的一条直线都__________，则称直线 l 与平面 α 垂直，记作：__________.

注：① 过一点有且只有一条直线与已知平面垂直.

② 过一点有且只有一个平面与已知直线垂直.

(2) 线面垂直的判定定理、性质定理.

① 判定定理：如果__________，那么这条直线垂直于这个平面.

推论：如果两条平行直线中，有一条垂直于一个平面，则另一条也垂直于这个平面.

② 性质定理：如果__________，则这两条直线平行.

推论：垂直于同一条直线的两个平面互相平行.

2. 斜交.

(1) 直线与平面所成的角：__________.

(2) 直线与平面所成的角的范围：__________.

注：① 一条直线垂直于一个平面，则直线与平面所成的角是 90°.

② 一条直线平行于一个平面，则直线与平面所成的角是 0°.

基础训练

1. 判断下列命题是否正确.

(1) 如果一条直线和平面内的一条直线平行，那么这条直线和这个平面平行.

(2) 如果一条直线和一个平面平行，那么这条直线和这个平面内的任何直线平行.

(3) 如果一条直线和平面内的两条直线都垂直，那么这条直线和这个平面垂直.

(4) 如果一条直线和一个平面垂直，那么这条直线垂直于这个平面内的任何直线.

2. 填空.

(1) 若直线 $a//b$，$b\subset\alpha$，则直线 a 与 b 的位置关系为__________.

(2) 直线 $a//b$，$b\subset\alpha$，则直线 a 与平面 α 的位置关系为__________.

(3) 直线 $a//$ 平面 α，直线 $b//$ 平面 α，则 a 与 b 的位置关系为__________.

(4) 直线 $a\perp b$，$b\subset\alpha$，则在直线 a 与平面 α 的位置关系为__________.

研考向
要点探究

支线任务一　直线与平面的位置关系的判断

例 1　下列命题中：

(1) 过平面外一点，可以做无数条直线与已知平面平行；

(2) 一条直线与平面平行，则直线平行于平面内的无数条直线；

(3) 直线与平面内的无数条直线不相交，则直线与平面平行；

(4) 直线与平面内的任意一条直线不相交，则直线与平面平行；

(5) 两条直线与同一平面所成角相等，则这两条直线平行.

正确命题的序号是__________.

任务拓展

下列命题中：

(1) 平行于同一条平面的两条直线平行；

（2）一条直线垂直于一个平面内的无数条直线，那这条直线与这个平面垂直；

（3）垂直于同一平面的两条直线平行；

（4）如果平面外有两个点到这个平面的距离相等，则过这两个点的直线与这个平面平行；

（5）两条平行直线与同一个平面所成的角相等.

正确命题的序号是__________.

支线任务二　求直线与平面所成的角

例 2　如下图所示，直角 ΔABC 的斜边 AB 在平面 α 内，AC 及 BC 与平面 α 所成角分别为 30° 和 45°，CD 是斜边 AB 上的高．求 CD 与平面 α 所成的角.

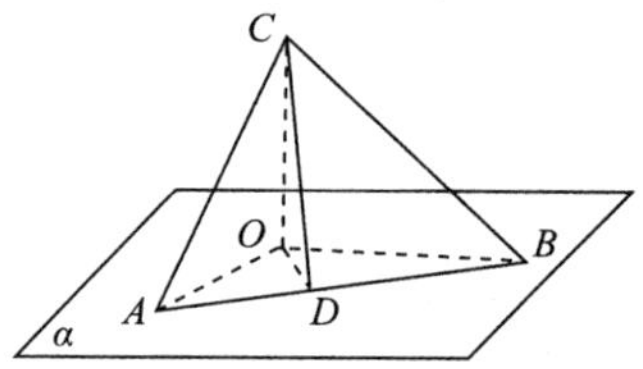

任务拓展

在正三棱柱 $ABC\text{-}A_1B_1C_1$ 中，已知 $AB=1$，D 是 BB_1 上的点，且 $BD=1$，求直线 AD 与平面 BB_1C_1C 所成的角的余弦值.

支线任务三　线面平行、垂直的证明

例 3　如下图所示，已知 $PA\perp\odot O$ 所在的平面，AB 是$\odot O$ 直径，C 是$\odot O$ 上任意一点，过 A 作 $AE\perp PC$，求证：$AE\perp$ 平面 PBC.

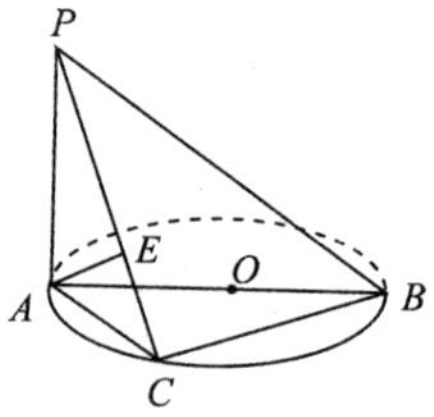

悟习题
能力提升

尝试练习

1. 若 $a\perp b$，$a\perp \alpha$，则 b 与 α 的关系是（　　）.

（A）$b//\alpha$　（B）$b\subset\alpha$　（C）$b\perp\alpha$　（D）$b//\alpha$ 或 $b\subset\alpha$

2. 设 a、b 为异面直线，且 $a//\alpha$，则直线 b 与平面 α 的位置关系为（　　）.

（A）$b\subset\alpha$　（B）$b//\alpha$　（C）b 与 α 相交　（D）以上都有可能

3. 若直线 $a//$ 平面 β，则正确的是（　　）.

（A）平面 β 内不存在与 α 垂直的直线

（B）平面 β 内有且只有一条与 α 垂直的直线

（C）平面 β 内有且只有一条与 α 平行的直线

（D）平面 β 内有无数条直线与 α 不平行

4. 若斜线段 AB 是它在平面 α 内射影长的 2 倍，则 AB 与 α 所成的角为（　　）.

（A）$30°$　（B）$60°$　（C）$30°$ 或 $150°$　（D）$60°$ 或 $120°$

5. 已知三棱锥 $P\text{-}ABC$ 中，$PA\perp$ 平面 ABC，$\angle ABC=90°$，$PA=AB$，D 为 PB 的中点，求证：（1）$CB\perp$ 平面 PAB；（2）$AD\perp CD$.

能力提升

1. A，B 是直线 l 外的两点，过 A，B 且和 l 平行的平面的个数是（　　）.

（A）0 个　（B）1 个　（C）无数个　（D）以上都有可能

2. 如果平面外有两个点到这个平面的距离相等，那么过这两个点的直线与这个平面的位置关系是（　　）.

（A）平行　（B）相交　（C）相交或平行　（D）在平面内

3. 如下图所示，在 RtΔABC 中，$\angle C=90°$，E 是 ΔABC 外一点，$CE\perp$ 平面 ABC，$AC=3$，$BC=4$，$EC=1$，若 D 是 AB 的中点，求 ED 和平面 ABC 所成角的正切值.

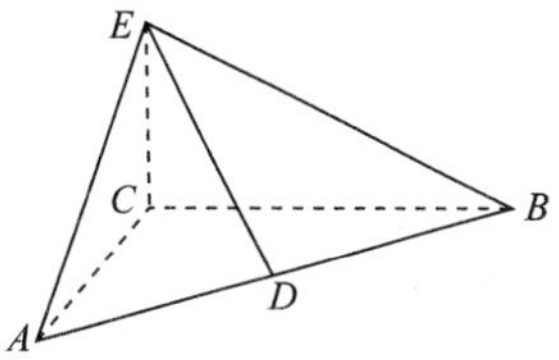

真题再现

1. 设 M 表示平面，a、b 表示直线，给出下列四个命题：

① $\begin{cases} a//b \\ a\perp M \end{cases} \Rightarrow b\perp M$　　② $\begin{cases} a\perp M \\ b\perp M \end{cases} \Rightarrow a//b$

③ $\begin{cases} a\perp M \\ a\perp b \end{cases} \Rightarrow b//M$　　④ $\begin{cases} a//M \\ a\perp b \end{cases} \Rightarrow b\perp M$

其中正确命题是(　　).

(A)①②　　(B)①②③　　(C)②③④　　(D)①②④

2. 已知长方体 $ABCD\text{-}A_1B_1C_1D_1$ 中，棱 $AA_1=5$，$AB=12$，那么 B_1C_1 与平面 $ABCD$ 的距离是__________.

任务 4　空间中两平面的位置关系

任务目标

1. 了解平面与平面的位置关系，并会应用判断有关问题的真假.
2. 掌握平面与平面平行、垂直的判定定理及性质定理，并能应用判断有关命题的真假.
3. 理解二面角和二面角的平面角的概念，并能在简单的几何体中求二面角的大小.
4. 能进行简单的面面平行、面面垂直的证明.

抓主干
考点解密

一、平面和平面的位置关系

1. 两个平面__________，没有公共点.

2. 两个平面__________，有一条公共直线.

二、平面与平面平行

1. 判定定理：如果__________，那么这两个平面平行.

用符号表示为：若__________，则__________.

推论：如果__________，则这两个平面平行.

注：(1) 若两个平面平行，则一个平面内的直线与另一个平面内的直线的位置关系为平行或异面.

(2) 平行平面的传递性：平行于同一平面的两个平面平行.

2. 性质定理：如果__________，则它们的__________.

用符号表示为：若__________，则__________.

推论：

(1) 夹在两个平行平面间的两条平行线段__________；

(2) 两条直线被三个平行平面所截，截得的__________；

(3) 如果一条直线垂直于两个平行平面中的一个平面，则它必__________于另一个平面.

三、平面与平面平行相交

1. 垂直.

(1) 判定定理：如果__________，那么这两个平面互相垂直.

用符号表示为：若__________，则__________.

(2) 性质定理：如果两个平面互相垂直，__________垂直于另一个平面.

用符号表示为：若__________，则__________.

2. 斜交.

(1) 二面角：__________叫作二面角.

(2) 二面角的平面角：在二面角 α-l-β 的棱上任取一点 O，在两个半平面内分别作射线 $OA\perp l$，$OB\perp l$，则 $\angle AOB$ 叫作二面角 α-l-β 的平面角. 其范围是__________.

注：二面角的大小用二面角的平面角来度量.

基础训练

判断.

(1) 如果一个平面内的两条直线都平行于另一个平面，那么这两个平面平行.

(2) 如果两个平面平行，则一个平面内的直线都平行于另一个平面内的任何直线.

(3) 过平面外的一点有且只有一个平面与已知平面垂直.

(4) 过平面外的一条直线，有且只有一个平面与已知平面垂直.

(5) 过平面外的一点有且只有一个平面与已知平面平行.

研考向
要点探究

支线任务一　两个平面的位置关系的判断

例 1　下列命题中，

(1) 平行于同一条直线的两个平面平行；

（2）平行于同一平面的两个平面平行；

（3）垂直于同一条直线的两个平面平行；

（4）垂直于同一平面的两个平面平行．

正确命题的序号是__________．

任务拓展

下列命题中，

（1）两个平行平面中的一个平面内的直线必平行于另一个平面；

（2）分别在两个平行平面内的两条直线平行；

（3）一条直线与两个平行平面中的一个相交，那么这条直线必与另一个平面相交；

（4）如果两个平行平面同时和第三个平面相交，则它们的交线平行；

（5）夹在两平行平面间的平行线段长相等．

正确命题的序号是__________．

支线任务二　求二面角的大小

例 2　若正六棱锥的底面边长为 6，侧棱长是 $3\sqrt{5}$，则它的侧面与底面所成的角余弦值是__________．

任务拓展

如下图所示，P 是边长为 a 的正 ΔABC 外的一点，$PC\perp$ 平面 ABC，$PC=\frac{1}{2}a$.

求二面角 $P\text{-}AB\text{-}C$ 的大小．

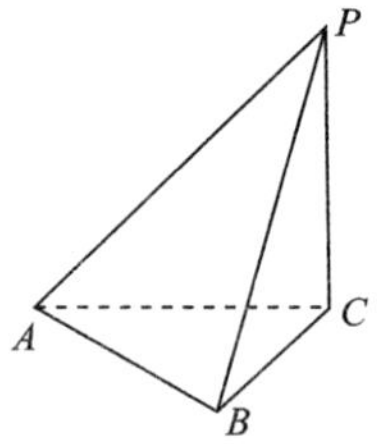

支线任务三　面面平行、垂直的证明

例 3　在正方体 $ABCD\text{-}A_1B_1C_1D_1$ 中，求证平面 $A_1BD//$ 平面 D_1B_1C.

任务拓展

如右图所示，四面体 $ABCD$ 中，$AB\perp$ 平面 BCD，$BD\perp CD$.

求证：平面 $ABD\perp$ 平面 ACD.

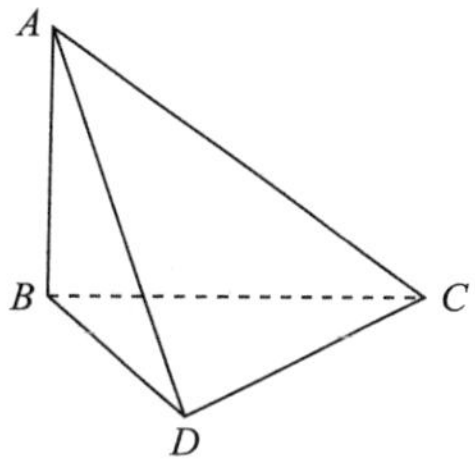

悟习题
能力提升

尝试练习

1. 直线 $a\subset$ 平面 α，直线 $b\subset$ 平面 β，若 $\alpha//\beta$，则 a，b 的关系是(　　).

(A) 平行　(B) 相交　(C) 平行或相交　(D) 平行或异面

2. 如果 ΔABC 的三个顶点到平面 α 的距离 $d(d>0)$ 相等，则 ΔABC 所在的平面与平面 α 的位置关系为(　　).

(A) 平行　(B) 相交　(C) 平行或相交　(D) 垂直

3. 过平面外的一条直线，且与这个平面垂直的平面有(　　)个.

(A) 1　(B) 0　(C) 无数　(D) 1 个或无数

4. 设有直线 m、n 和平面 α、β，则下列命题中正确的是(　　).

(A) 若 $m//n$，$m\subset\alpha$，$n\subset\beta$，则 $\alpha//\beta$

(B) 若 $m\perp\alpha$，$m\perp n$，$n\subset\beta$，则 $\alpha//\beta$

(C) 若 $m//n$，$m\perp\alpha$，$n\perp\beta$，则 $\alpha//\beta$

(D) 若 $m//n$，$n\perp\beta$，$m\subset\alpha$，则 $\alpha//\beta$

5. 下列命题中

① 过平面外一点，有且只有一个平面与这个平面平行；

② 过平面外的一条直线，有且只有一个平面与这个平面平行；

③ 过平面外的一点，有且只有一个平面与这个平面垂直；

④ 过平面外的一条直线，有且只有一个平面与这个平面垂直.

正确命题个数为(　　).

(A) 0　(B) 1　(C) 2　(D) 3

6. 平面 $\alpha\cap\beta=a$，$b\subset\alpha$，$c\subset\beta$，则 b 与 c 的关系是(　　).

(A) 平行　(B) 相交　(C) 异面　(D) 以上都有可能

7. 正方体 $ABCD-A_1B_1C_1D_1$ 中，二面角 D_1-AC-D 的正切值是(　　).

(A) $\frac{\sqrt{2}}{2}$　　(B) $\sqrt{2}$　　(C) $2\sqrt{2}$　　(D) $\frac{1}{2}$

8. 正方体 $ABCD-A_1B_1C_1D_1$ 中，二面角 $D_1-AB-D=$__________.

能力提升

1. "一个平面内的两条直线都平行于另一个平面"是"这两个平面平行"的(　　).

(A) 充分条件　　(B) 必要条件

(C) 充要条件　　(D) 既不充分也不必要条件

2. 已知点 P 为二边角 $\alpha-l-\beta$ 棱上的一点，$PQ\subset\alpha$，PQ 与 l 所成的角为 45°，与 β 所成的角为 30°，且二面角的平面角为锐角，则二面角 $\alpha-l-\beta$ 的度数是(　　).

(A) 30°　　(B) 75°　　(C) 60°　　(D) 45°

3. 若四面体 $ABCD$ 的各棱长都相等，则二面角 $A-BC-D$ 的平面角的余弦是(　　).

(A) $\frac{\sqrt{3}}{3}$　　(B) $\frac{1}{2}$　　(C) $\frac{1}{3}$　　(D) $\frac{\sqrt{3}}{2}$

真题再现

1. 已知直二边角 $\alpha-l-\beta$，$P\in l$，$PA\subset\alpha$，$PB\subset\beta$，$PA\perp l$，PB 与 l 不垂直，则 $\angle APB$ 是(　　).

(A) 锐角　　(B) 钝角　　(C) 锐角或钝角　(D) 直角

2. 在 45° 二面角的一个面内有一点到棱的距离为 a，那它到另一面的距离为(　　).

(A) $\sqrt{2}a$　　(B) $\frac{\sqrt{2}}{2}a$　　(C) a　　(D) $\frac{a}{2}$

3. 如右图所示，轴截面为正方形 $ABCD$ 的圆柱体，E 是底面圆周上一点，若该圆柱的高为 2，$AE=1$.

(1) 证明：面 $AEC\perp$ 面 BEC;

(2) 求点 B 到平面 AEC 的距离.

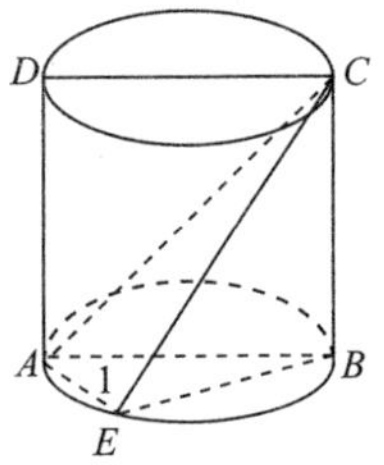

任务5　空间几何体

任务目标

1. 了解多面体的定义及有关概念，掌握棱柱、棱锥的定义及有关概念，并会根据已知条件求它们的高和斜高.

2. 了解旋转体的定义及有关概念，掌握圆柱、圆锥、球的定义及有关概念，并会根据已知条件求圆柱、圆锥的高和母线长、底面半径以及球的截面面积、大圆半径、小圆半径、球面上两点间的距离.

抓主干
考点解密

一、多面体

1. 多面体：__________.

其有关的概念：多面体的面、多面体的棱、多面体的顶点、多面体的对角线.

2. 两种常见的多面体.

(1) 棱柱.

① 棱柱：__________. 其有关的概念：棱柱的底面、侧面、侧棱、高.

② 棱柱的分类：

按底面边数分为：__________，__________，__________……

按侧棱与底面的位置关系分为：__________，__________.

③ 几种特殊的棱柱：

正棱柱：底面是__________的直棱柱；

平行六面体($\xrightarrow{\text{侧棱垂直底面}}$)直平行地面($\xrightarrow{\text{底面是矩形}}$)长方体($\xrightarrow{\text{底面是正方形}}$)正方体.

注：若长方体的长、宽、高分别为 a、b、c，则它的对角线长等于__________.

(2) 棱锥.

① 棱锥：__________. 其有关的概念：棱锥的底面、侧面、侧棱、高.

② 棱锥的分类：按底面边数分为：__________，__________，__________……

③ 特殊的棱锥：正棱锥：底面是__________且__________的棱锥.

注：在正棱锥中，特别要理解三个直角三角形与棱锥的高、侧棱、斜高、底面边长之间的关系.

二、旋转体

1. 旋转体：__________. 其有关的概念：旋转体的轴、母线.

2. 三种常见的旋转体.

(1) 圆柱.

圆柱：__________. 其有关的概念：圆柱的底面、侧面、母线、底面半径、高.

(2) 圆锥.

圆锥：__________. 其有关的概念：圆锥的底面、侧面、母线、底面半径、高.

(3)球.

球:__________. 其有关的概念:球大圆、球小圆、球面上两点间的距离.

基础训练

1. 判断下列命题是否正确.

(1)有一个侧面垂直于底面的棱柱是直棱柱.

(2)有一个面是多边形,其余各面都是三角形的几何体是棱锥.

(3)半圆以其直径为轴旋转一周所成的曲面是球.

2. 一个正三棱锥的侧棱长是9cm,底面边长是8cm,则其高为__________,其斜高为__________.

研考向
要点探究

支线任务一 几何体的有关判断题

例1 下列命题中正确的是(　　).

(A)底面是正方形的棱柱是正棱柱

(B)直平行六面体就是长方体

(C)有两个相邻的侧面都是矩形的棱柱是直棱柱

(D)底面是正多边形的棱柱是正棱柱

任务拓展

下列命题中正确命题的个数是(　　).

① 有一个面是多边形,其余各面都是三角形的几何体就是棱锥;

② 每个侧面都是全等的矩形的四棱柱是正四棱柱;

③ 经过球面上的不同两点只能作一个球大圆;

④ 绕直角三角形的任意一条直角边所在的直线旋转一周得到的几何体是圆锥.

(A)1　　(B)2　　(C)3　　(D)4

支线任务二 几何体的简单计算(如求高、斜高、底面半径、母线长等)

例2 已知圆锥的轴截面是腰长为5的等腰三角形,面积为12,则这个圆锥的底面半径为__________.

任务拓展

1. 已知正四棱锥 $S\text{-}ABCD$ 的底面边长为4cm,侧棱长为8cm,则这个棱锥的高 SO 为__________,斜高 SE 为__________.

2. 已知圆柱的底面半径为 3，轴截面面积为 24，则这个圆柱的母线长为__________.

悟习题
能力提升

尝试练习

1. 正四棱锥的侧棱长为 1，底面边长为 1，则它的斜高为(　　).

　(A) $\frac{1}{2}$　　(B) $\frac{\sqrt{3}}{2}$　　(C) $\frac{\sqrt{3}}{3}$　　(D) $\sqrt{2}$

2. 面数最少的多面体的顶点个数为(　　).

　(A) 4　　(B) 5　　(C) 6　　(D) 7

3. 下列说法正确的是(　　).

　(A) 有四个三角形围成的几何体是三棱锥

　(B) 一条平面曲线绕着轴旋转一周就一定形成旋转体

　(C) 以直角三角形的一条所在直线为轴，旋转一周所成的几何体是圆锥

　(D) 棱柱的侧面一定是平行四边形

4. 有以下四个命题：

① 绕着矩形的任意一边所在直线旋转一周都能形成圆柱；

② 绕着直角三角形的任意一条直角边所在直线旋转一周都能形成圆锥；

③ 绕着锐角三角形的任意一边所在直线旋转一周都可以形成两个圆锥的组合体；

④ 绕着直角梯形的上底或下底所在直线旋转一周都能形成圆柱和圆锥组成的组合体.

其中正确命题的个数是(　　).

　(A) 1　　(B) 2　　(C) 3　　(D) 4

5. 已知长方体的棱长分别是 3，4，5，则长方体对角线的长等于(　　).

　(A) $3\sqrt{6}$　　(B) $6\sqrt{3}$　　(C) $2\sqrt{5}$　　(D) $5\sqrt{2}$

6. 已知球的半径是 6，球的小圆半径是 3，则球心到小圆所在平面的距离是(　　).

　(A) $5\frac{1}{2}$　　(B) $\sqrt{26}$　　(C) $\sqrt{29}$　　(D) $3\sqrt{3}$

7. 若棱柱的侧面都是矩形，则棱柱一定是(　　).

　(A) 斜棱柱　　(B) 正棱柱　　(C) 直棱柱　　(D) 正方体

8. 若一个圆锥的轴截面的顶角为 120°，母线长为 2，则这个圆锥的底面半径为_____.

能力提升

1. 一个棱柱是正四棱柱的条件是(　　).

　(A) 底面是正方形，有两个侧面是矩形

(B) 每个侧面都是全等矩形的四棱柱

(C) 底面是菱形,且有一个顶点处的三条棱两两垂直

(D) 底面是正方形,有两个侧面垂直于底面

2. 一个正四棱锥的侧棱长为5,斜高为4,则其底面边长为__________.

真题再现

1. 已知圆锥的底面半径是2,母线长是4,则圆锥的高等于(　　).

(A) $2\sqrt{2}$　　(B) $2\sqrt{3}$　　(C) $3\sqrt{2}$　　(D) $3\sqrt{3}$

2. 已知球的半径是1,球面上有A,B两点,若$AOB=90°$,则A,B两点间的球面距离为__________.

3. 若正方体的对角线长为$2\sqrt{3}$,则它的棱长等于__________.

任务6　空间几何体的表面积与体积

任务目标

1. 理解并掌握直棱柱、正棱锥的侧面展开图和侧面积计算公式,并会根据已知条件求它们的侧面积和表面积.

2. 理解并掌握圆柱、圆锥侧面展开图和侧面积计算公式,并会根据已知条件求它们的侧面积和表面积,掌握球的表面积计算公式并会进行计算.

3. 掌握柱体、锥体、球的体积公式,会求它们的体积.

抓主干
考点解密

一、空间几何体的表面积

1. 多面体的表面积.

(1) 直棱柱.

① 侧面积公式:$S_{直棱柱侧}=ch$(其中c为__________,h为__________);

② 表面积公式:$S=S_{直棱柱侧}+2S_{底}$.

(2) 正棱锥.

① 侧面积公式:$S_{正棱锥侧}=\frac{1}{2}ch$(其中c为__________,h为__________);

② 表面积公式:$S=S_{正棱锥侧}+S_{底}$.

2. 旋转体的表面积.

(1) 圆柱：圆柱的侧面展开图是__________.

① 侧面积公式：$S_{圆柱侧}=cl=2\pi rl$（其中 c 是底面周长，l 是母线长，r 是底面半径）；

② 表面积公式：$S=S_{圆柱侧}+2S_{底}$.

(2) 圆锥：圆锥的侧面展开图是__________.

① 侧面积公式：$S_{圆锥侧}=\frac{1}{2}cl=\pi rl$（其中 c 是底面周长，l 是母线长，r 是底面半径）；

② 表面积公式：$S=S_{圆锥侧}+S_{底}$.

(3) 球：表面积公式 $S_{球}=4\pi R^2$（其中 R 是球的半径）.

二、空间几何体的体积 V

1. 柱体的体积公式：$V_{柱体}=$__________.
2. 锥体的体积公式：$V_{锥体}=$__________.
3. 球的体积公式：$V_{球}=$__________.

基础训练

1. 长方体的三棱长分别为 2，4，5，则长方体的表面积为________，体积为________.
2. 已知正四棱锥的高和边长都是 4，则它的侧面积为________，体积为________.
3. 已知圆锥的底面半径是 2，母线长 4，则该圆锥全面积为________，体积为__________.
4. 一个球的球大圆的周长为 8π，则球的表面积为________，球的体积为__________.

研考向
要点探究

支线任务一　由已知条件求面积、体积

例 1　(1) 棱长都是 1 的三棱锥的表面积为__________，体积为__________.

(2) 已知球的半径是 4，则该球的表面积为__________，体积为__________.

任务拓展

1. 一个球的表面积是 16π，那么这个球的体积是__________.
2. 已知 OA 为球 O 的半径，过 OA 的中点 C 且垂直于 OA 的平面截球面得到圆 M，若圆 M 的面积为 3π，则球 O 的表面积等于__________，体积等于__________.

支线任务二　由面积、体积求几何体的相关概念

例 2　已知正方体的外接球的体积是 $\frac{32}{3}\pi$，则正方体的棱长为__________.

任务拓展

已知圆锥的底面面积为 $9\pi cm^2$，全面积为 $24\pi cm^2$，求它的体积.

支线任务三　侧面展开图问题

例 3　已知圆锥的底面半径为 4，母线长为 8，求侧面展开图的圆心角.

任务拓展

圆锥的侧面积等于 10π，侧面展开图扇形的中心角为 $36°$，则此圆锥的表面积为__________.

悟习题
能力提升

尝试练习

1. 长方体一个顶点上三条棱的长度分别为 3，4，5，且它的 8 个顶点都在同一球面上，这个球的表面积是(　　).

(A) $20\sqrt{2}\pi$　(B) $25\sqrt{2}\pi$　(C) 50π　(D) 200π

2. 若圆锥的侧面积为 2π，底面积为 π，则该圆锥的体积为__________.

3. 已知一个正三棱锥的每个侧面都是等边三角形，且侧棱长为 4，则它的体积为__________.

4. 面积为 4 的正方形，绕其一边旋转一周，所得几何形的侧面积为__________.

5. 若球 O_1，O_2 表面积 $\frac{S_1}{S_2}=4$，则它们的半径之比 $\frac{R_1}{R_2}=$__________.

6. 将直径分别为 3，4，5 的三个铁球熔成一个大球，则此大球的半径为__________.

7. 一个球的内接正方体的体积为 1，则球的体积为__________.

8. 一个正方体的内切球和外接球的半径之比为__________.

能力提升

1. 已知高为 3 的直三棱柱 $ABC\text{-}A'B'C$ 的底面是边长为 1 的正三角形，则三棱柱 $B'\text{-}ABC$ 的体积为(　　).

(A) $\frac{1}{4}$　(B) $\frac{1}{2}$　(C) $\frac{\sqrt{3}}{6}$　(D) $\frac{\sqrt{3}}{4}$

2. 表面积为 324π 的球，其内接正四棱柱的高为 14，则这个正四棱柱的表面积为__________.

3. 将半径分别为 1，2，3 的三个铁球熔成一个正方体，则正方体的表面积为______.

真题再现

1. 圆锥的母线长为 1，侧面展开图的圆心角为 240°，该圆锥的体积为(　　).

(A) $\frac{2\sqrt{2}\pi}{81}$　　(B) $\frac{4\sqrt{5}\pi}{81}$　　(C) $\frac{10\pi}{81}$　　(D) $\frac{8\pi}{81}$

2. 正方体的全面积是 1，它的顶点都在球面上，则这个球的表面积是(　　).

(A) $\frac{\pi}{3}$　　(B) $\frac{\pi}{2}$　　(C) 2π　　(D) 3π

情景 10 综合训练

一、知识网络

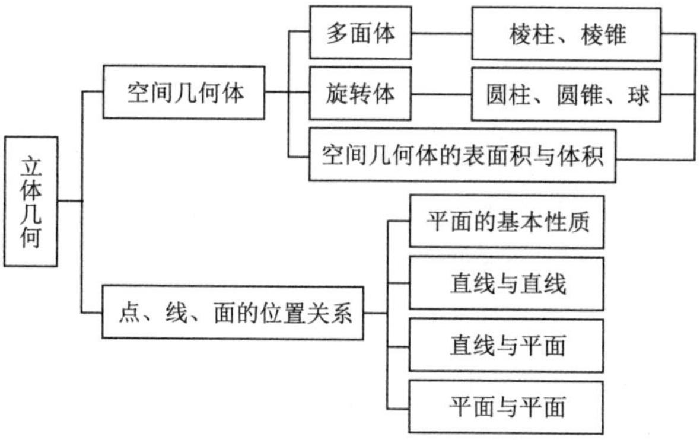

图 10-1　知识网络

二、考点剖析

立体几何是高中阶段数学学习的一个重要组成部分和难点部分，也是职教高考中的必考内容，分值占 10% 左右，题型较全，选择题、填空题及解答题都有，选择题、填空题重在考查基础和空间想象力，有一定的难度，解答题一般是求线段的长、求夹角、证明线线垂直等问题.

(一) 有关命题真假的判断

1. 若一个圆锥的侧面展开图是面积为 8π 的半圆面，则该圆锥的体积为__________.

2. 如右图所示，已知正方体，$ABCD\text{-}A_1B_1C_1D_1$，E，F 分别是 D_1B，A_1C 上不重合的两个动点，给出下列四个结论：

① $CE//D_1F$;

② 平面 $AFD//$ 平面 B_1EC_1;

③ $AB_1 \perp EF$;

④ 平面 $AED \perp$ 平面 ABB_1A_1.

其中，正确结论的序号是__________.

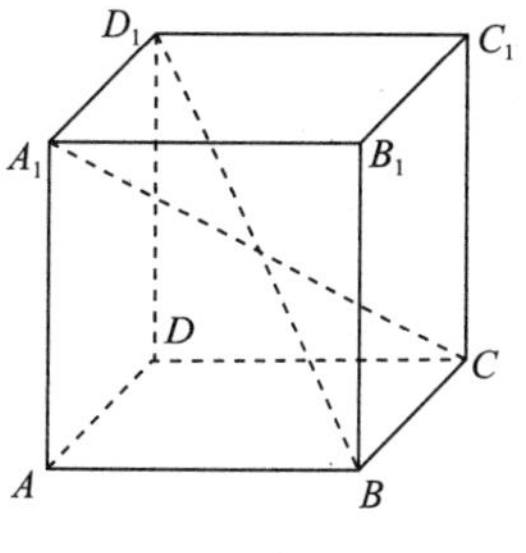

3. 若圆锥的底面半径为 1，母线长为 3，该圆锥的侧面积等于__________.

4. 已知圆锥的高与底面圆半径相等，若底面圆的面积为 1，则该圆锥的侧面积是__________.

5. 一个球的体积与其表面积的数值恰好相等，该球的直径是__________.

6. 直棱柱的底面是边长为 a 的菱形，侧棱长为 h，则直棱柱的侧面积是__________.

7. 若表面积为 6 的正方体内接于球，则该球的表面积等于__________.

8. 如右图所示，点 E、F、G、H 分别是正方体四条棱的中点，则直线 EF 与 GH 的位置关系是(　　).

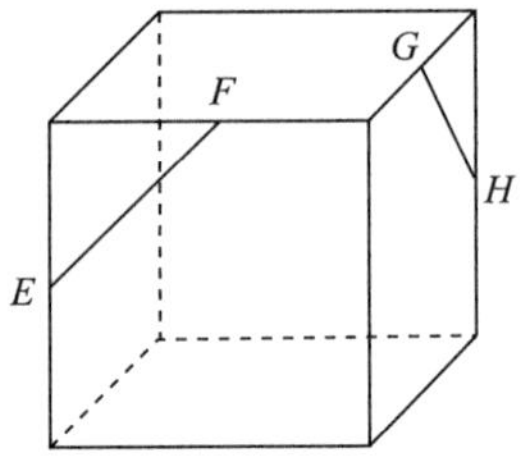

(A) 平行

(B) 相交

(C) 异面

(D) 重合

9. 下列四个命题：

① 过平面外一点，有且只有一条直线与已知平面平行

② 过平面外一点，有且只有一条直线与已知平面垂直

③ 平行于同一个平面的两个平面平行

④ 垂直于同一个平面的两个平面平行

其中真命题的个数是(　　).

(A) 1　　(B) 2　　(C)　　(D) 4

10. 已知 α 表示平面，l、m、n 表示直线，下列结论正确的是(　　).

(A) 若 $l\perp n$, $m\perp n$，则 $l//m$

(B) 若 $l\perp n$, $m\perp n$，则 $l\perp m$

(C) 若 $l//\alpha$, $m//\alpha$，则 $l//m$

(D) 若 $l\perp\alpha$, $m//\alpha$，则 $l\perp m$

11. 下列说法正确的是(　　).

(A) 经过三点，有且只有一个平面

(B) 经过两条直线，有且只有一个平面

(C) 经过平面外一点有且只有一个平面与已知平面垂直

(D) 经过平面外一点有且只有一条直线与已知平面垂直

12. 已知 α、β 表示平面，m、n 表示直线，下列命题中正确的是(　　).

(A) 若 $m\perp\alpha$, $m\perp n$，则 $n//\alpha$

(B) 若 $m\subset\alpha$, $n\subset\beta$，则 $\alpha//\beta$, $m//n$

(C) 若 $\alpha//\beta$, $m\subset\alpha$，则 $m//\beta$

(D) 若 $m\subset\alpha$, $n\subset\alpha$, $m//\alpha$, $n//\beta$，则 $\alpha//\beta$

13. 已知矩形 $ABCD$，$AB=2BC$，把这个矩形分别以 AB，BC 所在直线为轴旋转一周，所围成几何体的侧面积分别记为 S_1、S_2，则 S_1 与 S_2 的比值等于（　　）.

（A）$\frac{1}{2}$　　（B）1　　（C）2　　（D）4

14. 正方体，$ABCD-A_1B_1C_1D_1$ 的棱长为 2，下列结论正确的是（　　）.

（A）异面直线 AD_1 与 CD 所成的角为 45°

（B）直线 AD_1 与平面 $ABCD$ 所成的角为 60°

（C）直线 AD_1 与 CD_1 所成的角为 90°

（D）$V_{D_1-ACD}=\frac{4}{3}$

（二）解答题

1. 如右图所示，四棱锥 $P-ABCD$ 中，$PA\perp$ 平面 $ABCD$，$PA=AD$，E 为 PD 的中点，$AB//CD$ 且 $AB=\frac{1}{2}CD$，$AB\perp AD$，求证：

（1）$AE\perp$ 平面 PCD；

（2）$AE//$ 平面 PBC.

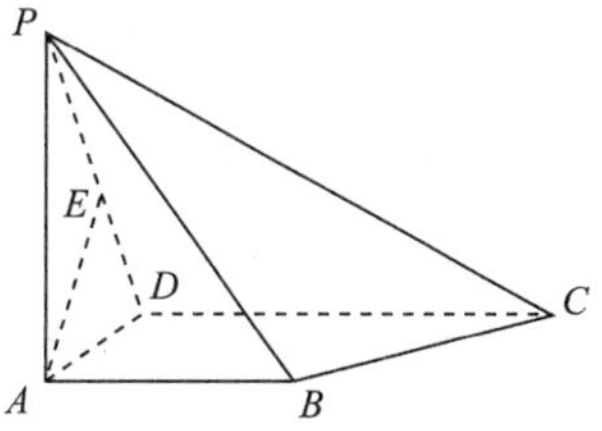

2. 如右图所示，已知棱长为 1 的正方体 $ABCD-A_1B_1C_1D_1$.

（1）求三棱锥 C_1-BCD 的体积；

（2）求证：平面 $C_1BD\perp$ 平面 A_1B_1CD.

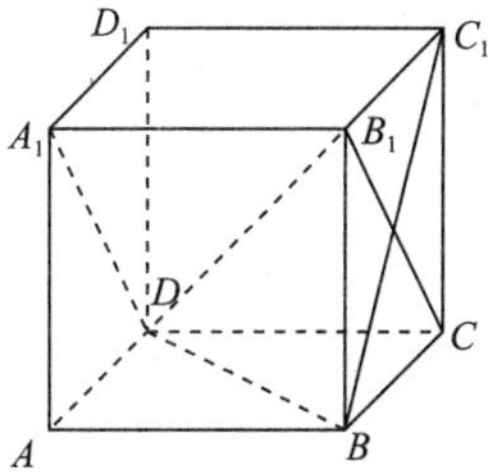

3. 如右图所示，在四棱锥 $S-ABCD$ 中，底面 $ABCD$ 是正方形，平面 $SAD\perp$ 平面 $ABCD$，$SA=SD=2$，$AB=3$.

（1）求 SA 与 BC 所成角的余弦值；

（2）求证：$AB\perp SD$.

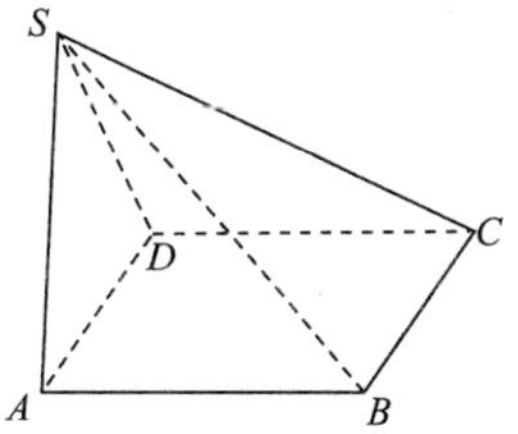

4. 如右图所示，已知四边形 $ABCD$ 是圆柱的轴截面，M 是下底面圆周上不与点 A、B 重合的点.

（1）求证：平面 $DMB\perp$ 平面 DAM；

（2）若 ΔAMB 是等腰三角形，求该圆柱与三棱锥 $D\text{-}AMB$ 体积的比值.

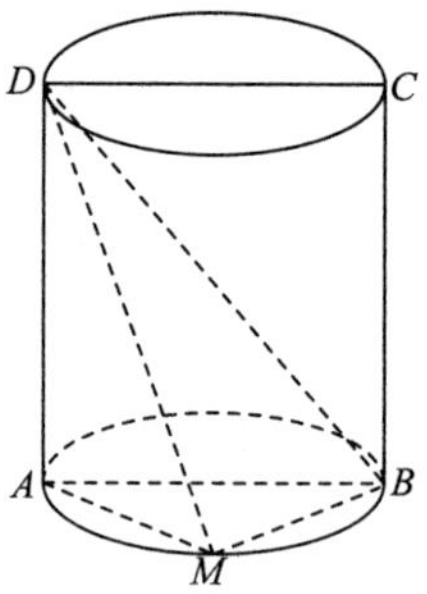

5. 已知三棱锥 $S\text{-}ABC$，平面 $SAC\perp$ 平面 ABC，且 $SA\perp AC$，$AB\perp BC$.

（1）求证：$BC\perp$ 平面 SAB；

（2）若 $SB=2$，SB 与平面 ABC 所成的角是 $30°$ 的角，求点 S 到平面 ABC 的距离.

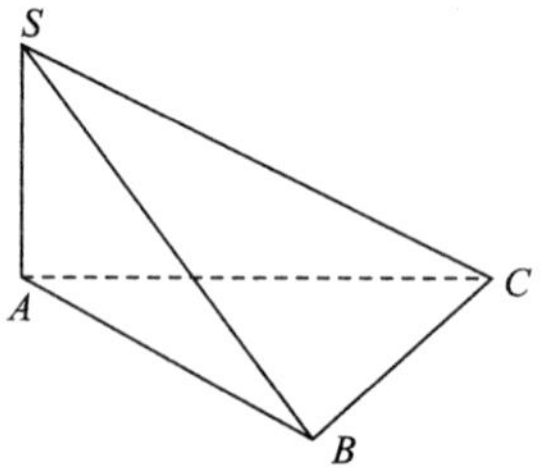

6. 如右图所示，在三棱锥 $P\text{-}ABC$ 中，$AB=BC=2\sqrt{2}$，$PA=PB=PC=AC=4$，O 为 AC 的中点.

（1）证明：$PO\perp$ 平面 ABC；

（2）若点 M 在棱 BC 上，且 $MC=2MB$，求点 C 到平面 POM 的距离.

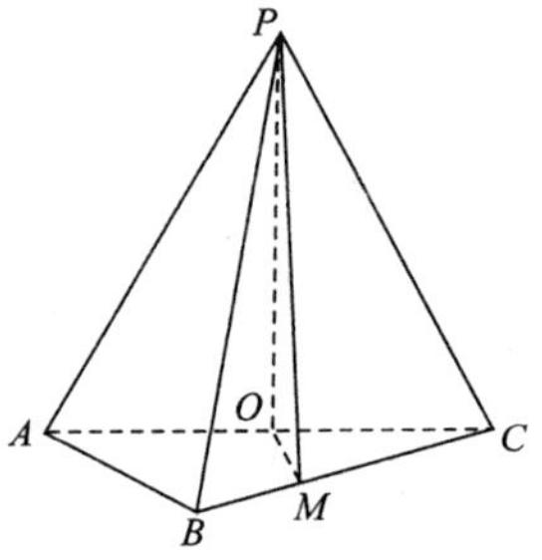

三、考点练兵

（一）选择题

1. 已知下列四个命题：

① 已知直线 $a//b$，$b//c$，则 $a//c$；

② 过已知平面的斜线的平面，一定不会与已知平面垂直；

③ 若直线 $a\perp$ 平面 α，直线 $b\perp$ 平面 α，则 a 与 b 必共面；

④ 如果直线 $a//b$，则 a 平行于经过 b 的任何平面．

其中真命题的个数为(　　)．

（A）1　　（B）2　　（C）3　　（D）4

2. 一个平面内不共线的三点到另一个平面的距离相等($d>0$)则这两个平面(　　)．

（A）平行　　（B）相交　　（C）平行或重合　（D）平行或相交

3. 平面外一直线上有两个点到这个平面的距离相等，则这条直线和这个平面的位置关系是(　　)．

（A）平行　　（B）相交　　（C）在平面内　　（D）以上答案都不对

4. 下列 4 个命题，a、b 表示直线，α、β 表示平面，下列命题：

① $\alpha//\beta$，$a//\alpha\Rightarrow a//\beta$；　　② $\alpha//\beta$，$a\perp\alpha\Rightarrow a//\beta$；

③ $a\perp\alpha$，$a\perp b\Rightarrow b//\alpha$；　　④ $a\perp\alpha$，$a\perp\beta\Rightarrow\alpha//\beta$.

其中正确的个数是(　　)．

（A）1　　（B）2　　（C）3　　（D）4

5. 下列命题中正确的是(　　)．

（A）如果两直线 a、b 与直线 m 所成的角相等，那么 $a//b$

（B）如果两直线 a、b 与平面 所成的角相等，那么 $a//b$

（C）如果平面 γ 与两平面 α、β 所成的角都是直角，那么 $\alpha//\beta$

（D）如果直线 m 与两平面 α、β 所成的角都是直角，那么 $\alpha//\beta$

6. 在正方体 $ABCD\text{-}A_1B_1C_1D_1$ 中，E 为棱 CC_1 的中点，则异面直线 AE 与 CD 所成角的正切值为(　　)．

（A）$\dfrac{\sqrt{2}}{2}$　　（B）$\dfrac{\sqrt{3}}{2}$　　（C）$\dfrac{\sqrt{5}}{2}$　　（D）$\dfrac{\sqrt{7}}{2}$

7. 已知互相垂直的平面 α，β 交于直线 l，若直线 m，n 满足 $m//\alpha$，$n\perp\beta$，则(　　)．

（A）$m//l$　　（B）$m//n$　　（C）$n\perp l$　　（D）$m\perp n$

8. 等边 ΔABC 的边长为 $2\sqrt{2}$，AD 是 BC 边上的高，角 ΔABD 沿 AD 折起，使得 ΔABD 与 ΔACD 所在平面成 $120°$ 的二面角，这时 A 点到 BC 的距离为(　　)．

（A）$\dfrac{\sqrt{26}}{2}$　　（B）$\sqrt{13}$　　（C）3　　（D）$2\sqrt{5}$

9. 命题甲：两条直线没有公共点，命题乙：两条直线是异面直线，则命题甲是命题乙的(　　).

(A) 充分不必要条件　　(B) 必要不充分条件

(C) 充要条件　　(D) 既不充分也不必要条件

10. 河堤斜面与水平面所成的二面角为60°，堤上有一条直道 CD，它与坡角的水平线 AB 的夹角为30°，沿这条直道从坡脚向上行走 $10\sqrt{3}$ 时，人升高(　　).

(A) 2.5　　(B) 5.5　　(C) 7　　(D) 7.5

11. 在 ΔABC 中，$\angle C=90°$，点 P 在 ΔABC 所在的平面外，$PC=17$，P 到 AC、BC 的距离 $PE=PF=13$，则 P 到平面 ABC 的距离等于(　　).

(A) 7　　(B) 8　　(C) 9　　(D) 10

12. 正方体 $ABCD-A'B'C'D'$ 的对角线 AC' 与它的一条棱 BB' 的夹角的正弦值是(　　).

(A) $\frac{1}{2}$　　(B) $\frac{\sqrt{2}}{2}$　　(C) $\frac{\sqrt{6}}{3}$　　(D)不确定

13. 已知正三棱锥的斜高等于6.5，高等于6，则它的全面积为(　　).

(A) $\frac{75\sqrt{3}}{2}$　　(B) $\frac{135\sqrt{3}}{2}$　　(C) $75\sqrt{3}$　　(D) $135\sqrt{3}$

14. 正方体的内切球与外接球的半径之比为(　　).

(A) $1:\sqrt{2}$　　(B) $1:\sqrt{3}$　　(C) $\sqrt{2}:\sqrt{3}$　　(D) $1:2$

15. 侧棱长为2的正三棱锥，若其底面周长为9，则该正三棱锥的体积为(　　).

(A) $\frac{9\sqrt{3}}{2}$　　(B) $\frac{9\sqrt{3}}{4}$　　(C) $\frac{3\sqrt{3}}{2}$　　(D) $\frac{3\sqrt{3}}{4}$

(二)填空题

16. 与正方体各面都相切的球，它的表面积与正方体的表面积之比为__________.

17. 已知圆柱的底面半径为3，轴截面的面积为24，则圆柱的体积为__________.

18. 已知正四面体 $ABCD$ 中，E、F 分别是 AB、CD 的中点，那么直线 EF 和 BC 所成的角为__________.

19. 已知圆锥的顶点为 S，母线 SA、AB 互相垂直，SA 与底面所成的角为30°，若 ΔSAB 的面积为8，则该圆锥的体积为__________.

20. 同底等高的圆锥和圆柱的体积之比为__________.

(三)解答题

21. 已知菱形 $ABCD$，P 为平面 $ABCD$ 外一点，且 $PA\perp$ 面 $ABCD$.

(1) 求证：面 $PAC\perp$ 面 PBD；

(2) 若 $AB=4$，$DAB=120°$，$PA=3$，求二面角 $P-BD-A$ 的正弦值.

22. 如下图所示，三棱柱 $ABC-A_1B_1C_1$ 中，$CA=CB$，$AB=AA_1$，$\angle BAA_1=60°$.

（1）证明：$AB\perp A_1C$；

（2）若 $AB=CB=2$，$A_1C=\sqrt{6}$，求三棱柱 $ABC-A_1B_1C_1$ 的体积.

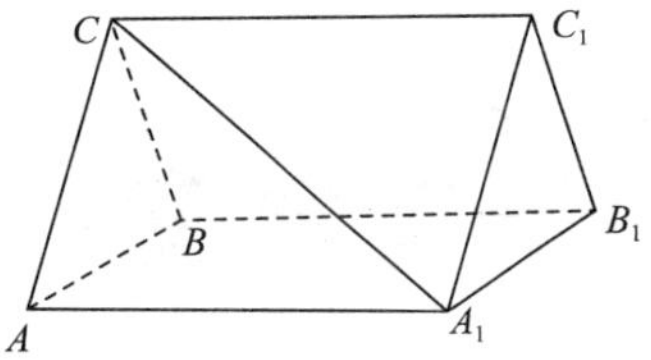

23. 已知菱形 $ABCD$ 外一点 P，点 Q 为 PA 中点，$AB=4$，$\angle BAD=60°$，$BQ=3$，$PC=2\sqrt{5}$.

求证：（1）$PC//$ 平面 BQD；

（2）平面 $PAC\perp$ 平面 BQD.

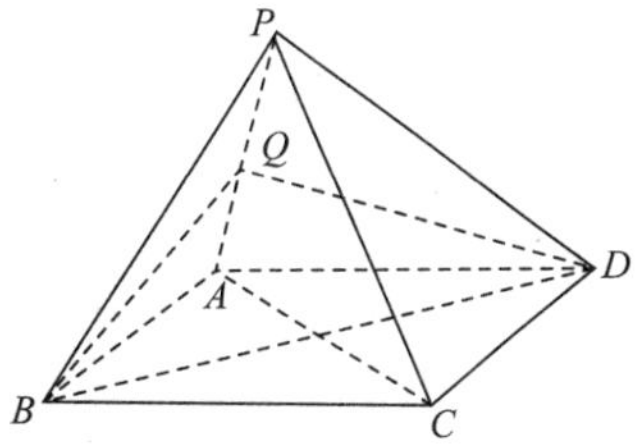

24. 如下图所示的几何体中，四边形 $ABCD$ 是矩形，$MA\perp$ 平面 $ABCD$，$NB\perp$ 平面 $ABCD$，且 $AB=NB=1$，$AD=MA=2$.

（1）求证：$NC//$ 平面 MAD；

（2）棱锥 $M-NAD$ 的体积.

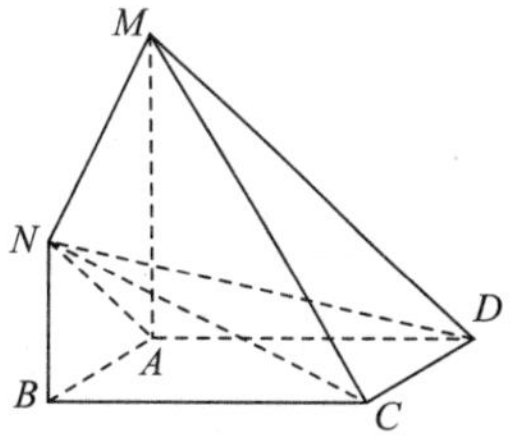

25. 已知直三棱柱 $ABC-A_1B_1C_1$ 的所有棱长都相等，D、E 分别是棱 AB、A_1C_1 的中点，如下图所示.

（1）求证：$DE//$ 平面 BCC_1B_1；

（2）DE 与平面 ABC 所成角的正切值.

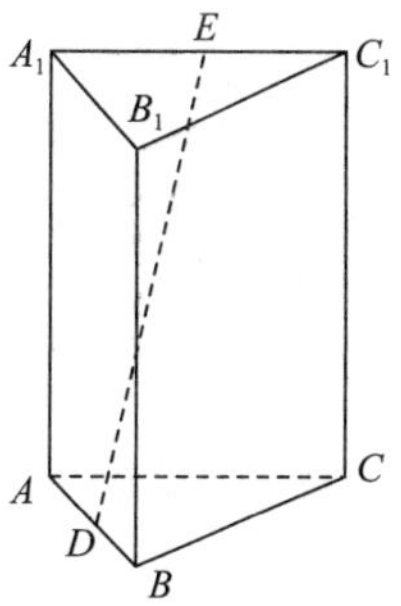

·参考答案·

情景 1　集合与逻辑用语

任务 1　集合及其关系

基础训练

1. (1) 是　(2) 是　(3)是　(4)不是　(5)是

2. (1) $\in$、$\notin$、$\notin$、$\notin$、$\in$、$\notin$ (2) $\subsetneqq$、$\subsetneqq$、$=$

3. $\varnothing$, $\{a\}$, $\{b\}$, $\{c\}$, $\{a, b\}$, $\{a, c\}$, $\{b, c\}$, $\{a, b, c\}$

要点探究

例 1:D　任务拓展:C

例 2:C　任务拓展:B

例 3:(1) B　(2) A　任务拓展:1. B　2. C

尝试练习

1. D　2. B　3. B　4. B　5. D　6. D　7. B　8. C

能力提升

1. $(-\infty, -2)$

真题再现

1. B

任务 2　集合的运算

基础训练

1. (1) $\{2\}$　(2) $\{0,1,2,3,4,5\}$　(3) $\{3,4,5\}$　(4) $\{0,1,3,4,5\}$

2. (1) A　(2) B

3. $\{x \mid x<3\}$

要点探究

例 1:B　任务拓展:C

例 2:C　任务拓展:1

尝试练习

1. C　2. B　3. C　4. C　5. C　6. B　7. D　8. 3

能力提升

1. $\{(-1,1),(2,4)\}$　2. $\{-1,3,\frac{3}{2}\}$

真题再现

1. B

任务 3　命题与逻辑联结词

基础训练

1. (1) 不是　(2)是,假　(3)不是　(4)是,真　(5)是,真　(6)是,真

2. C

要点探究

例 1:(1) 是　(2) 是　(3) 不是　(4) 不是

任务拓展:(1) 存在命题,假　(2) 全称命题,假　(3) 全称命题,假　(4) 全称命题,真

例 2:A　任务拓展:B

例 3:(1) 对 $\forall$ 实数 x,使 $2x^2+1<0$;假　(2) $\exists$ 一个实数 x,使 $x^2-4\neq0$;真

任务拓展:$\exists$ 实数 x,有 $x^2+1<0$

尝试练习

1. A　2. C　3. A　4. D　5. C　6. B　7. A　8. 存在实数 x,使 $x^2+2x+7\leqslant0$

能力提升

1. B　2. C

真题再现

1. A　2. B

任务 4　充分条件与必要条件

基础训练

1. A　2. B

要点探究

例 1:B　任务拓展:C

例 2:A　任务拓展:A

尝试练习

1. B　2. A　3. C　4. D　5. D　6. A　7. B

能力提升

1. B　2. D

真题再现

1. D

情景1综合训练

考点剖析

一、集合

1. 两组符号的应用.

(1) D (2) B (3) C

2. 集合的交、并、补运算.

(1) B (2) C (3) B (4) C (5) B (6) C

二、逻辑用语

1. 命题真假的判定.

(1) D (2) A (3) D (4) B (5) C

2. 充分、必要、充要条件的判断.

(1) A (2) C (3) A (4) B (5) C

三、考点练兵

1. C 2. D 3. C 4. B 5. B 6. B 7. C 8. C 9. A 10. D 11. A 12. C 13. B

14. C 15. D 16. D 17. 2 18. $\exists$一个实数 x，使 $x^2+1\leqslant 0$

19. $\complement_U A=\{x|x<0$ 或 $x>3\}$ $A\cap\complement_U B=\{x|0\leqslant x\leqslant 1\}$ $\complement_U(A\cap B)=\{x|x\leqslant 1$ 或 $x>3\}$

20. $a=0$ 或 $a=1$

21. $p=8, q=-5, r=6$

情景2 方程与不等式

任务1 配方法与一元一次方程

基础训练

1. (1) $(x+6)^2-32$ (2) $-(x-3)^2+19$ (3) $2(x+1)^2+1$

2. (1) $x_1=-3+\sqrt{2}, x_2=-3-\sqrt{2}$ (2) $x_1=\frac{1}{2}, x_2=3$

要点探究

例1: $2(x-\frac{1}{2}y)^2+\frac{1}{2}y^2$ 任务拓展: 1. $-5(x+1)^2+8$ 2. $a=2, b=-3$

例2: (1) $x_1=\pm\sqrt{3}$ (2) $x_1=0, x_2=-2$

例3: (1) 22 (2) $-\frac{4}{3}$ 任务拓展: $4, 3, \frac{4}{3}$

尝试练习

1. D 2. B 3. D 4. B 5. C 6. D 7. C 8. C

能力提升

1. A　2. C

真题再现

1. $a=2, b=-1$　2. C

任务 2　不等式性质

基础训练

1. (1) >　(2) <　(3) <　(4) >　(5) >

2. 作差法

要点探究

例 1:(1) C　(2) B　任务拓展:B

例 2:作差法　任务拓展:作差法

尝试练习

1. D　2. C　3. B　4. D　5. B　6. D　7. B

能力提升

1. C

真题再现

1. D　2. D

任务 3　一元二次不等式(组)与含绝对值不等式

基础训练

1. $(-\infty, \frac{13}{5})$　2. $\{x \mid -\frac{7}{2}<x<\frac{2}{3}\}$　3. $\{x \mid x<-5$ 或 $x>9\}$

要点探究

例 1:C　任务拓展:B

例 2:(1) $\{x \mid \frac{4}{3}<x<2\}$　(2) **R**　任务拓展:1. ϕ　2. $\{x \mid x<1$ 或 $x>5\}$

尝试练习

1. C　2. C　3. B　4. D　5. C　6. B　7. C　8. B

能力提升

1. $\{x \mid x<-4$ 或 $x>4\}$　2. $\{-1, 0, 1, 2\}$

真题再现

1. C　2. $(1, 2)$　3. $(-\infty, \frac{1}{3})$

任务 4　一元二次不等式

基础训练

1. (1) $(-4, 2)$ (2) $\{x \mid x<-1$ 或 $x>2\}$

2. $\{x|x<1$ 或 $x>4\}$

要点探究

例 1:(1)D (2)B 任务拓展:1. **R** 2. $\{x|x\leqslant -3$ 或 $x\geqslant 5\}$ 3. $\{x|x<-3$ 或 $x>2\}$

例 2: $\{a|a<-1\}$ 任务拓展:1. D 2. D

尝试练习

1. D 2. A 3. D 4. A 5. A 6. B 7. C

能力提升

1. D 2. C

真题再现

1. B 2. D

情景 2 综合训练

考点剖析

(一) 区间的概念 B

(二) 不等式的性质

1. D 2. A 3. A

3. 解不等式

1. B 2. A 3. A 4. B 5. A

考点练兵

1. A 2. B 3. B 4. C 5. A 6. C 7. C 8. D 9. $(-\infty,-2)\cup(3,+\infty)$

10. $a=1, b=-6$ 11. $\{m|m>2\}$ 12. 当 $a=0$ 时, $x\in\mathbf{R}$; 当 $a>0$ 时, $x>-\frac{3}{a}$; 当 $a<0$ 时, $x<-\frac{3}{a}$ 13. (1) 5; (2) 3; (3) 7; (4) 5; (5) $\sqrt{5}$

情景 3 函数

任务 1 函数的概念及其表示方法

基础训练

1. 4; -2; $3x+4$ 2. $\frac{13}{4}$

要点探究

例 1;B 任务拓展:D

例 2:11 任务拓展:1. -1 2. 102

例 3:A

尝试练习

1. C 2. D 3. C 4. A 5. 0 6. -1 7. 2 8. $f[g(x)]=2x-1$

能力提升

1. D　2. 8

真题再现

1. C　2. C　3. 2

任务 2　函数的定义域

基础训练

（1）$\{x|x\neq-2\}$　（2）$\{x|x>0\}$　（3）$\{x|x\geqslant-6\}$　（4）$\{x|x\neq2\}$

要点探究

例 1:（1）$(-\infty,1)\cup(1,3)\cup(3,+\infty)$　（2）**R**　（3）$\{x|x<0$ 或 $x>5\}$

任务拓展:1. C　2. $\{x|x\leqslant5$ 且 $x\neq\pm3\}$

例 2:$(-1,0)\cup(0,4)$　任务拓展:1. $[-3,6]$　2. $\{x|x\geqslant-\frac{1}{3}\}$

尝试练习

1. D　2. C　3. C　4. B　5. $(3,+\infty)$　6. $-x^2+\frac{1}{2}ax, x\in(0,\frac{a}{2})$

能力提升

1. C　2. D

真题再现

1. A　2. C　3. $\{-1,1\}$

任务 3　函数的性质

基础训练

1. C　2. B

要点探究

例 1:$x\in(-\infty,8)$　任务拓展:1. B　2. C

例 2:（1）A　（2）$2x+x^2$　任务拓展:1. B　2. A

例 3:（1）$(-\infty,-2)\cup(0,2)$　（2）A　任务拓展:1. B　2. A

尝试练习

1. A　2. D　3. B　4. D　5. D　6. D

能力提升

1. 奇函数　2. A

真题再现

1. B　2. D　3. -2

任务 4 二次函数的图像与性质

基础训练

1. 向上，$(-2,-1)$，$x=-2$，$(-2,+\infty)$，-2，小，-1，$(-\infty,-3]\cup[-1,+\infty)$

2. 向下，$(1,5)$，$x=1$，$x\in(-\infty,1)$，1，大，5，$[1-\frac{\sqrt{10}}{2},1+\frac{\sqrt{10}}{2}]$

要点探究

例 1：1. C　2. D　任务拓展：1. C　2. B

例 2：1. $[-2,+\infty)$　2. A　任务拓展：1. A　2. C　3. A

例 3：D　任务拓展：1. A　2. A

尝试练习

1. C　2. D　3. B　4. C　5. B　6. A　7. B

能力提升

1. B　2. D

真题再现

1. 最大值是 -26，最小值是 -51　2. 略　3. 销售单价为 40 元

情景 3 综合训练

考点剖析

（一）求函数的有关概念及图像问题

1. D　2. D　3. A　4. C　5. D　6. C　7. D　8. A　9. -5　10. $(t-1)^2$

（二）函数的性质

1. C　2. A　3. D　4. A　5. A　6. A　7. A　8. D　9. D　10. C

（三）二次函数

1. D　2. C　3. B　4. B　5. A　6. A　7. D　8. C

9. $f(x)=-4x^2+16x-13$　10. (1) $m\leq1$；(2) $-3<m<5$

（四）应用题

1. 当 $CD=3m$ 时，S 有最大值 $\frac{9\sqrt{3}}{2}(m^2)$

2. $f(x)=\begin{cases}20+x,(1\leq x\leq10)\\30-0.5(x-10),(11\leq x\leq20)\end{cases}$ 当 $x=5$ 时，日销售金额最大为 6250 元

考点练兵

1. C　2. B　3. A　4. C　5. C　6. B　7. C　8. D　9. B　10. C　11. A　12. B

13. 3　14. $a\leq-3$　15. 2 个

16. (1) $f(x)=-x^2+4x-3$；(2) $0<x<2$　17. (1) $f(x)=2x^2-x+3$；(2) $m<-2$

18. (1) 基础电价为 0.5 元/度；(2) 162；(3) $y=0.8x-30$，$x\in(100,150]$

情景4　指数函数与对数函数

任务1　实数指数

基础训练

1. （1）9　（2）$\frac{125}{8}$　（3）$\frac{27}{8}$

2. （1）$x^{\frac{2}{3}}$　（2）$5^{-\frac{3}{4}}$　（3）$(a-b)^{-\frac{2}{3}}$

要点探究

例1：（1）1　（2）$\frac{4}{9}x^6$　（3）10026　任务拓展：1. A　2. B

例2：（1）$\{x|x\geqslant 2$ 且 $x\neq 4\}$　（2）$\{x|x>3\}$　任务拓展：$\{x|x<0$ 且 $x\neq -\frac{1}{2}\}$

尝试练习

1. C　2. C　3. B　4. D　5. D　6. D

能力提升

1. B　2. C

真题再现

1. B　2. $-9a$

任务2　指数函数

基础训练

（1）>　（2）<　（3）<　（4）>　（5）<　（6）>

要点探究

例1：（1）$\{x|x<0\}$　（2）$\{x|x\neq 0\}$　任务拓展：1. B　2. $\{x|x\neq 0\}$

例2：（1）C　（2）$m<n$　（3）$\frac{1}{2}<a<1$　任务拓展：1. $a^{\frac{1}{3}}-a^{\frac{2}{3}}$　2. $\{x|x>1$ 或 $x<-1\}$

例3：B　任务拓展：（1）B　（2）B

尝试练习

1. D　2. D　3. A　4. B　5. $a=2$　6. $-1<x<3$　7. 4

能力提升

1. D　2. C　3. D

真题再现

1. B　2. C　3. B　4. B　5. $\{x|x>3$ 或 $x<1\}$

任务 3　对数

基础训练

1.（1）4　（2）4　（3）3　（4）0　（5）$\frac{1}{2}$

2.（1）$\log_4 2=\frac{1}{2}$　（2）$2^{-3}=\frac{1}{8}$

要点探究

例 1:（1）$a^b=N$　（2）$\log_{27}\frac{1}{3}=-\frac{1}{3}$　任务拓展:A

例 2:1　任务拓展:$\frac{3}{49}$

尝试练习

1. B　2. C　3. B　4. B　5. C　6. B　7. D　8. $-\frac{3+a}{1+a}$　9. -1　10. $\frac{a^2b}{c}$

能力提升

1. A　2. B

真题再现

1. D　2. D　3. $m=100$ 或 $m=\frac{1}{100}$

任务 4　对数函数

基础训练

1.（1）$(-\sqrt{2},\sqrt{2})$　（2）$(-\infty,1)$

2.（1）<　（2）<　（3）>　（4）>　（5）<　（6）>

3.（2,3）

要点探究

例 1:$\{x|x\geqslant 4\}$　任务拓展:1. B　2. C　3. B

例 2:$\{x|1<x<3\}$　任务拓展:1. D　2. A

例 3:A　任务拓展:1. B　2. A

尝试练习

1. A　2. A　3. D　4. B　5. A　6. C　7. A　8. D　9. D　10. B

能力提升

1. B　2. A

真题再现

1. B　2. B　3. B

情景 4 综合训练

考点剖析

（一）指数与指数函数

1. D　2. D　3. D　4. C　5. A　6. C

（二）对数与对数函数

1. D　2. C　3. A　4. B　5. C　6. C　7. D　8. C　9. D　10. C　11. A　12. D

考点练兵

1. B　2. D　3. C　4. A　5. D　6. A　7. C　8. D　9. B　10. A　11. D　12. D

13. $\frac{27}{8}$　14. 2　15. $(3,+\infty)$　16. $(0,+\infty)$　17. （1）$a=\frac{1}{4}$ 或 $a=2$;（2）$t\in[-\frac{1}{2},\frac{1}{2}]$

18. $-2<a<6$　19. $a=\frac{1}{2}$ 或 $a=\frac{3}{2}$　20. （1）略;（2）$(-5,4)\cup(4,5)$

21. （1）$y=200\times1.01^x$, $x\geqslant0$;（2）至少需要 5 年

情景 5　数　列

任务 1　数列的概念

基础训练

1. （1）$a_n=\frac{n^2+2n}{n+1}$　（2）$a_n=n^2-1$

2. B

要点探究

例 1:（1）$a_n=n$　（2）$a_n=2n$　（3）$a_n=(-1)^{n+1}$　（4）$a_n=(-1)^n\cdot\frac{n}{n+1}$

任务拓展:1. B　2. A

例 2:（1）$a_7=26$　（2）不是　任务拓展:1. D　2. $a_3=\frac{29}{10}$

例 3:D　任务拓展:当 $n=1$ 时，$a_1=2$; 当 $n\geqslant2$ 时，$a_n=10n-8$，可知 $a_n=10n-8$

尝试练习

1. B　2. C　3. A　4. A　5. D　6. C　7. B

能力提升

1. $\sqrt{6}-1$　2. $a_n=3^n+2n+1$

真题再现

1. $a_n=\frac{4}{9}(10^n-1)$

2. （1）$a_{n+2}=-\frac{1}{a_{n+1}}=a_n$　（2）$a_{20}=4$　（3）原式 $=1$

任务 2　等差数列

基础训练

1. （1）D　（2）A

2. （1）$d=3$，$a_n=3n+1$　（2）$a_{10}=13$，$S_8=16$　（3）$\sqrt{3}$　（4）$a_{10}=19$，$S_n=n^2$

要点探究

例 1:（1）C　（2）C　任务拓展:1. B　2. C

例 2:（1）A　（2）D　任务拓展:1. A　2. D

例 3:（1）$a_5=5$　（2）$S_{13}=-19$　任务拓展:1. B　2. C

尝试练习

1. B　2. C　3. A　4. C　5. C　6. C　7. C　8. B　9. B　10. C

11. 三个数分别为:1,3,5 或 5,3,1　12.（1）$a_n=2n+10$　（2）$n=11$

能力提升

1. ①②③④　2. C　3. $\begin{cases} a_n=-3n-3 \\ S_n=\dfrac{n(-3n+3)}{2} \end{cases}$ 或 $\begin{cases} a_n=3n-21 \\ S_n=\dfrac{n(-39+3n)}{2} \end{cases}$

真题再现

1. B　2. −2,2,6 或 6,2,−2　3. −5　4. 1

任务 3　等比数列

基础训练

1. D　2. C　3. D

要点探究

例 1:（1）B　（2）D　任务拓展:1. $q=2$，$a_n=2^n$　2. 8　3. $a_5=-243$

例 2:2　任务拓展:1. 2　2. 160

例 3:（1）C　（2）$n=5$　任务拓展:（1）$a_n=2\cdot 3^{n-1}$　（2）略

例 4:D　任务拓展:A

尝试练习

1. B　2. A　3. A　4. B　5. C　6. C　7. B　8. C　9. C　10. B

能力提升

1. B　2. C

真题再现

1. B　2. D　3. $S_n=\dfrac{3^{n+1}}{2}+2^{n+1}+n^2-\dfrac{7}{2}$

情景 5 综合训练

考点剖析

（一）等差数列与等比数列的简单计算和应用

1. B　2. D　3. D　4. A　5. B　6. A　7. D　8. B　9. A

10. （1）$a_n=2^n$；（2）$S_{10}=2046$　11. 提示：$a_n=3n-8$，$a_{20}=52$

12. 解：（1）因为数列 $\{a_n\}$ 的公差 $d=1$，且 1，a_1，a_3 成等比数列，$a_1=-1$ 或 $a_1=2$；

（2）$-5<a_1<2$　（13）（1）$a_n=2n-1$；（2）$\frac{3^n+2n^2-1}{2}$

（二）数列的应用

1. C　2. 18

3. 在方案①中，共需交纳保险费 $50\times0.9=45$（万元）；在方案②中，每天交纳保险费的金额数构成一个等比数列 $\{a_n\}$，

其首项 $a_1=0.5$，公比 $q=2$

该数列的前 20 项和

$S_{20}=52.43$

因为 $52.43>45$，

所以方案①交纳的保费较低 .

考点练兵

（一）1. B　2. D　3. C　4. B　5. D　6. B　7. C　8. B　9. C　10. C　11. B　12. B

（二）13. 15　14. $a_n=\frac{2}{3}n+1$　15. $\frac{31}{8}$　16. 10000

（三）17. $S_{10}=-55$　18. （1）6；（2）$a_n=\begin{cases}-1 & (n=1)\\ 4n-2 & (n\geqslant2,\ n\in N)\end{cases}$

19. （1）$a_n=2^{-n}$；（2）$S_n-1-(\frac{1}{2})^n+\frac{n^2+n}{2}$

20. （1）2020 年损失 3700 棵树；（2）2020 年底共存活 176500 棵树

情景 6　概率与统计初步

任务 1　计数原理

基础训练

（1）18　（2）77

要点探究

例 1：650　任务拓展：1. 18　2. 80

例 2：（1）3^4　（2）4^3　任务拓展：1. 10^7　2. 5^3

尝试练习

1. C　2. C　3. D　4. B　5. B　6. B　7. B　8. A　9. D

能力提升

1. A　2. C

真题再现

B

任务 2　排列、组合

基础训练

1. C_8^2, A_8^2, C_8^3, C_8^4　2. 60

要点探究

例 1:84　任务拓展:1. 44717400　2. 11

例 2:(1) C　(2) D　任务拓展:1. C_{10}^3　2. A_{10}^3

尝试练习

1. B　2. C　3. B　4. C　5. B　6. A　7. A

能力提升

1. B　2. B　3. 13　4. 36

真题再现

1. C　2. C　3. A

任务 3　排列与组合的应用

基础训练

1. B　2. C

要点探究

例 1:(1) C_9^2　(2) $C_2^1C_8^2$　(3) $C_8^1C_2^2$　(4) C_8^1　任务拓展:(1) $C_{10}^3-C_8^3$　(2) $C_{10}^3-C_2^2C_8^1$

例 2:(1) A_6^6　(2) $A_2^2A_6^6$　(3) $A_2^2A_5^5$　任务拓展:(1) $A_4^1A_4^2$　(2) $A_3^1A_2^1A_2^2$

例 3:(1) $A_2^2A_6^6$　(2) $A_7^7-A_2^2A_6^6$　任务拓展:(1) $A_3^3A_7^7$　(2) $A_7^3A_6^6$

例 4: $C_4^3C_3^2A_5^5$　任务拓展:112

例 5:(1) $C_6^2C_4^2C_2^2$　(2) $\dfrac{C_6^2C_4^2C_2^2}{A_3^3}$　任务拓展:A

尝试练习

1. B　2. D　3. C　4. B　5. A　6. A　7. D　8. B

能力提升

1. C　2. C　3. D　4. A　5. $A_9^3=504$　6. $A_3^3A_4^4$　7. $C_6^2C_4^2C_2^2$

真题再现

1. D　2. A

任务 4　随机事件与古典概率

基础训练

1. C　2. A

要点探究

例 1：B　任务拓展：D

例 2：（1）$\frac{A_5^5A_2^2A_4^4}{A_5^5}=\frac{3}{5}$　（2）$\frac{C_3^2}{C_6^2}=\frac{1}{5}$　任务拓展：（1）$\frac{C_{30}^3}{C_{60}^3}=\frac{7}{59}$　（2）$\frac{C_{30}^2C_{20}^1}{C_{60}^3}=\frac{15}{59}$

（3）$\frac{C_{30}^2C_{20}^1C_{10}^1}{C_{60}^3}=\frac{300}{1711}$

尝试练习

1. D　2. D　3. C　4. B　5. D　6. C　7. C　8. B

能力提升

1. D　2. B

真题再现

1. D　2. C　3. A

任务 5　统计初步

基础训练

1. 5，35，47　2. 8，4，2

要点探究

例 1：（1）A　（2）C　任务拓展：B

例 2：略

例 3：25，3. 8，1. 95　任务拓展：1. 22. 351，0. 017，22. 351，0. 017　2. C

尝试练习

1. D　2. B　3. D　4. B　5. B

能力提升

B

真题再现

1. D　2. 30

3. （1）7　（2）$S_{甲}=1.732$　$S_{乙}=1.095$　（3）乙的成绩更稳定

任务 6　二项式定理

基础训练

1. $C_n^0a^nb^0+C_n^1a^{n-1}b^1+\cdots+C_n^ma^{n-m}b^m+\cdots+C_n^na^0b^n$，二项式定理，$n+1$，$a$，$b$，$n$

2. $C_n^ma^{n-m}b^m$，m+1

3. 10　4. 60

要点探究

例 1:60　任务拓展:1. C_{10}^5　2. $-C_9^3=-84$

例 2:A　任务拓展:1. $C_8^4x^4$　2. 最大项为第 4 项和第 5 项

例 3. B　任务拓展:1. B　2. C　3. 16

尝试练习

1. C　2. B　3. A　4. A　5. B　6. B

能力提升

1. D　2. D

真题再现

1. C　2. D　3. 6　4. $32C_{10}^5x^5y^5$

情景 6 综合训练

考点剖析

（一）排列、组合

1. B　2. C　3. A　4. D　5. C　6. B

（二）古典概率问题

1. $\frac{1}{5}$　2. B　3. D　4. A　5. A　6. C　7. D

（三）统计初步问题

1. D　2. B　3. 42　4. 33　5. 1.2　6. 0.36　7. 54

（四）二项式定理问题

1. D　2. B　3. C　4. D　5. C　6. B　7. 5

考点练兵

（一）1. D　2. C　3. B　4. D　5. C　6. C　7. D　8. B　9. C　10. D　11. C　12. C　13. A

（二）14. 470　15. 1728　16. $\frac{2}{7}$　17.（1）0.6;（2）0.4;（3）0.2

18.（1）$\frac{9}{40}$;（2）$\frac{21}{40}$;（3）$\frac{19}{40}$　19.（1）$\frac{1}{825}$;（2）$\frac{824}{825}$;（3）$\frac{1}{825}$;（4）$\frac{1}{625}$

20. 9　21. 1.12

情景 7　平面向量

任务 1　向量的线性运算

基础训练

1. A　2. C　3. $\vec{0}$　4.（1）$\overrightarrow{CD}$　（2）$-6\vec{a}+3\vec{b}$

要点探究

例 1:（1）D　（2）C　任务拓展:1. C　2. A

例 2:D　任务拓展:1. B　2. B

尝试练习

1. C　2. C　3. A　4. D　5. C　6. B　7. C　8. C　9. D

能力提升

1. B　2. D

真题再现

1. C　2. D　3. -3, 16

任务 2　向量的直角坐标运算

基础训练

1. C　2. D　3. B　4. D

要点探究

例 1:（1）C　（2）$x=6$, $y=3$　任务拓展:1. $\vec{a}=(-2,-1)$, $\vec{b}=(-2,4)$　2. B

例 2:$\overrightarrow{AB}=(9,2)$, $C=(4,4)$　任务拓展:C

例 3:（1）2,方向相同　（2）A　任务拓展:A

例 4:（1）D　（2）D　任务拓展:1. B　2. C

尝试练习

1. B　2. C　3. B　4. A　5. C　6. C　7. D　8. B　9. B　10. A

能力提升

1. C　2. B

真题再现

1. D　2. 当 $k=2$ 时,最小值为$\sqrt{5}$

任务 3　向量的内积(一)

基础训练

1.（1）$10\sqrt{3}$　（2）$\frac{\pi}{3}$

2.（1）±20　（2）0

3. -7；$\sqrt{37}$

要点探究

例 1：$\frac{\pi}{6}$　任务拓展：1. D　2.（1）3；66　（2）$\frac{\pi}{3}$

例 2：D　任务拓展：1. C　2. $\sqrt{46}$

例 3：（1）D　（2）B　任务拓展：$\sqrt{10}$

尝试练习

1. B　2. C　3. C　4. C　5. C　6. B　7. C　8. $\frac{8}{9}$　9. 120°　10. $\frac{\pi}{2}$

能力提升

1. D

真题再现

1. A　2. D

任务 4　向量的内积(二)

基础训练

（1）4　（2）5　（3）$2\sqrt{5}$　（4）$\frac{2\sqrt{5}}{25}$

要点探究

例 1：（1）(3，−2)　（2）90°　任务拓展：1. −27　2. $\frac{\pi}{3}$

例 2：（1）B　（2）A　任务拓展：$\frac{3}{4}$

尝试练习

1. D　2. C　3. B　4. B　5. A　6. C

能力提升

1. $-\frac{2}{3}$　2. 4　3. (2，−8)或(−2，8)　4. (−2，−4)

真题再现

1. D　2. A　3. D

情景 7 综合训练

考点剖析

（一）向量的基本概念及线性运算

1. A　2. B　3. C　4. C

（二）向量的直角坐标及其运算

1. B　2. D　3. C　4. A　5. −4　6. (3，−1)

（三）向量的内积运算

1. C　2. C　3. A　4. A　5. D　6. D　7. C　8. A

考点练兵

（一）1. A　2. D　3. A　4. A　5. B　6. A　7. A　8. A　9. C　10. C　11. D　12. C
13. A　14. C

（二）15. $\sqrt{3}$　16. $(-\sqrt{2},4\sqrt{2})$或$(\sqrt{2},-4\sqrt{2})$　17. -1　18. $\sqrt{29}$

（三）19. 60°　20.（1）3　（2）10　（3）$\sqrt{19}$　21.（1）$k=0$ 或 $k=-2$　（2）$k=\frac{1+\sqrt{5}}{2}$

情景 8　三　角

任务 1　角的概念的推广及弧度制

基础训练

1. 300°; 210°; 315°; π; $\frac{3\pi}{4}$; $\frac{7\pi}{4}$; $-\frac{\pi}{3}$; $\frac{11\pi}{6}$

2.（1）第二　（2）第四　（3）$\{\beta|\beta=k\cdot 360°+225°, k\in\mathbf{Z}\}$，第三
（4）$\{\beta|\beta=k\cdot 360°-225°, k\in\mathbf{Z}\}$，第二

要点探究

例 1：B　任务拓展：C

例 2：（1）B　（2）D　任务拓展：1. D　2. C

例 3：（1）$S_1=\{\alpha|\alpha=2k\pi, k\in\mathbf{Z}\}$　（2）$S_2=\{\alpha|\alpha=\pi+2k\pi, k\in\mathbf{Z}\}$
（3）$\{\alpha|\alpha=k\pi, k\in\mathbf{Z}\}$　（4）$\frac{\pi}{6}$　任务拓展：1. A　2. B

例 4：$\frac{2\pi}{3}$，$\frac{2\pi}{3}$　任务拓展：C

尝试练习

1. D　2. B　3. C　4. C　5. B　6. C　7. A　8. D　9. D　10. 一或三

能力提升

1. C　2. $\{x|x=k\pi+\frac{\pi}{2}, k\in\mathbf{Z}\}$

真题再现

1. C　2. D

任务 2　任意角的三角函数

基础训练

1. $-\frac{4}{5}$; $\frac{3}{5}$; $-\frac{4}{3}$;　2. 略　3. 略

要点探究

例 1：$-\frac{3\sqrt{13}}{13}$，$-\frac{2\sqrt{13}}{13}$，$-\frac{3}{2}$　任务拓展：3

例 2：三　任务拓展：D

尝试练习

1. B　2. D　3. A　4. A　5. C　6. D　7. D　8. D　9. -1

10. $-\frac{2\sqrt{5}}{5}$，$\frac{\sqrt{5}}{5}$

能力提升

1. A　2. C　3. $\pm\frac{\sqrt{2}}{2}$

真题再现

1. D　2. D　3. C

任务 3　同角三角函数基本关系式

基础训练

1. $-\frac{4}{5}$，$\frac{3}{4}$　2.（1）$\cos^2 x$　（2）1

要点探究

例 1：$-\frac{3}{5}$，$-\frac{4}{3}$　任务拓展：B

例 2：C　任务拓展：（1）$\frac{2}{5}$　（2）-3　（3）$-\frac{5}{2}$

例 3：A　任务拓展：（1）$\frac{1}{8}$　（2）$\frac{31}{32}$

尝试练习

1. A　2. B　3. D　4. C　5. C　6. B　7. A　8. B　9. C　10. B　11. $\frac{3+2\sqrt{3}}{2}$

能力提升

-2

真题再现

1. C　2. D

任务 4　诱导公式 已知三角函数值求角

基础训练

（1）$\frac{1}{2}$　（2）1　（3）$-\frac{\sqrt{3}}{2}$　（4）$\frac{1}{2}$　（5）$\frac{\pi}{6}$，$\frac{5}{6}\pi$

要点探究

例 1：（1）C　（2）B　任务拓展：1.（1）$\frac{1}{2}$　（2）$-\frac{\sqrt{5}}{5}$　（3）$-\frac{3}{5}$　2. $\frac{4}{3}$

例 2：$\cos\alpha$　任务拓展：（1）$-\cos\alpha$　（2）$-\frac{1}{2}$

例 3：A　任务拓展：$-135°$ 或 $-45°$

尝试练习

1. C　2. A　3. C　4. A　5. B　6. D　7. A　8. $\frac{\pi}{3}$　9. $-\tan\alpha$

能力提升

1. B　2. C　3. B　4. $\frac{3}{4}$　5. $\frac{5}{6}\pi,\frac{7}{6}\pi$

真题再现

1. C　2. $\frac{\pi}{6},\frac{5}{6}\pi$　3. $-\tan^2\alpha$

任务 5　正弦函数、余弦函数

基础训练

1. 上，2　2. 略　3. x 轴

要点探究

例 1：（1）$2\pi,3,\{x|x=\frac{\pi}{2}+2k\pi,k\in\mathbf{Z}\}$　（2）$2\pi,1,\{x|x=\pi+2k\pi,k\in\mathbf{Z}\}$　任务拓展：D

例 2：（1）D　（2）C　任务拓展：1. $\{x|\frac{\pi}{6}+2k\pi\leqslant x\leqslant\frac{5\pi}{6}+2k\pi,k\in\mathbf{Z}\}$　2. $\{x|x\neq 2k\pi,k\in\mathbf{Z}\}$

例 3：略　任务拓展：略

尝试练习

1. B　2. B　3. B　4. D　5. B　6. B　7. 3，π　8. $\{x|x\neq\frac{\pi}{2}+k\pi,k\in\mathbf{Z}\}$　9. $y=\frac{1}{2}-\sin x$

能力提升

1. A　2. B　3. D　4. B　5. D

真题再现

1. B　2. B　3. B　4. $\{x|x=\frac{\pi}{4}+k\pi,k\in\mathbf{Z}\}$

任务 6　正弦型函数 $y=A\sin(\omega x+\varphi)$

基础训练

1. $2\pi,5,\{x|x=\frac{\pi}{2}+2k\pi,k\in\mathbf{Z}\}$

2. $\pi,1,\{x|x=\frac{\pi}{4}+k\pi,k\in\mathbf{Z}\}$

3. $\pi,5,\{x|x=\frac{5\pi}{12}+k\pi,k\in\mathbf{Z}\}$

4. 略

要点探究

例 1：$\frac{2\pi}{3}$，4，$\{x\mid x=\frac{5\pi}{18}+\frac{2k\pi}{3},\ k\in\mathbf{Z}\}$，$-4$，$\{x\mid x=-\frac{\pi}{18}+\frac{2k\pi}{3},\ k\in\mathbf{Z}\}$

例 2：略

例 3：$y=2\sin\left(2x+\frac{\pi}{6}\right)$　任务拓展：A

例 4：A　任务拓展：A

尝试练习

1. B　2. B　3. D　4. D　5. D　6. C　7. D　8. B

能力提升

1. D　2. 减区间为 $\left[-\frac{\pi}{6}+\frac{2}{3}k\pi, \frac{\pi}{6}+\frac{2}{3}k\pi\right]$（$k\in\mathbf{Z}$），增区间为 $\left[\frac{\pi}{6}+\frac{2}{3}k\pi, \frac{\pi}{2}+\frac{2}{3}k\pi\right]$（$k\in\mathbf{Z}$），最大值为 2；周期为 $\frac{2}{3}\pi$

真题再现

1. B　2.（1）$T=\pi$；（2）$y_{max}=2$，此时 $\{x\mid x=\frac{5}{12}\pi+k\pi,\ k\in\mathbf{Z}\}$；

（3）$\left[-\frac{\pi}{12}+k\pi, \frac{5\pi}{12}+k\pi\right]$（$k\in\mathbf{Z}$）；（4）略

任务 7　和角、差角、倍角公式(一)

基础训练

1.（1）$\frac{\sqrt{6}+\sqrt{2}}{4}$；$\frac{\sqrt{6}+\sqrt{2}}{4}$　（2）$\frac{\sqrt{2}}{2}$；$\frac{1}{2}$；$\sqrt{3}$；$\frac{\sqrt{2}}{2}$；$\frac{\sqrt{2}}{2}$；$\frac{\sqrt{3}}{3}$

要点探究

例 1：（1）$\frac{\sqrt{6}+\sqrt{2}}{4}$　（2）$\frac{1}{2}$　（3）$\frac{\sqrt{3}}{2}$　（4）$\frac{\sqrt{2}}{2}$　（5）$\frac{1}{4}$　（6）$\frac{1}{2}$

任务拓展：1. $\frac{\sqrt{3}}{3}$　2. $\sqrt{3}$

例 2：$\cos\beta=\frac{1}{2}$，$\beta=\frac{\pi}{3}$　任务拓展：1. $-\frac{63}{65}$　2. $\frac{7\sqrt{2}}{10}$

尝试练习

1. A　2. B　3. C　4. C　5. B　6. B　7. D　8. C　9. C

10. $-\frac{120}{169}$，$\frac{119}{169}$，$-\frac{120}{119}$，$\frac{5\sqrt{3}-12}{26}$，$\frac{-12\sqrt{3}-5}{26}$

能力提升

1. B　2. C　3. $\frac{\sqrt{3}}{2}$

真题再现

1. C　2. $\frac{33}{65}$　3. $\left(\frac{4-3\sqrt{3}}{2}, \frac{3+4\sqrt{3}}{2}\right)$

任务 8 和角、差角、倍角公式(二)

基础训练

1. A 2. A

要点探究

例 1: $y_{max}=\sqrt{2}$, $y_{min}=-\sqrt{2}$, $T=2\pi$, 增区间为 $[-\frac{\pi}{4}+2k\pi, \frac{3\pi}{4}+2k\pi]$ ($k\in\mathbf{Z}$)

减区间为 $[\frac{3\pi}{4}+2k\pi, \frac{7\pi}{4}+2k\pi]$ ($k\in\mathbf{Z}$)

任务拓展: 提示: 原式化为 $y=4\sin(x-\frac{\pi}{6})$, 再由 $-\frac{\pi}{6}\leqslant x-\frac{\pi}{6}\leqslant\frac{\pi}{3}$ 得: $y_{max}=2\sqrt{3}$, $y_{min}=-2$, 故值域为 $[-2, 2\sqrt{3}]$

例 2: $y_{max}=-\frac{1}{2}$, 此时 $x\in\{x\,|\,x=\frac{\pi}{6}+2k\pi$ 或 $x=\frac{5\pi}{6}+2k\pi, k\in Z\}$, $y_{min}=-5$, 此时 $x\in\{x\,|\,x=-\frac{\pi}{2}+2k\pi, k\in\mathbf{Z}\}$

任务拓展: $y_{max}=-1$, 此时 $x\in\{x\,|\,x=2k\pi, k\in\mathbf{Z}\}$, $y_{min}=-5$, 此时 $x\in\{x\,|\,x=\pi+2k\pi, k\in\mathbf{Z}\}$

尝试练习

1. A 2. B 3. B 4. B 5. D 6. C 7. B 8. C 9. A 10. $y_{max}=\sqrt{2}$, $y_{min}=-\sqrt{2}$

能力提升

1. B 2. D 3. C 4. B 5. 3 6. $y_{min}=-2$, $y_{max}=\frac{9}{8}$

真题再现

1. A 2. A

任务 9 解三角形

基础训练

1. $\frac{5}{7}$ 2. $\sqrt{63}$ 3. 4:3:2 4. $6\sqrt{6}$

要点探究

例 1: D 任务拓展: 1. 120° 2. 60° 或 120° 3. $\sqrt{73}$

例 2: (1) $\frac{2\sqrt{3}}{3}$ (2) 4 任务拓展: 1. 5 2. $4\sqrt{6}$

尝试练习

1. A 2. B 3. C 4. A 5. A 6. C 7. D 8. D 9. $2\sqrt{3}$ 10. 120°

能力提升

1. D 2. B

真题再现

1. D 2. 60°

情景 8　综合训练

考点剖析

（一）任意角的三角函数

1. B　2. D　3. A　4. A　5. A

（二）三角公式的应用

1. D　2. A　3. B　4. $-\frac{3}{4}$　5. C　6. 2　7. $-\frac{1}{2}$　8. $\frac{\sqrt{3}}{2}$

9. $(-\frac{7\sqrt{3}+4}{10},\frac{24\sqrt{3}-7}{10})$　10. $\frac{7-24\sqrt{3}}{50}$

（三）三角函数的图像与性质

1. A　2. B　3. B　4. A　5. A　6. B　7. B

8.（1）最小正周期是 π；（2）单调递减区间是 $[\frac{\pi}{3}+k\pi,\frac{5\pi}{6}+k\pi]$（$k\in\mathbf{Z}$）；（3）略.

9.（1）$T=\pi$　$\varphi=\frac{\pi}{6}$；（2）$[-\frac{\pi}{3}+k\pi,\frac{\pi}{6}+k\pi]$（$k\in\mathbf{Z}$）

10.（1）$f(x)=2\sin(2x-\frac{\pi}{3})$；（2）$[\frac{\pi}{4}+k\pi,\frac{7\pi}{12}+k\pi]$（$k\in\mathbf{Z}$）

11.（1）$[-\sqrt{2},\sqrt{2}]$；（2）$x=\frac{\pi}{4}$或$\frac{3\pi}{4}$

（四）解三角形

1. C　2. D　3. $\sqrt{2}+\sqrt{6}$　4. 60° 或 120°　5. $\frac{3}{4}$　6. 7　7. $12\sqrt{3}$

8.（1）70 海里；（2）北偏西 68. 21°　9. $\frac{6\sqrt{21}}{5}$

考点练兵

（一）1. D　2. C　3. B　4. B　5. D　6. C　7. A　8. D　9. A　10. D　11. D　12. D　13. D　14. B　15. B

（二）16. 36°　17. 3　18. 2　19. π　20. −22

（三）21.（1）由 $\vec{a}//\vec{b}$ 得 $\tan x=-\frac{1}{2}$，则原式 $=\frac{2-2\tan x}{1+\tan^2 x}=\frac{12}{5}$

（2）由 $f(x)=(\vec{a}+\vec{b})\vec{b}=(\sin x+\cos x,-\frac{1}{2})(\cos x,-1)$

$=(\sin x+\cos x)\cos x+\frac{1}{2}=\frac{\sqrt{2}}{2}\sin(2x+\frac{\pi}{4})+1$ 得

$y_{max}=\frac{\sqrt{2}}{2}+1$，$y_{min}=\frac{\sqrt{2}}{2}+1$，$T=\pi$

22. $y=-2(\sin x-\frac{4}{5})^2+\frac{9}{8}$，则 $y_{max}=1$，$y_{min}=-9$

23.（1）2　（2）$2\sqrt{2}$

24.（1）$m=1$；（2）$x=\frac{\pi}{4}$ 或 $\frac{3\pi}{4}$

25. PQ≈27. 32（m）

情景 9　平面解析几何

任务 1　直线方程的有关概念

基础训练

1. A　2. A

要点探究

例 1:（1）（−1，1），（1，1）　（2）$m=\frac{3}{2}$　任务拓展：1. $\vec{n}=(2,1)$，$\vec{v}=(-1,2)$　2.（1，2）

例 2:$\sqrt{3}$；150°　任务拓展：1. $\frac{\sqrt{3}}{3}$　2. $k=1$，45°　3. 2

尝试练习

1. A　2. B　3. B　4. C　5. D　6. C　7. A　8. 0°，0；90°，不存在　9. 2；−1

10. $m=\pm 6$

能力提升

1. B　2. D　3. A

真题再现

1. D　2. 9　3. $k=-1$，135°

任务 2　直线方程

基础训练

（1）$y=1$　（2）$x-y-2=0$　（3）$x=2$　（4）$y=3$　（5）$y=2x$

要点探究

例 1:（1）$2x\ \ y=0$　（2）$3x+4y-11=0$　（3）$2x+y-4=0$　（4）$2x+y-2=0$

任务拓展：

1. $3x-5y+11=0$　2. $4x-3y-13=0$　3. $x+y+6=0$　4. $4x-3y+2=0$

例 2:（1）B　（2）D　任务拓展：1. D　2. D

尝试练习

1. A　2. C　3. D　4. A　5. A　6. C　7. A　8. C　9. D　10. C

11.（1）−4　（2）−4　（3）略　12. $x+3y-15=0$　13. $y=\frac{2}{3}x+1$　14.（−2，3）

能力提升

1. B　2. $3x+2y-3=0$　3. 2. $a=-1$

真题再现

1. $2x+3y-1=0$　2. $3x-2y\pm 12=0$

任务 3　两直线的位置关系

基础训练

1. （1，−3）　2. $\sqrt{10}$　3. 3

要点探究

例 1：（1）$m=-1$　（2）$m=\frac{1}{2}$　（3）$m=3$

任务拓展：1. $2x-y-3=0$　2. $a=10$，$m=-2$，$c=-12$

例 2：B　任务拓展：1. $a=10$，$m=-2$，$c=-12$

例 3：（1）C　（2）C　任务拓展：C

尝试练习

1. C　2. B　3. C　4. C　5. D　6. C　7. 6　8. $2x-y-3=0$

能力提升

1. B　2. C　3. $x-y-2=0$ 或 $x-y-4=0$

真题再现

1. C　2. A　3. $x-y\pm1=0$

任务 4　简单的线性规划

基础训练

1. （1）$\begin{cases}x+y\leqslant10\\2x+3y\geqslant22\\4x+y\geqslant24\end{cases}$　（2）$z=7x+6y$　2. A　3. B

要点探究

例 1：略　任务拓展：1. $\begin{cases}x+y+2\geqslant0\\x+2y+1\leqslant0\\2x+y+1\geqslant0\end{cases}$　2. 3

例 2：B　任务拓展：B

尝试练习

1. C　2. D　3. C　4. C　5. C　6. B　7. B　8. A　9. 2

能力提升

1. C　2. A　3. 1，2

真题再现

1. C　2. B

任务 5 圆的方程

基础训练

1. B 2. A 3. $a<1$

要点探究

例 1:(1) $x^2+(y-4)^2=10$ (2) $(x-2)^2+(y-2)^2=9$ 或 $(x-5)^2+(y-5)^2=9$

任务拓展:

1. $x^2+(y-3)^2=13$ 2. $x^2+(y-2)^2=1$ 3. $(x-2)^2+(y-1)^2=25$

4. $x^2+y^2+6x-2y-15=0$

例 2:(1) $(2,-4)$; $r=\sqrt{35}$ (2) $(-2,1)$; $r=\sqrt{2}$

任务拓展:1. $m=-16$ 2. $(4,-3)$; $r=5$

3. $(x-5)^2+(y-5)^2=25$, $(x+3)^2+(y-5)^2=25$

尝试练习

D 1. C 2. A 3. D 4. D 5. C 6. B 7. $(x-3)^2+(y+2)^2=25$

8. $x^2+y^2-4x-4y+6=0$ 9. $(x+1)^2+(y-1)^2=25$ 10. $x-y-7=0$

能力提升

1. $a=4$, $b=-6$ 2. $3x-2y-1=0$

真题再现

1. B 2. 5

任务 6 直线与圆的位置关系

基础训练

1. 点 A 在圈内 2. 相离 3. $x+2\sqrt{2}y-9=0$ 4. $(x-1)^2+(y-3)^2=9$ 5. 4

要点探究

例 1:相离 任务拓展:1. B 2. D

例 2:(1) $2x+y-6=0$ 或 $2x+y-6=0$ (2) $5x-12y+9=0$ 或 $x=3$

例 3:(1) B (2) C (3) C 任务拓展:$2\sqrt{3}$

例 4:C 任务拓展:1. $(x-1)^2+(y+2)^2=2$ 2. $x^2+y^2=41$

例 5:$m=-9$

尝试练习

1. C 2. A 3. C 4. B 5. C 6. C 7. A 8. 1 或 -19 9. $\sqrt{3}$ 10. $\frac{5}{2}$

能力提升

1. D 2. C

真题再现

1. $2\sqrt{5}$ 2. $4x-3y-15=0$ 或 $x=3$ 3. $y=2x\pm5$

任务 7　椭圆

基础训练

1. 12; 8; $(\pm6, 0), (0, \pm4)$; $(\pm2\sqrt{5}, 0)$, $\frac{\sqrt{5}}{3}$

2. 12; 8; $(\pm4, 0), (0, \pm6)$; $(0, \pm2\sqrt{5})$, $\frac{\sqrt{5}}{3}$

要点探究

例 1:(1) C　(2) B　(3) C　任务拓展: $\frac{x^2}{9}+\frac{y^2}{5}=1$ 或 $\frac{x^2}{5}+\frac{y^2}{9}=1$

例 2:(1) A　(2) D　(3) D　任务拓展: 1. B　2. C

例 3:(1) B　(2) C　任务拓展: 1. B　2. A

尝试练习

1. A　2. C　3. D　4. C　5. B　6. B　7. D　8. A　9. 10, 8

能力提升

1. C　2. D　3. $m>0$ 且 $m\neq1$　4. $\frac{\sqrt{3}}{2}$

真题再现

1. B　2. 16　3. $\frac{y^2}{15}+\frac{x^2}{10}=1$

任务 8　双曲线

基础训练

1. 6; $(\pm3, 0), (\pm5, 0)$, $\frac{5}{3}$, $y=\pm\frac{4}{3}x$

2. 8; $(0, \pm5), (0, \pm4)$, $\frac{5}{4}$, $y=\pm\frac{4}{3}x$

要点探究

例 1:D　任务拓展: 1. B　2. B　3. B

例 2:C　任务拓展: 1. B　2. C

例 3:D　任务拓展: 1. 1; $2\sqrt{6}+2\sqrt{5}$　2. $\sqrt{3}$; $4\sqrt{2}+2\sqrt{5}$　3. $\sqrt{3}+1$

尝试练习

1. D　2. A　3. B　4. A　5. D　6. A　7. $1<k<4$　8. $\frac{\sqrt{3}}{3}$　9. 14　10. $2\sqrt{3}$

能力提升

1. A　2. B　3. B　4. $2a+2m$

真题再现

1. C　2. $\frac{5}{4}$ 或 $\frac{5}{3}$　3. $\sqrt{2}$

任务 9　抛物线

基础训练

1. $y^2=\pm4x$　2. （4，0），$x=-4$，8

要点探究

例 1：（1）$x^2=-16y$ 或 $y^2=8x$　（2）$y^2=32x$ 或 $x^2=\frac{y}{2}$　任务拓展：1. $x^2=y$　2. $y^2=-12x$

例 2：B　任务拓展：1. （0，1）　2. $x=1$　3. 2；$x=-1$

例 3：（1）D　（2）A　任务拓展：1. C　2. D

尝试练习

1. B　2. C　3. A　4. A　5. B　6. C　7. B

能力提升

2. B　2. A　3. A　4. A

真题再现

1. D　2. 10，（9，±6）　3. $2\sqrt{3}$　4. $y^2=4x$

任务 10　直线与圆锥曲线

基础训练

1. C　2. C　3. D　4. D

要点探究

例 1：$y^2=4x$　任务拓展：$|AB|=\frac{16}{5}$

例 2：$y^2=2x$　任务拓展：$2x-y-15=0$

例 3：$\frac{64\sqrt{3}}{3}$　任务拓展：90°

例 4：$k=\pm1$　任务拓展：$y=\frac{1}{2}(x+2)$

尝试练习

1. B　2. C　3. $|AB|=\frac{24}{7}$　4. $x+2y-2=0$　5. $\frac{x^2}{32}+\frac{y^2}{16}=1$　6. $\sqrt{2}$

能力提升

1. 当 $m=0$ 时，$|AB|$ 的值最大　2. 5. $3x^2-y^2=1$　3. （1）$\frac{x^2}{4}+\frac{y^2}{3}=1$　（2）$2\sqrt{2}$

真题再现

1. （1）$m=8$　（2）$(\frac{3}{2},\sqrt{6})$，$(\frac{3}{2},-\sqrt{6})$　（3）$\sqrt{6}$

2. （1）$x^2-y^2=6$　（2）略　（3）6

情景 9 综合训练

考点剖析

（一）直线

1. A 2. D 3. C 4. B 5. B 6. A 7. D 8. A 9. A

（二）二元一次不等式表示的区域及线性规划

1. C 2. B 3. C 4. B 5. C 6. C

（三）圆

1. C 2. D 3. B 4. B 5. A 6. $2\sqrt{7}$

（四）圆锥曲线

1. B 2. A 3. B 4. A 5. B 6. D 7. D 8. C 9. $\frac{3}{5}$ 10. $y=\pm\frac{\sqrt{6}}{2}x$

11. A 12. A 13. B 14. B

（五）解答题

1.（1）$y^2=\frac{5}{2}x$;（2）$2x-y-5=0$

2.（1）$x^2-\frac{y^2}{3}=1$, $e=2$, $y=\pm\sqrt{3}x$;（2）$15\sqrt{5}$

3.（1）$x^2-\frac{y^2}{8}=1$, $y^2=12x$;（2）$y=2\sqrt{2}x-2$

4.（1）$\frac{x^2}{2}+y^2=1$;（2）$MF_1=\frac{4\sqrt{2}}{3}$, $MF_2=\frac{2\sqrt{2}}{3}$

考点练兵

（一）1. D 2. C 3. C 4. B 5. C 6. B 7. A 8. C 9. C 10. D

（二）11. $x-2y+2=0$ 12. $\frac{17}{3}$或 -3 13. 3 14. $\frac{x^2}{12}+\frac{y^2}{8}=1$ 15. 3 或 $-\frac{9}{4}$

16. 5 17. $\frac{\sqrt{5}}{5}$ 18. 24

（三）19. $(x-2)^2+(y+1)^2=4$ 20. $e=\frac{\sqrt{2}}{2}$ 21.（1）$\frac{y^2}{45}+\frac{x^2}{20}=1$ （2）20

22.（1）$x-y+1=0$ （2）$2\sqrt{6}$ 23.（1）$e=\frac{\sqrt{2}}{2}$;（2）$\frac{x^2}{10}+\frac{y^2}{5}=1$

24.（1）$\frac{x^2}{4}+\frac{y^2}{3}=1$;（2）线段 AB 的长为$\frac{30\sqrt{5}}{19}$

情景 10 立体几何

任务 1 平面的基本性质

基础训练

（1）错 （2）错 （3）错 （4）错 （5）对 （6）错 （7）对 （8）对

要点探究

例 1:C　任务拓展:D

例 2:C

尝试练习

1. A　2. A　3. D　4. D　5. D　6. D

能力提升

1. C　2. D

真题再现

B

任务 2　空间中两直线的位置关系

基础训练

1. A　2. D　3. C

要点探究

例 1:(1) D　(2) B　任务拓展:1. C　2. D

例 2:A　任务拓展:(1) 90°　(2) 60°

尝试练习

1. C　2. D　3. C　4. A　5. D　6. D

能力提升

1. D　2. 60°

真题再现

$\frac{2}{5}$

任务 3　直线和平面的位置关系

基础训练

1. (1) 错　(2) 错　(3) 错　(4) 对

2. (1) 平行或异面　(2) 在平面内或平行　(3) 平行、相交异面
　(4) 平行、相交、在平面内

要点探究

例 1:(1)(2)(4)　任务拓展:(3)(5)

例 2:60°　任务拓展:$\frac{\sqrt{10}}{4}$

例 3:略

尝试练习

1. D　2. D　3. D　4. B　5. 略

能力提升

1. D　2. C　3. $tan\angle EDC=\frac{2}{5}$

真题再现

1. A　2. 5

任务 4　空间中两平面的位置关系

基础训练

1. (1) 错　(2) 错　(3) 错　(4) 错　(5) 对

要点探究

例 1:(2)(3)　任务拓展:(1)(3)(4)(5)

例 2: $\frac{\sqrt{3}}{2}$　任务拓展:30°

例 3:略　任务拓展:略

尝试练习

1. D　2. C　3. D　4. C　5. B　6. D　7. B　8. 45°

能力提升

1. B　2. D　3. C

真题再现

1. D　2. B　3. (1)略　(2) $\frac{2\sqrt{21}}{7}$

任务 5　空间几何体

基础训练

1. (1) 错　(2) 错　(3) 错　2. $\frac{\sqrt{537}}{3}$; $\sqrt{65}$

要点探究

例 1:C　任务拓展:A

例 2:3 或 4　任务拓展:1. $2\sqrt{14}$, $2\sqrt{15}$　2. 4

尝试练习

1. B　2. A　3. D　4. D　5. D　6. D　7. C　8. $\sqrt{3}$

能力提升

1. C　2. 6

真题再现

1. B　2. $\frac{\pi}{2}$　3. 2

任务 6　空间几何体的表面积与体积

基础训练

1. 76; 40　2. $16\sqrt{5}$; $\frac{64}{3}$　3. 12π, $\frac{8\sqrt{3}}{3}\pi$　4. 64π; $\frac{256\pi}{3}$

要点探究

例 1:(1) $\sqrt{3}$; $\frac{\sqrt{2}}{12}$　(2) 64π; $\frac{256}{3}\pi$　任务拓展: 1. $\frac{32}{3}\pi$　2. 16π; $\frac{32}{3}\pi$

例 2: $\frac{4\sqrt{3}}{3}$　任务拓展: 12π

例 3: π　任务拓展: 11π

尝试练习

1. C　2. $\frac{\sqrt{3}}{3}\pi$　3. $\frac{16\sqrt{2}}{3}$　4. 8π　5. 2　6. 6　7. $\frac{\sqrt{3}}{2}\pi$　8. $1:\sqrt{3}$

能力提升

1. D　2. 576　3. $24\sqrt[3]{36\pi^2}$

真题再现

1. B　2. B

情景 10　综合训练

考点剖析

(一) 有关命题真假的判断

1. $\frac{8\sqrt{3}}{3}\pi$　2. ③④　3. 3π　4. $\sqrt{2}$　5. 6　6. 4ah　7. 3π　8. B　9. B

10. D　11. D　12. C　13. B　14. D

(二) 解答题

1. (1) 略; (2) 略　2. (1) $V=\frac{1}{6}$; (2) 略　3. (1) $\frac{3}{4}$; (2) 略　4. (1) 略; (2) 3π

5. (1) 略; (2) 1　6. (1) 略; (2) $\frac{4\sqrt{5}}{5}$

考点练兵

(一) 1. B　2. D　3. C　4. A　5. D　6. C　7. C　8. A　9. B　10. D　11. A　12. C　13. B　14. B　15. D

(二) 16. $\frac{\pi}{6}$　17. 36π　18. $45°$　19. 8π　20. $1:3$

(三) 21. (1) 略　(2) $\frac{3\sqrt{13}}{13}$　22. (1) 略　(2) 3　23. 略　24. (1) 略; (2) $\frac{2}{3}$　25. (1) 略; (2) 2

附录

2023年普通高校招生(春季)全省统一考试

卷一(选择题　共60分)

一、选择题:本大题共20小题,每小题3分,共60分.

1. 已知集合 $M=\{a, b, c\}$, $N=\{b, c, d, e\}$, 则 $M\cap N$ 等于(　　).

(A) $\{b, c\}$　(B) $\{b, c, d\}$　(C) $\{b, c, e\}$　(D) $\{a, b, c, d, e\}$

2. 函数 $f(x)=\dfrac{\sqrt{x}}{x-3}$ 的定义域是(　　).

(A) $[0,3)$　(B) $[0,+\infty)$

(C) $(-\infty,3)\cup(3,+\infty)$　(D) $[0,3)\cup(3,+\infty)$

3. 已知命题 p: $4\geqslant3$, 命题 q: $\forall x\in\mathbf{R}$, $2^x>0$. 则下列结论正确的是(　　).

(A) p, q 都是真命题　(B) p 是真命题, q 是假命题

(C) p, q 都是假命题　(D) p 是假命题, q 是真命题

4. 已知向量 $\vec{a}=(-1,2)$, $\vec{b}=(2, m)$, 若 $\vec{a}/\!/\vec{b}$, 则实数 m 的值是(　　).

(A) 1　(B) -1　(C) 4　(D) -4

5. 如图所示,在平面直角坐标系 xOy 中,分别给出甲乙同学在1500 m比赛中所跑的路程 y(m)关于时间 x(s)的函数图像,其中 $(0, x_1)$ 为起跑阶段, (x_2, x_3) 为冲刺阶段,则下列结论正确的是(　　).

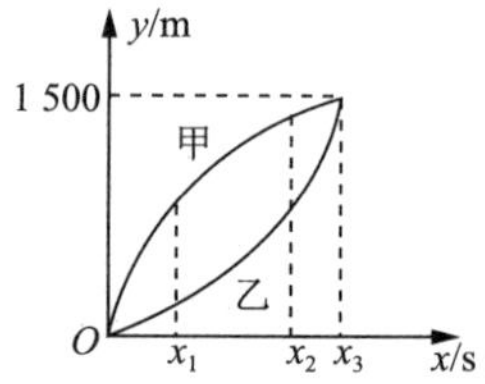

(A) 起跑阶段,甲跑得比乙快

(B) 起跑阶段,甲、乙跑得一样快

(C) 冲刺阶段,甲跑得比乙快

(D) 冲刺阶段,甲、乙跑得一样快

6. 若 $3, x, 12, -24$ 成等比数列,则实数 x 的值是(　　).

(A) -6　(B) -8　(C) 6 或 -6　(D) 8 或 -8

7. 若函数 $f(x)=(m-2)x+4$ 在 $(-\infty,+\infty)$ 上是减函数,则实数 m 的取值范围是(　　).

(A) $(-\infty,0)$　(B) $(-\infty,2)$　(C) $(0,+\infty)$　(D) $(2,+\infty)$

8. 已知直线 l 在 y 轴的截距是 -2,且与直线 $x-y=0$ 平行,则直线 l 的方程是(　　).

(A) $x-y+2=0$　(B) $x-y-2=0$

(C) $x+y+2=0$　(D) $x+y-2=0$

9. 几何体的三视图如图所示，则该几何体的形状是(　　).

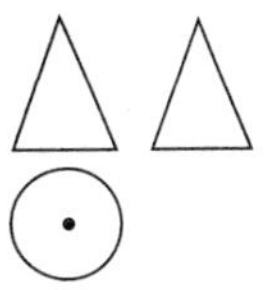

(A) 棱柱　　(B) 圆柱　　(C) 棱锥　　(D) 圆锥

10. 不等式 $\log_2|x-1|>1$ 的解集是(　　).

(A) $(-1,+\infty)$　　(B) $(-\infty,-1)$

(C) $(-\infty,-1)\cup(3,+\infty)$　　(D) $(-\infty,3)\cup(3,+\infty)$

11. 若 $\cos\alpha<0$, $\tan\alpha<0$，则角 α 是(　　).

(A) 第一象限角　　(B) 第二象限角

(C) 第三象限角　　(D) 第四象限角

12. 某职业学校在“职教宣传周”期间，把 2 件教师作品和编号 1～5 的 5 件学生作品摆成一排进行展览，若将教师作品摆放在两端，1 号学生作品摆放在正中间，则不同摆放种数是(　　).

(A) 24　　(B) 48　　(C) 72　　(D) 96

13. 如图所示，椭圆的对称轴是坐标轴，则该椭圆的方程是(　　).

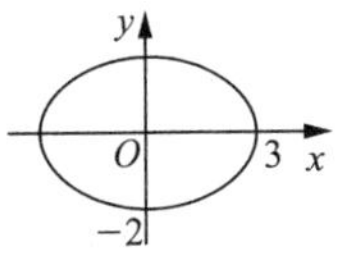

(A) $\frac{x^2}{3}+\frac{y^2}{2}=1$　　(B) $\frac{x^2}{2}+\frac{y^2}{3}=1$

(C) $\frac{x^2}{9}+\frac{y^2}{4}=1$　　(D) $\frac{x^2}{4}+\frac{y^2}{9}=1$

14. “直线 a, b 没有公共点”是“直线 a, b 互为异面直线”的(　　).

(A) 充分不必要条件　　(B) 必要不充分条件

(C) 充要条件　　(D) 既不充分也不必要条件

15. 如图所示，已知正方形 $ABCD$ 的边长为 1，E, F 分别是 BC, CD 的中点，则 $\overrightarrow{AE}\cdot\overrightarrow{AF}$ 的值是(　　).

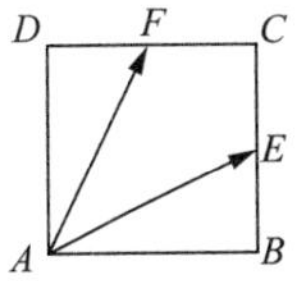

(A) $\frac{\sqrt{2}}{2}$　　(B) $\frac{\sqrt{3}}{2}$　　(C) 1　　(D) $\frac{3}{2}$

16. 已知 $\sin x=2a-1$, $x\in[0,\pi]$，则实数 a 的取值范围是(　　).

(A) $[-1,1]$　(B) $[0,1]$　　(C) $[0,\frac{1}{2}]$　　(D) $[\frac{1}{2},1]$

17. 在 $(2x-y)^6$ 的二项展开式中，第 4 项的系数与第 4 项的二项式系数的和等于(　　).

(A) -140　　(B) -160　　(C) 75　　(D) 255

18. 已知变量 x, y 满足约束条件 $\begin{cases}2x+y-4\geqslant 0\\ x\geqslant 1\\ y\geqslant 1\end{cases}$，则目标函数 $z=4x+y$ 的最小值是(　　).

(A) 8　　(B) 7　　(C) 6　　(D) 5

19. 已知双曲线的中心是坐标原点 O，焦点在 x 轴上，过右焦点 F 且垂直于 x 轴的

直线，与双曲线在第一象限交于点 P，双曲线的右顶点 A 是 OF 的中点，若 $|AP|=2\sqrt{5}$，则该双曲线的实轴长等于(　　).

(A) $\sqrt{2}$　　(B) $\sqrt{3}$　　(C) $\sqrt{6}$　　(D) $2\sqrt{2}$

20. 某企业生产一批内径为 25.40 mm 的钢管，内径尺等级根据其样本在 25.295～25.475 mm 范围内的频率 P 划分，规定：$P\geqslant0.9$ 为优，$0.8\leqslant P<0.9$ 为良，$0.7\leqslant P<0.8$ 为合格，$P<0.7$ 为不合格，若样本频率分布直方图如图所示，则这批钢管的内径尺寸等级是(　　).

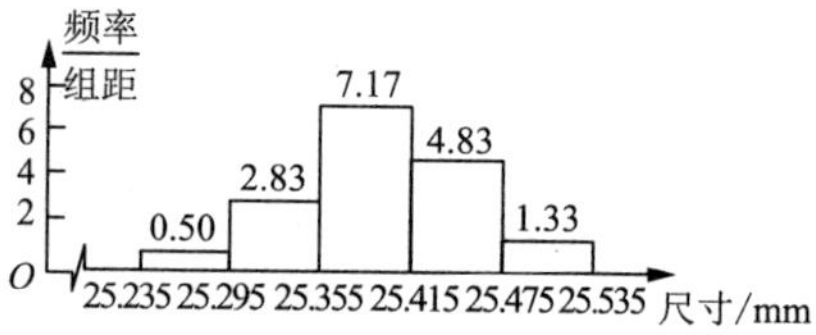

(A) 优　　(B) 良　　(C) 合格　　(D) 不合格

卷二(非选择题　共 60 分)

二、填空题：本大题共 5 小题，每小题 4 分，共 20 分.

21. 已知点 $A(2,-4)$，$B(m,2)$，若直线 $x-2y-4=0$ 过线段 AB 的中点，则实数 $m=$________.

22. 圆柱的底面半径为 1，母线长为 2，则该圆柱的体积等于________.

23. 已知角 α 的顶点是坐标原点，始边与 x 轴非负半轴重合，终边过 $M\left(-\frac{1}{2},\frac{\sqrt{3}}{2}\right)$，若 $\alpha\in(0,2\pi)$，则 $\alpha=$________.

24. 某小区有 A，B，C 三个快递投放点，小明在网上购买的甲、乙两种商品分别被快递员随机寄存到这三个投放点，则甲、乙两种商品都被寄存在投放点 A 的概率是________.

25. 已知偶函数 $f(x)$ 的定义域是 $\{x|x\neq4n,n\in\mathbf{Z}\}$，对定义域内任意的 x，都有 $f(2+x)=f(2-x)$，当 $x\in(0,2]$ 时，$f(x)=|\log_3x|$，则 $f(2023)$ 的值是________.

三、解答题：本大题共 5 小题，共 40 分.

26. (7 分)已知函数 $f(x)=2x^2+mx+n$ 最小值为 2，函数 $f(x)$ 图像的对称轴为 $x=1$.

(1) 求函数 $f(x)$ 的解析式；(2) 若 $g(x)=f(x+1)$，判断函数 $g(x)$ 的奇偶性，并给出证明.

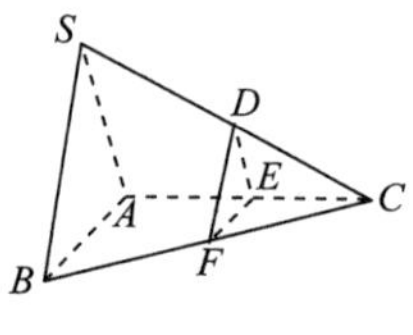

27. (8 分)如图所示，三棱锥 S-ABC 中，平面 $SAB\perp$ 平面 ABC，且 D，E，F 分别是 SC，AC，BC 的中点，ΔSAB 的边长都是 2，$SC=4$.

（1）求证：平面 DEF// 平面 SAB；（2）求直线 SC 与平面 ABC 所成角的正弦值.

28.（8 分）如图所示，从 A 到 B 修一段路需要 50 车石料，石料厂 S 到 A 的距离是 1000 米，现用一辆车依次把石料从 S 运到施工地，第 1 车石料卸在 A 处，然后每隔 50 米卸一车石料，分别卸在 A_1，A_2，…的位置，运送第 1 车石料该车往返的路程为 a_1 米，第 2 车往返路程为 a_2 米，…第 50 车往返的路程为 a_{50} 米．求：

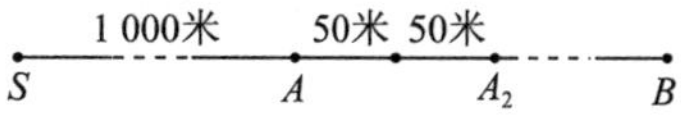

（1）该车运送第 20 车石料往返的路程；（2）该车所有往返的路程之和.

29.（8 分）在 ΔABC 中，角 A，B，C 的对边分别为 a，b，c 已知 $a=2\sqrt{3}$，$b=2$，$A=\dfrac{\pi}{3}$.

（1）求角 B 的大小；（2）若函数 $y=3\sin\left(\dfrac{1}{2}x-B\right)$，用“五点法”作该函数在一个周期上的简图.

30.（9 分）如图所示，已知圆 $x^2+y^2+2x-3=0$ 的圆心是 C，抛物线 $y^2=2px(p>0)$的焦点 F 在该圆上.

（1）求 p 的值；（2）若过点 F 的直线 l 与抛物线相交于 A，B 两点，且 ΔABC 的面积为 $4\sqrt{2}$，求直线 l 的方程.

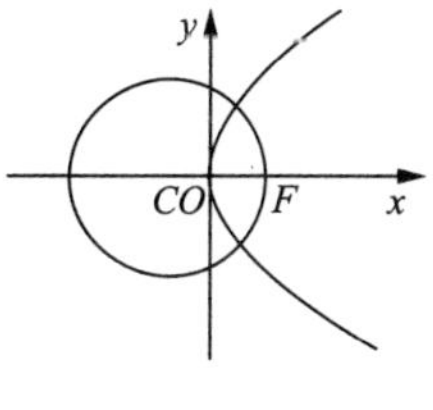

2023年普通高校招生(春季)全省统一考试
数学答案

卷一

一、选择题:本大题共20小题,每小题3分,共60分.

1. A 2. D 3. A 4. D 5. A 6. A 7. B 8. B 9. D 10. C 11. B 12. B
13. C 14. B 15. C 16. D 17. A 18. D 19. D 20. B

卷二

二、填空题:本大题共5小题,每小题4分,共20分.

21. 2 22. 2π 23. $\frac{2\pi}{3}$ 24. $\frac{1}{9}$ 25. 0

三、解答题:本大题共5小题,共40分.

26. (1) $f(x)=2x^2-4x+4$;(2)偶函数,证明略.

27. (1)提示:$AB//EF$, $SB//DF$;(2) SC与平面ABC所成角的正弦值为$\frac{\sqrt{3}}{4}$.

28. (1) 3900米;(2) 222500米.

29. (1) $\frac{\pi}{6}$;(2)略.

30. (1) $p=2$;(2) $x-y-1=0$或$x+y-1=0$.

2022年普通高校招生(春季)全省统一考试

卷一(选择题　共60分)

一、选择题:本大题共20小题,每小题3分,共60分.

1. 已知集合 $M=\{1,2\}$, $N=\{2,3,x\}$,若 $M\subseteq N$,则实数 x 的值是(　　).

(A) 1　　(B) 2　　(C) 3　　(D) 4

2. 已知 $a>b$,则下列不等式成立的是(　　).

(A) $a+b>0$　　(B) $ab>0$　　(C) $|a|>|b|$　　(D) $3+a>3+b$

3. 已知向量 $\vec{a}$ 与向量 $\vec{b}$ 方向相反, $|\vec{a}|=4$, $|\vec{b}|=3$,则 $\vec{a}\cdot\vec{b}=$(　　).

(A) -6　　(B) 6　　(C) -12　　(D) 12

4. 在等差数列 $\{a_n\}$ 中,已知 $a_1=2$, $a_2+a_3=10$,则该数列的公差是(　　).

(A) 1　　(B) 2　　(C) 3　　(D) 4

5. 已知函数 $f(x)=(a-x)x^2+\sin x$ 是奇函数,则实数 a 的值是(　　).

(A) 3　　(B) 4　　(C) 5　　(D) 6

6. 如图,上下两个正四棱柱的底面边长之比是 1:2,则该组合体的三视图中的俯视图是(　　).

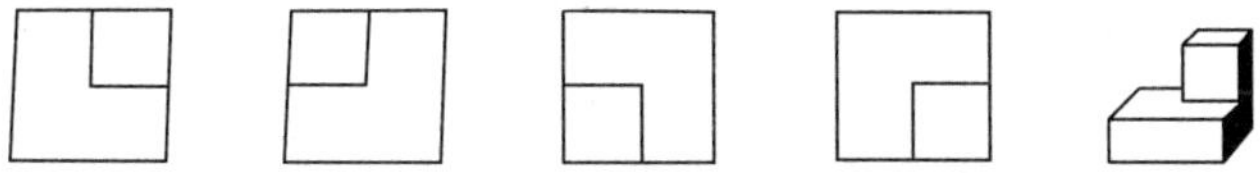

(A)　　(B)　　(C)　　(D)

7. 已知直线过点(0,2),且倾斜角为135°,则该直线的方程是(　　).

(A) $x-y-2=0$　　(B) $x-y+2=0$

(C) $x+y+2=0$　　(D) $x+y-2=0$

8. 已知 p 是假命题, q 是真命题,则下列命题为真命题的是(　　).

(A) $\neg q$　　(B) $\neg p\wedge q$　　(C) $\neg(p\wedge q)$　　(D) $p\wedge q$

9. 如图,在 ΔABC 中, D 是 BC 的中点,设 $\overrightarrow{AB}=\vec{a}$, $\overrightarrow{AD}=\vec{b}$,则 $\overrightarrow{AC}=$(　　).

(A) $\vec{a}-2\vec{b}$　　(B) $\vec{a}+2\vec{b}$

(C) $-\vec{a}+2\vec{b}$　　(D) $-\vec{a}-2\vec{b}$

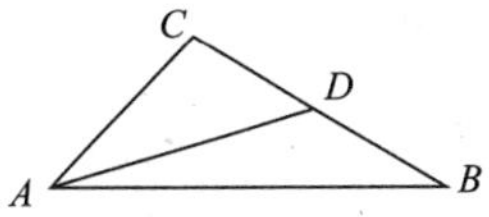

10. 圆 $x^2+y^2-4x+6y-3=0$ 的圆心坐标是(　　).

(A) (2,3)　　(B) (2,−3)　　(C) (−2,3)　　(D) (−2,−3)

11. 已知 $\tan(\pi-\alpha)=3$，且 α 是第二象限角，则 $\sin\alpha=$（　　）.

（A）$\frac{\sqrt{10}}{10}$　（B）$-\frac{\sqrt{10}}{10}$　（C）$\frac{3\sqrt{10}}{10}$　（D）$-\frac{3\sqrt{10}}{10}$

12. 在 $(x-2)^6$ 的二项展开式中，二项式系数最大的项是（　　）.

（A）$160x^3$　（B）$-160x^3$　（C）$60x^4$　（D）$-60x^4$

13. 如图所示的圆柱形容器，其底面半径为 1m，高为 3m，设容器内液面高度为 x(m)，液体的体积为 V(m^3)，把 V 表示为 x 的函数，则该函数的图像大致是（　　）.

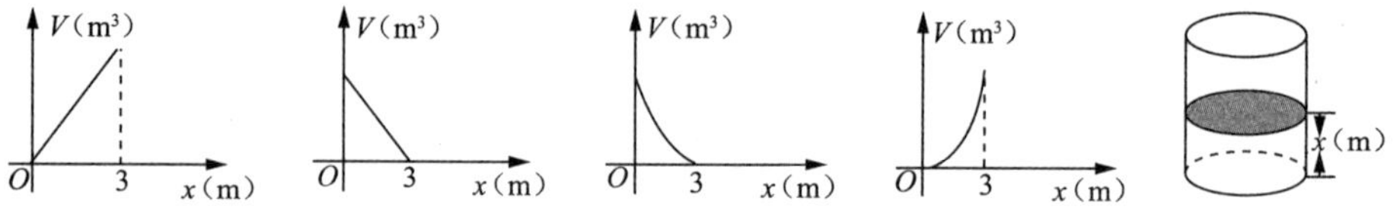

（A）　（B）　（C）　（D）

14. 某职业学校计划举行合唱、舞蹈、书画三项活动，若甲、乙两名同学每人从这三项活动中任选一项，则恰好都选择舞蹈的概率是（　　）.

（A）$\frac{1}{6}$　（B）$\frac{1}{9}$　（C）$\frac{2}{9}$　（D）$\frac{1}{3}$

15. 已知函数 $f(x)=x^2+bx$ 图像的对称轴为 $x=1$，则不等式 $f(x)<0$ 的解集是（　　）.

（A）$(-2,0)$　　（B）$(-\infty,-2)\cup(0,+\infty)$

（C）$(0,2)$　　（D）$(-\infty,0)\cup(2,+\infty)$

16. 已知点 $A(\cos\alpha, \sin\alpha)$，$B(\cos\beta, \sin\beta)$，若 $\beta-\alpha=\frac{\pi}{3}$，则 $|\overrightarrow{AB}|=$（　　）.

（A）1　（B）$\sqrt{2}$　（C）$\sqrt{3}$　（D）2

17. 对于 $a\in\mathbf{Z}$，$0\leqslant b<1$，给出运算法则：$[a+b]=a-2$，则 $[-1.414]$ 的值等于（　　）.

（A）1　（B）0　（C）-3　（D）-4

18. 下列约束条件中，可以表示如图所示区域（阴影部分）的是（　　）.

（A）$\begin{cases} y-2\geqslant 0 \\ x-y+2<0 \end{cases}$　（B）$\begin{cases} y-2\leqslant 0 \\ x-y+2<0 \end{cases}$

（C）$\begin{cases} y-2\geqslant 0 \\ x-y+2>0 \end{cases}$　（D）$\begin{cases} y-2\leqslant 0 \\ x-y+2>0 \end{cases}$

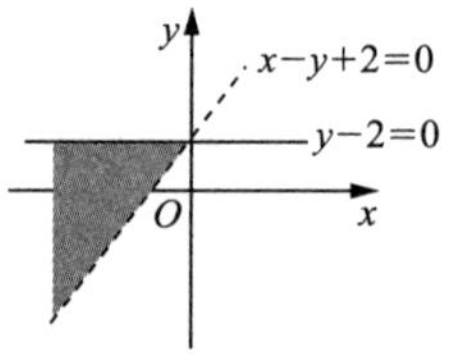

19. 有三张卡片，第一张卡片的正反两面分别写有数字 1，3，第二张卡片的正反两面分别写有数字 2，4，第三张卡片的正反两面分别写有数字 5，7，现从这三张卡片中任取两张并排放在桌子上，两张卡片朝上一面的数字组合成一个两位数，则所有不同两位数的个数是（　　）.

（A）8　（B）12　（C）18　（D）24

20. 已知双曲线 $\frac{x^2}{a^2}-\frac{y^2}{b^2}=1(a>0, b>0)$ 的左右焦点分别是 F_1，F_2，O 是坐标原点，

过点 F_2 作双曲线的一条渐近线的垂线，垂足为 P，若 $|PF_1|=3|OP|$，则双曲线的离心率是（　　）.

（A）$\sqrt{6}$　　（B）$\sqrt{5}$　　（C）$\sqrt{3}$　　（D）$\sqrt{2}$

卷二（非选择题　共 60 分）

二、填空题：本大题共 5 小题，每小题 4 分，共 20 分.

21. 抛物线 $x^2=2y$ 的焦点坐标是________.

22. 若底面边长为 4 的正四棱锥与棱长为 2 的正方体体积相等，则正四棱锥的高等于________.

23. 在 ΔABC 中，已知 $AC=\sqrt{6}$，$\angle A=30°$，$\angle B=45°$ 则 $BC=$________.

24. 某企业操作岗位、技术岗位和管理岗位的人数分别是 700，210，140. 为了解该企业不同岗位员工的健康状况，采用分层抽样的方法，从这三个岗位的所有员工中随机抽取 300 人进行体检，则抽取操作岗位的人数是________.

25. 已知 $a>0$ 且 $a\neq1$，若函数 $f(x)=\begin{cases}(a-1)x+5, x\in(-\infty,2)\\ a^x, x\in[2,+\infty)\end{cases}$，在 $(-\infty,+\infty)$ 上具有单调性，则实数 a 的取值范围是________.

三、解答题：本大题共 5 小题，共 40 分.

26.（7 分）已知函数 $f(x)=\dfrac{k}{x}$，且 $f(2)=1$.

（1）求实数 k 的值；（2）证明函数 $f(x)$ 在 $(0,+\infty)$ 上是减函数.

27.（8 分）如图所示，在正方体 $ABCD-A_1B_1C_1D_1$ 中，点 P 是棱 B_1B 上的点，求证：

（1）求证：$AC//$ 平面 A_1PC_1；（2）$AC\perp D_1P$.

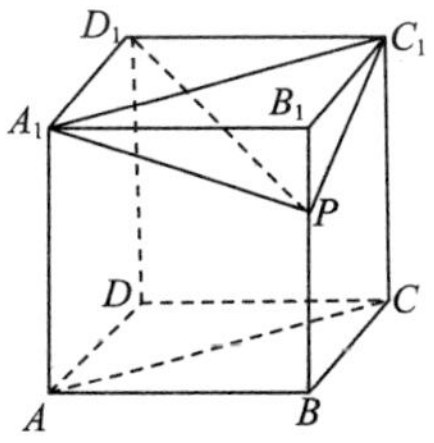

28.（8 分）如图所示，已知等边 ΔABC 的边长为 6，顺次连接 ΔABC 各边的中点，构成 $\Delta A_1B_1C_1$，再顺次连接 $\Delta A_1B_1C_1$ 的中点，构成 $\Delta A_2B_2C_2$，依此进行下去，直至构成 $\Delta A_nB_nC_n$，这 n 个新构成的三角形的边长依次记作 $a_1, a_2, \ldots a_n$.

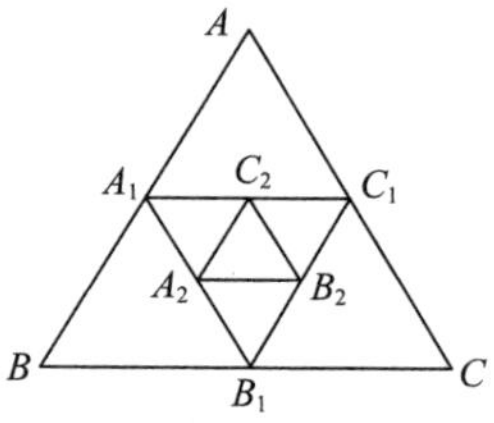

（1）求 a_1, a_2, a_3 的值；（2）若 $\Delta A_nB_nC_n$ 的边长小于 0.01，求 n 的最小值.

29.（8 分）已知函数 $f(x)=2\sqrt{3}\sin x\cos x-2\cos^2 x+m$ 的图像过点 $(0,-1)$.

（1）求函数 $f(x)$ 的最大值；（2）若 $a\in(0,\frac{\pi}{2})$，且 $f(a)=1$，求 a 的值.

30.（9 分）如图所示，已知椭圆 $\frac{x^2}{a^2}+\frac{y^2}{b^2}=1(a>b>0)$ 的右顶点是点 A，左右焦点分别是 F_1, F_2，且 $|AF_1|=\sqrt{2}+1$，$|AF_2|=\sqrt{2}-1$.

（1）求椭圆的标准方程；（2）设直线 $l: x-2y+m=0$ 交椭圆于点 M, N，以线段 F_2M，F_2N 为邻边作平行四边形 F_2MPN，若点 P 在椭圆上，求实数 m 的值.

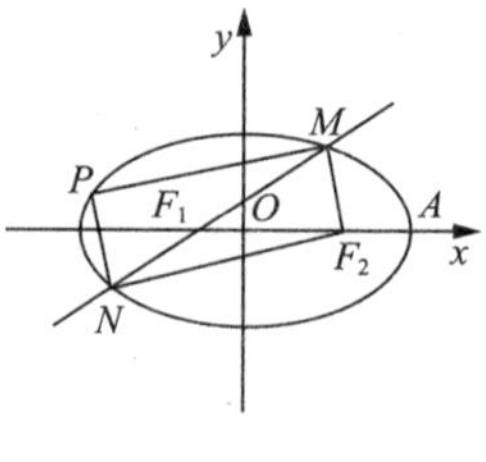

2022 年普通高校招生(春季)全省统一考试
数学答案

卷一

一、选择题:本大题共 20 小题,每小题 3 分,共 60 分.

1. A 2. D 3. C 4. B 5. C 6. A 7. D 8. B 9. C 10. B 11. C 12. B
13. A 14. B 15. C 16. A 17. D 18. B 19. D 20. A

卷二

二、填空题:本大题共 5 小题,每小题 4 分,共 20 分.

21. $(0,\frac{1}{2})$ 22. $\frac{3}{2}$ 23. $\sqrt{3}$ 24. 200 25. $(0,1)\cup(3,+\infty)$

三、解答题:本大题共 5 小题,共 40 分.

26. (1) 2;(2) 略.

27. (1) 略;(2) 略.

28. (1) $a_1=3$, $a_2=\frac{3}{2}$, $a_3=\frac{3}{4}$;(2) 10.

29. (1) 2;(2) $\frac{\pi}{6}$.

30. (1) $\frac{x^2}{2}+y^2=1$;(2) $\frac{1}{2}$或$-\frac{3}{2}$.